A mística teológica na Igreja dos primeiros séculos

Dados Internacionais de Catalogação na Publicação (CIP)
(Câmara Brasileira do Livro, SP, Brasil)

Figueiredo, Fernando Antônio
 A mística teológica na Igreja dos primeiros séculos / Dom Fernando Antônio Figueiredo, OFM. – Petrópolis, RJ : Vozes, 2024.

 Bibliografia
 ISBN 978-85-326-6674-1

 1. Concílios ecumênicos e sínodos – História 2. Igreja – História 3. Igreja primitiva 4. Teologia mística I. Título.

23-174241 CDD-262.009

Índices para catálogo sistemático:
1. Igreja : História : Cristianismo 262.009

Eliane de Freitas Leite – Bibliotecária – CRB 8/8415

D. Fernando Antônio Figueiredo

A mística teológica na Igreja dos primeiros séculos

Apresentação de Dr. José Renato Nalini

EDITORA VOZES

Petrópolis

© 2024, Editora Vozes Ltda.
Rua Frei Luís, 100
25689-900 Petrópolis, RJ
www.vozes.com.br
Brasil

Todos os direitos reservados. Nenhuma parte desta obra poderá
ser reproduzida ou transmitida por qualquer forma e/ou quaisquer
meios (eletrônico ou mecânico, incluindo fotocópia e gravação)
ou arquivada em qualquer sistema ou banco de dados
sem permissão escrita da editora.

CONSELHO EDITORIAL

Diretor
Volney J. Berkenbrock

Editores
Aline dos Santos Carneiro
Edrian Josué Pasini
Marilac Loraine Oleniki
Welder Lancieri Marchini

Conselheiros
Elói Dionísio Piva
Francisco Morás
Gilberto Gonçalves Garcia
Ludovico Garmus
Teobaldo Heidemann

Secretário executivo
Leonardo A.R.T. dos Santos

Editoração: Fernando Sergio Olivetti da Rocha
Diagramação: Sheilandre Desenv. Gráfico
Revisão gráfica: Anna Carolina Guimarães
Capa: Eduarda Ribeiro

ISBN 978-85-326-6674-1

Este livro foi composto e impresso pela Editora Vozes Ltda.

Sumário

Apresentação, 11
    Dr. José Renato Nalini
Introdução, 21
        Primeira parte
       A Igreja no Oriente
     O Império Romano do Oriente, 25
1 A Igreja na Capadócia do IV século, 26
2 Constantinopla, capital do Império do Oriente, 27
3 As escolas teológicas de Alexandria e Antioquia, 29
4 Teodósio e o Concílio Ecumênico de Constantinopla, 30
Os escritores do Oriente, 32
I – Santo Atanásio, defensor da fé, 34
    1 Traços biográficos, 34
    2 Defensor da fé de Niceia, 39
        2.1 Fundamentos da teologia atanasiana, 41
        2.2 Uma teologia rudimentar, 43
        2.3 Interpretação de Pr 8,22, 44
    3 Divulgador da vida monacal, 46
        3.1 Caráter evangélico da vocação de Antão, 47
        3.2 A conversão de Antão, 48
        3.3 A vida eremítica, 49
    4 Observações gerais, 51

II – São Basílio Magno, monge e pastor, 53

   1 Organização da caridade, 57

   2 Oganização da vida monacal, 59

   3 A luta antiariana, 61

     3.1 Resistência ao imperador, 62

     3.2 União dos Bispos, 64

   4 Doutrina sobre o Espírito Santo, 65

     4.1 Na fé batismal, 68

     4.2 Na vida cristã, 70

   5 Mestre espiritual, 71

   6 Homiliasta, 74

III – São Gregório de Nazianzo, o teólogo-poeta, 78

   1 Traços biográficos, 79

   2 O teólogo, 87

     2.1 Discursos teológicos, 87

     2.2 Discurso sobre o sacerdócio, 90

       2.2.1 O porquê do sacerdote, 91

       2.2.2 Definição do sacerdote, 93

       2.2.3 Funções do sacerdote, 96

   3 O poeta, 97

IV – São Gregório de Nissa – A mística teológica, 101

   1 À sombra de Basílio, 103

     1.1 Primeiros escritos, 104

     1.2 Bispo de Nissa, 105

   2 O teólogo místico, 105

   3 A transcendência e a incompreensibilidade de Deus, 109

     3.1 A incompreensibilidade de Deus, 109

3.2 Utopia, impulso para chegar a Deus, 111

3.3 A encarnação redentora do Filho de Deus, 112

4 O florescer da teologia mística, 116

4.1 As homilias sobre as bem-aventuranças, 117

4.2 A vida de Moisés, 119

4.3 Caminho para estar com Cristo: a tríplice dialética, 121

V –São João Crisóstomo, monge e Bispo, 125

1 Infância e juventude em Antioquia, 126

2 Diaconato e sacerdócio em Antioquia, 129

3 Exímio pregador da Palavra de Deus, 135

4 A questão das estátuas do imperador e família, 137

5 Catequista e mestre espiritual, 141

6 A grandeza dos leigos na Igreja, 144

7 Zelo evangelizador e missionário, 145

8 Episcopado em Constantinopla, 146

9 Novas invectivas contra ele e os exílios, 150

9.1 O Sínodo de Quercus, 152

9.2 Os exílios, 153

9.3 Morte a caminho do exílio, 155

Segunda parte

A Igreja no Ocidente

A Patrística latina e a civilização ocidental, 161

Os escritores do Ocidente, 162

I – São Jerônimo, 165

1 Traços biográficos, 165

1.1 Visitas a diversas capitais, com uma escala no deserto, 166

1.2 Atividades em Roma, 169

1.3 Belém, o impossível da vida escondida, 171

1.4 Epifânio, o caçador de heresias, 172

1.5 Relacionamento com Santo Agostinho, 173

1.6 Uma vida solitária, 174

1.7 Jerônimo, quem é ele?, 175

2 A obra de Jerônimo, 176

2.1 O hagiógrafo, 176

2.1.1 *De viris illustris*, 177

2.1.2 A vida de monges ilustres, 179

2.2 O epistológrafo, 181

2.3 Tradutor da Bíblia, 182

II – Santo Ambrósio de Milão, 188

1 Santo Ambrósio visto por Paulino, 189

1.1 Período anterior ao seu episcopado, 189

1.2 Eleição como Bispo de Milão, 190

1.3 Episcopado, 193

1.4 Ambrósio, juiz, 194

2 A obra de Ambrósio, 195

2.1 A vida feminina consagrada, 196

2.2 O retrato da Virgem Maria, 198

3 Resistência ao Imperador Valentiniano, 200

4 Novos horizontes com o Imperador Teodósio, 208

5 Teodósio, imperador do Oriente, 209

6 Ambrósio e as Escrituras, 212

III – Santo Agostinho, 215

1 Encontro com a Igreja, 215

1.1 Sua mãe Mônica, 216

1.2 Início da vida pública, 218

1.3 Inquietude intelectual e espiritual, 219

1.4 A conversão, 220

2 O ideal religioso, 222

3 O ideal intelectual, 224

4 O ideal cristão, 227

   4.1 Batismo por Santo Ambrósio, 232

   4.2 Realidade espiritual do cristianismo, 233

5 O ideal contemplativo: *In otio deificari*, 235

6 O ideal monacal, 237

7 Ordenação sacerdotal: *Necessitas caritatis*, 238

8 *As confissões*, 244

9 Algumas linhas mestras de sua obra, 251

   9.1 Agostinho e a sua obra, 251

   9.2 Agostinho e a Sagrada Escritura, 253

      9.2.1 O enigma da Sagrada Escritura, 254

      9.2.2 O problema fundamental, 254

      9.2.3 O mistério da Sagrada Escritura, 255

      9.2.4 Leitura em diversos níveis, 256

      9.2.5 Fé e compreensão da Palavra, 257

      9.2.6 A pregação da Palavra, 260

10 A título de conclusão: *A Cidade de Deus*, 262

Terceira parte

Cultura e ideal cristão, 267

I – Cultura cristã em Santo Agostinho, 269

II – Doutrina social dos Padres, 274

   1 A partilha e o uso social dos bens materiais, 274

   2 Identificação dos pobres a Cristo, 277

   3 Os proventos da comunidade, 280

4 Dimensão social do cristão, 284

    4.1 Em Santo Agostinho, 285

    4.2 As duas cidades ou estados, 288

III – A vida monástica, 292

    1 As origens da vida monacal, 292

    2 Anacoretas e eremitas, 296

    3 A vida cenobítica, 299

    4 São Basílio, pai dos monges do Oriente, 302

    5 O monaquismo ocidental, 306

        5.1 João Cassiano, 308

        5.2 São Bento, pai dos monges do Ocidente, 310

IV – A era dos concílios, 316

    1 Concílio Ecumênico de Niceia (325), 318

    2 Concílio Ecumênico de Constantinopla (381), 322

    3 Concílio Ecumênico de Éfeso (431), 326

    4 Tratado de União (433), 330

    5 Concílio Ecumênico de Calcedônia (451), 331

Observações finais, 337

Abreviações e siglas, 341

Referências, 343

Apresentação
Colher e recolher no passado

A Igreja enfrenta reveses em uma era consumista e narcisista. O materialismo imediatista parece abominar a transcendência. Vive-se o presente e, se possível, de forma intensa, como se o futuro não importasse. Foge-se da finitude e ignora-se a morte, a democrática destruidora de egos superficiais. Generaliza-se o uso pecaminoso de argumentação religiosa para empolgar outros interesses, pagãos e artificiais.

Angústia e inquietude são sufocadas pela hiperatividade e pela desesperada busca de prazeres. Curtir o momento, aproveitar o clamor dos sentidos, não pensar em profundidade, as palavras de ordem que preponderam na rotina dos dias. Têm razão os que estranham certas condutas atuais:

> Oh! Como os tempos e os espíritos estão mudados! Quanto estamos longe de imitar os sentimentos de nossos antepassados e a sua preciosa docilidade! Hoje, porém, o espírito está tão corrompido como o coração; a desordem dos pensamentos é como a dos costumes; mais sábios no mal, temos aprendido a justificá-lo; mais raciocinadores que racionáveis, por um sistema refletido é que

seguimos as inclinações da natureza corrupta; é que o esquecimento da Divindade, e a liberdade dos discursos e das ações, se reputam coisas legítimas[1].

Foi-nos dado viver em época mais miserável do que as anteriores? Talvez não:

> Todos os séculos têm visto espíritos ímpios e inquietos, inimigos da religião e da autoridade; o orgulho encontra-se em toda a parte, ele é de todos os tempos e de todos os lugares. O orgulho é um germe de revolta contra Deus e contra os homens; mas em algumas épocas, pela influência de certas causas particulares, este fermento de corrupção original se desenvolve com maior atividade e produz maiores estragos[2].

Muito do que se colhe em desfavor da crença e de seu testemunho advém do esquecimento das origens do Cristianismo. Como já se enfatizou sobre esse tema,

> entre os muitos males que a iníqua condição dos tempos trouxe às escolas católicas, o que assinaladamente prejudica os estudos teológicos é o fato de que muitos ignoram ou se descuidam daquilo que se pode chamar de "documentos positivos do crer e obrar", sancionados pela pública autoridade da Igreja, e se entregam demasiadamente a seu próprio engenho[3].

---

1. FRAYSSINOUS, D. Monsenhor Bispo d'Hermópolis. *In: Defeza do Cristianismo – Conferências sobre a religião.* Porto, 1873, p. 5.

2. *Ibid.*, p. 6-7.

3. DENZINGER, E. *El Magisterio de la Iglesia.* Barcelona: Herder, 1997, p. V.

No deserto das ideias, surgem relâmpagos capazes de iluminar as mentes em desconforto. Lapsos de consciência absorvem lições emanadas de seres privilegiados, imersos em exercícios meditativos impregnados de fé consistente.

Este livro de Dom Fernando Antônio Figueiredo, o franciscano perito em Patrística, é um refulgir radioso de clarividência saneadora. Vai buscar nos primórdios da experiência cristã os paradigmas dos Padres da Igreja, que os doutos consideram o itinerário dourado do Cristianismo.

Voltar às origens é reencontrar o amor fraterno, que era o sinal distintivo dos primeiros cristãos: "Vede como se amam!" Válida tentativa de recuperação dos primeiros tempos, a busca na fonte das comunidades primitivas.

Dom Fernando tem o raríssimo dom de simplificar a complexidade e de tornar sedutor assunto sério e difícil para os não iniciados. Lê-se com satisfação e prazer o atraente perfil de pilares da vida eclesial tradicional, a evidenciar a importância que tiveram esses homens na formatação da doutrina e seus dogmas, na eclesiologia e na estrutura eclesial, no combate às *fake news* da época, na erradicação de concepções erráticas e no fortalecimento da tradição.

Aqueles que se satisfazem com a singeleza do catecismo prévio à Primeira Eucaristia e que não dedicam ao aprendizado religioso o mesmo afinco devotado ao aprimoramento profissional ou técnico, ficarão perplexos com os dados oferecidos por Dom Fernando, quanto a figuras como Santo Anastasio, responsável pela preservação do culto e fervor da divindade, a manter íntegra a fé ensinada pelos Apóstolos e recebidas dos maiores. A herética facção ariana, mercê da generosa Providência, não conseguiu contaminar a verdade da fé.

Santo Atanásio é uma das figuras mais emblemáticas de toda a história da Igreja e o mais eminente de todos os bispos da Alexandria. "De indomável valor, firme ante o perigo ou a adversidade, a quem nenhum homem era capaz de intimidar, foi o denodado campeão e grande defensor da fé de Niceia, 'a coluna da Igreja', como o chama São Gregório Nazianzeno"[4]. Glorificado com razão e por todos os seus méritos.

> Os arianos viam nele o seu principal inimigo e fizeram quanto puderam para destruí-lo. Para reduzi-lo ao silêncio, procuraram o favor do poder civil e corromperam a autoridade eclesiástica. Por cinco vezes foi expulso de sua sede episcopal e passou mais de dezessete anos no desterro. Porém, todos estes sofrimentos não conseguiram romper a sua resistência. Estava convencido de que lutava pela verdade e empregou todos os meios a seu alcance para combater seus poderosos inimigos. Apesar de sua irreconciliável hostilidade para com o erro e não obstante o ardor com que lhe fazia frente, possuía a qualidade, rara em semelhante caráter, de ser capaz, ainda que no mais árduo do combate, de usar de tolerância e moderação com os que se haviam desviado da boa-fé"[5].

---

4. QUASTEN, J. *Patrologia – II: La edad de oro de la literatura patrística griega*. Madri, 1962, p. 22.

5. *Ibid.*, p. 22-23.

São virtudes que fazem falta em nossos dias: amor à verdade e emprego da tolerância e da moderação com aqueles que não pensam como nós. Mas com a mesma clareza e objetividade, Dom Fernando contempla vida e trabalhos de São Basílio Magno, São Gregório de Nazianzo e São Gregório de Nissa, São João Crisóstomo, São Jerônimo e Santo Agostinho.

Consegue sintetizar vidas copiosas em legados impereríveis e exemplos da proximidade com as palavras do Cristo. Salienta o mais importante na doutrina de São Basílio, que é a defesa da doutrina de Niceia contra as várias facções arianas e seu mérito ao haver atraído novamente à Igreja os semiarianos. Foca a vida de São Gregório de Nazianzo, que fascinou

> a todos os estudiosos por mais de mil anos como o "Demóstenes cristão", como o chamavam já no período bizantino. É, sem sombra de dúvidas, um dos maiores oradores da antiguidade cristã e sobrepuja seu amigo Basílio no domínio dos recursos da retórica helenística. Se teve êxitos em sua vida, os deveu ao poder de sua eloquência[6].

Deve-se ao grande orador Gregório de Nazianzo ter cultivado a arte da epistolografia, já que foi o primeiro grego a publicar uma coleção de suas próprias cartas. Para ele, "uma boa carta deve reunir estas quatro características: brevidade, clareza, graça e simplicidade. Ainda que não pretenda apresentar como modelos suas próprias

---

6. *Ibid.*, p. 248.

cartas, a verdade é que estão escritas com esmero, algumas delas com humor; em sua maioria são breves e picantes"[7].

Se São Gregório de Nissa não foi um extraordinário administrador e um legislador monástico assim como foi São Basílio, nem tinha os dons retóricos de um santo poeta, como Gregório de Nazianzo, "como teólogo especulativo e místico foi, sem dúvida, o melhor dotado dentre os três grandes Capadócios"[8]. Foi educado por seu irmão, São Basílio, e também teve carreira mundana, chegando a se casar. Por influência de São Gregório de Nazianzo recolheu-se ao monastério do Ponto, que São Basílio fundara em Iris. Foi o escritor mais versátil e que maior êxito obteve com sua obra, dentre os três Capadócios.

> Impressionam sua atitude compreensiva ante as correntes contemporâneas da vida intelectual, sua grande capacidade de adaptação e sua penetração de pensamento. Em seu estilo, Gregório deve mais à sofística contemporânea e se mostra menos reservado na adoção de seus recursos do que os outros Padres Capadócios[9].

São João Crisóstomo é considerado o maior orador sagrado da Cristandade. Vida atribulada e plena de perseguições, ninguém como ele deixou herança literária tão copiosa. Por seus dotes oratórios, foi chamado "Boca de ouro", e grande parte de sua produção é constituída de sermões. É aqui que se apresenta "como verdadeiro médico

---

7. *Ibid.*, p. 259.
8. *Ibid.*, p. 267.
9. *Ibid.*, p. 268.

das almas, que diagnostica com instinto infalível suas enfermidades e mostra uma simpática compreensão da fragilidade humana, mas não titubeia em castigar o egoísmo, o luxo, a arrogância e o vício, onde quer que os encontre"[10].

Dom Fernando faz aguçar a curiosidade sobre primícias humanas providas de qualidades excepcionais, como São Jerônimo, esta legenda cristã responsável pela versão latina das Escrituras, a chamada Vulgata. Nisso, acompanha seu irmão franciscano Paulo Evaristo Arns, que se doutorou na Sorbonne com a tese *A técnica do livro segundo São Jerônimo*. Dom Arns confessa o motivo da escolha:

> No dia de minha profissão religiosa, estava iniciando os vinte anos de vida e me perguntava como faz todo mundo: "Que será do meu futuro?" Nesse momento, me entregaram a carta de meu irmão padre, dizendo: "Dedique-se à literatura cristã dos primeiros séculos, porque você gosta de latim e grego e o Brasil precisa de informações sobre esta era tão rica e tão desconhecida"[11].

O franciscano amigo do Papa Francisco, na singeleza de seu ministério em Santo Amaro, região paulistana que evidencia os contrastes da megalópole, laborou uma façanha que poderá suscitar na juventude a vontade irresistível de conhecer melhor o filósofo Agostinho de Hipona. O primeiro a escrever sobre a imortalidade do

---

10. *Ibid.*, p. 453.

11. BOSI, A. Paulo Evaristo, leitor de São Jerônimo. *In*: ARNS, P.E. *A técnica do livro segundo São Jerônimo*. São Paulo: Unesp-Imesp, 2018, p. 11.

espírito e também o primeiro a enfrentar a natureza da alma, estudo que integra a ontologia.

Isso e muito mais o leitor encontrará neste livro que integra uma trilogia e que torna agradável uma leitura que poderia acenar com dificuldades para quem não é aficionado à filosofia ou ao cultivo da História da Igreja. Mister meritório e necessário para todos os que se preocupam com o ritmo da marcha rumo ao reencontro com o Criador. Dom Fernando facilita, ao resgatar figuras eminentes nessa jornada, a reflexão a respeito das diversas atitudes do homem para com Deus e deste para com a criatura e que poderiam ser reduzidas a cinco etapas: "1) Quando o homem busca, Deus se aproxima; 2) Quando o homem pergunta, Deus responde; 3) Quando o homem escuta, Deus fala; 4) Quando o homem obedece, Deus governa; e 5) Quando o homem se entrega, Deus opera"[12].

Um homem de Deus, devotado à vida sacerdotal, só poderia produzir algo revestido de autêntico valor. Algo que representa o verdadeiro bem moral. E "esta percepção do bem como valor moral supõe a experiência moral; só se faz perceptível se, dentro de nós, nos volvermos para os dados irredutíveis da experiência moral"[13].

Muito além de *A mística teológica da Igreja nos primeiros séculos*, este substancioso livro de Dom Fernando

---

12. MENENDEZ-REIGADA, A.J. [Bispo de Córdoba]. Prólogo. *In*: *ROYO MARIN*, A. *Teologia da perfeição cristã*. 2. ed. Madri: Ed. Católica, 1955, p. XXVI.

13. MARITAIN, J. *Problemas fundamentais da filosofia moral*. Rio de Janeiro: Agir, 1977, p. 48.

Antônio Figueiredo realimenta os efeitos da fé, da esperança e do amor na vida de cada um de nós, assim como fez o pregador Reinhold Neibuhr, ao proclamar:

> Nada que realmente valha a pena poderá ser realizado no curto tempo que temos à nossa disposição; portanto, só poderemos salvar-nos pela esperança. Nada de verdadeiro, belo e bom faz pleno sentido no contexto imediato da história; portanto, só poderemos salvar-nos pela fé. Nada do que empreendamos, por virtuoso que seja, pode ser levado a cabo por uma pessoa só; portanto, só poderemos salvar-nos pelo amor. Nenhuma das nossas ações é tão virtuosa aos olhos dos nossos amigos ou inimigos como o é aos nossos olhos; portanto, só poderemos salvar-nos por esta forma plena de amor, que é o perdão[14].

Imbuídos de tal convicção, de que mais do que nunca necessitamos de fé, de esperança e de amor, leiamos Dom Fernando e absorvamos sua mensagem. Dela nutridos, concluiremos que viver no conforto da crença torna mais palatável este peregrinar pelo sofrido planeta, no equívoco de substituir o essencial e o imutável pelo acessório cambiante de nossas ilusões.

São Paulo, outono de 2023.
José Renato Nalini
É docente universitário, autor de *Pronto para partir* e outros livros, e integra a Academia Paulista de Letras desde 2003.

---

14. WEIGEL, G. *Cartas a um jovem católico*. São Paulo: Quadrante, 2010, p. 230-231.

Introdução

Ler a história dos séculos IV e V é usufruir da riqueza moral, intelectual e religiosa de uma época da vida da Igreja, em que ela se apresenta revigorada pelas perseguições sofridas nos séculos anteriores, e pela liberdade finalmente alcançada, que lhe permitiu desenvolver instituições e estruturas, tanto em sua organização hierárquica quanto em sua dimensão litúrgica, pastoral e monástica.

O término das perseguições contra os cristãos deu-se após a grande perseguição movida por Diocleciano, cujo fracasso foi reconhecido pelo Imperador Galério (305-311). Nos anos 312-313, os imperadores Constantino e Licínio sancionaram o edito de tolerância, concedendo aos cristãos a liberdade de culto e a restituição dos seus bens.

Poucos anos mais tarde, Constantino, único imperador, torna-se protetor incontestе da Igreja. Além de tolerar sua presença legal no Império, concede liberdade religiosa a todos os seus membros. Mais ainda. Permite-lhe a posse de bens, a devolução dos lugares de culto, anteriormente confiscados, e doa-lhe muitos outros locais para edificação de novos templos.

Se essa proteção da autoridade civil beneficiou a Igreja, não deixará, porém, de ter consequências menos positivas, como a ingerência indevida do poder imperial em seus assuntos internos. Se há Bispos não suficientemente fortes e independentes, para superar tais interferências e se opor à vontade arbitrária do imperador, há outros, como São Basílio e Santo Ambrósio, que irão se declarar, claramente, em defesa da liberdade religiosa e da liberdade de consciência.

Por outro lado, é sempre bom lembrar que Constantino e seus sucessores não deixaram de ostentar o título de *Pontifex Maximus*, o que lhes permitia intervir em assuntos relacionados com a religião.

No entanto, ao longo do século IV, apesar de um breve sobressalto provocado pelo Imperador Juliano (361-363), desejoso de restaurar o antigo culto aos deuses, prevalecerá, oficialmente, uma atitude respeitosa para com a Igreja, que contará com a presença de homens excepcionais, pastores corajosos, doutores de notável sabedoria e verdadeiros santos.

Nesse período, as conversões serão numerosas: o número de cristãos passa de 10% para 90% da população do Império. No entanto, como nem todas as conversões eram sinceras e profundas, urgia-se um esforço coletivo para transmitir a todos uma adequada formação religiosa.

No tocante à antiga observância religiosa, observa-se o fato de ela ter se restrigido sobretudo aos habitantes dos pagos ou vilarejos, razão pela qual eram denominados "pagãos"; designação que passará a ser empregada por Tertuliano para indicar os que não pertenciam, no seu dizer, aos seguidores ou aos soldados de Cristo (*milites Christi*).

Nas cidades reinava uma chocante mistura de cristianismo e paganismo, sendo que este último irá perdendo, pouco a pouco, a sua força. Assim, no ano 376, por ocasião da visita do Imperador Graciano ao Papa Dâmaso, foram tomadas medidas legislativas decisivas contrárias ao culto pagão; em 379, Graciano abandona o cargo de *Pontifex Maximus* e, em 382, por influência de Santo Ambrósio, os símbolos pagãos são abolidos do Senado. Finalmente, em 391, como único imperador, Teodósio interdiz a entrada de cidadãos nos templos pagãos com o intuito de adorar as estátuas dos deuses ou oferecer sacrifícios: é o reconhecimento oficial do cristianismo como religião do Império.

No que se refere à cultura antiga, em especial à cultura helenística, ela será tranquilamente absorvida pelos Padres. Um dos primeiros grandes intelectuais cristãos, Clemente de Alexandria, considerava que a filosofia grega estava para os pagãos assim como a lei mosaica para os judeus: um dom divino para conduzi-los a Cristo. Ao contrário de Clemente, Tertuliano não via nenhuma possibilidade de um verdadeiro encontro entre Atenas e Jerusalém, entre a Academia e a Igreja.

Embora nos debates em defesa da fé cristã e nas discussões teológicas transpareça a compreensão de que a fé cristã possuía uma herança cultural própria, expressa em uma forma específica de vida, os Padres, sem inferiorizá-la, mantêm um vivo diálogo com a cultura helênica e com os demais sujeitos culturais da época.

As oposições e as diferenças, porventura reconhecidas pelos Padres, não provocaram rejeição, muito menos negação, mas retamente compreendidas, foram acolhidas e apreciadas na rica diversidade da realidade humana, à qual Deus se vinculou e da qual a Igreja jamais se eximirá.

Simultaneamente, desde o final do II século, período das perseguições gerais, já era uma realidade na Igreja a existência de sínodos regionais. Bispos de uma determinada região reuniam-se para abordar problemas de natureza mais complexa, especialmente, questões relacionadas à doutrina. No entanto, o "Instituto Sinodal" só adquirirá força jurídica com o Imperador Constantino, sobretudo, quando da discussão sobre o donatismo, oficialmente rejeitado no Sínodo de Arles.

Mais tarde, em 325, para manter a unidade na Igreja e garantir a coesão interna no Império, será convocado o I Concílio Ecumênico da Igreja, realizado em Niceia, cuja sessão inaugural foi presidida pelo próprio imperador.

Ao longo dos dois séculos, IV e V, outros três concílios ecumênicos serão convocados: os de Constantinopla, de Éfeso e de Calcedônia. O objetivo predominante era esclarecer a verdade sobre a divindade de Jesus, mais exatamente, a união do divino e do humano na Pessoa de Cristo, além de uma melhor compreensão do mistério da Santíssima Trindade.

No V século, outras questões religiosas, como a controvérsia sobre a graça, em que Santo Agostinho e Pelágio encontram-se em campos opostos, constituirão temas de diversos sínodos regionais.

Primeira parte
A Igreja no Oriente

O Império Romano do Oriente

O período que se estende da segunda metade do IV século à primeira do V século caracteriza-se pela qualidade das obras filosóficas, teológicas e espirituais, que recebeu o nome de *Idade de Ouro* da Patrística. Importante notar que os Padres dessa época, profundamente ligados às questões sociais e religiosas, ofereceram uma nova orientação pastoral e espiritual da teologia, sem se afastar da contínua busca de um consenso geral, que expressasse, para além das fórmulas doutrinais, a compreensão comum das verdades de fé.

Na segunda metade do IV século, o Império Romano era governado no Ocidente por Graciano e no Oriente por Valente, cujo sucessor Teodósio, em 30 de novembro de 380, após sua entrada solene em Constantinopla, declara-a oficialmente capital do Oriente.

No ano seguinte, em 381, ele a escolheu como sede do II Concílio Ecumênico, que irá conferir ao Bispo de Constantinopla, em seu terceiro cânon, o título de Patriarca, citado logo após o Bispo da Igreja de Roma. Iniciativa inédita, pois até aquele momento a dignidade de uma Igreja não se ligava ao fato de ela se encontrar em uma sede de poder político, mas por causa de sua relação com os apóstolos, como o caso de Roma, Antioquia e Alexandria, nomeadas como *Igrejas Patriarcais*.

A partir de então, elevada à categoria de Igreja Patriarcal, Constantinopla assumirá um papel relevante na Igreja, seja por causa das importantes consequências políticas posteriores do Império, seja pela sua posição e atuação no campo teológico e espiritual. Daí sua importância junto às Igrejas da Capadócia, cujos Bispos estarão muito mais vinculados a ela do que à Igreja de Antioquia, com sua escola teológica.

1 A Igreja na Capadócia do IV século

A região da Ásia Menor denominada Capadócia, só foi reconhecida como província romana no final do século I. Sua cristianização deveu-se a Gregório o Taumaturgo (anos 210/213-270/275), que, no dizer do historiador Eusébio de Cesareia, teria haurido, juntamente com seu irmão Atenodoro, a cultura filosófica e o amor à verdade em Cesareia da Palestina, acompanhando, por cinco anos, as preleções do grande teólogo alexandrino Orígenes.

A Igreja da Capadócia se consolidará em seu pensamento teológico e em suas instituições eclesiais, graças à atuação de alguns Padres, figuras referenciais de sólida formação religiosa e espiritual, como veremos a seguir.

No período delimitado pelos concílios de Niceia (325) e de Calcedônia (451) foram estabelecidas, particularmente no Oriente, formas diversas de organização eclesiástica, diferentes expressões litúrgicas e a consolidação das principais tradições e devoções populares. Além da realização dos quatro primeiros concílios ecumênicos e um grande número de reuniões sinodais, houve também uma notável atividade evangelizadora de grandes pensadores, movidos por um sólido esforço intelectual que será denominado "teologia".

O primeiro a empregar tal expressão foi Orígenes, para designar "a doutrina sobre Deus", distinguindo-a do termo "economia" (*oikonomia*), doutrina sobre o agir divino na História da Salvação. No entanto, só na alta Idade Média o termo "teologia" será utilizado para designar a totalidade da fé cristã, muito embora não se deixasse de empregar outras denominações mais tradicionais como *sacra doctrina, sacra scriptura, sacra pagina.*

2 Constantinopla, capital do Império do Oriente

Salientamos, mais uma vez, as importantes consequências da fundação da cidade de Constantinopla. A escolha do local coube à antiga cidade de Bizâncio, situada no Estreito do Bósforo, que separa a Europa da Ásia, reconstruída e ampliada por Constantino. A opção foi reconhecida como sendo a mais adequada pela facilidade em fortificá-la e, consequentemente, defendê-la, o que lhe permitiu resistir aos ataques inimigos até a sua queda no ano de 1453, quando foi ocupada pelo Império Otomano.

Logo após a sua fundação, Constantinopla tornou-se uma das mais belas e ricas cidades do Império do Oriente. Helenística no seu aspecto geral, contava com uma linha de formidáveis fortalezas, que inspiravam confiança aos seus moradores, sobretudo após o fato de os hunos e visigodos terem se avizinhado de Roma nos últimos anos do século IV e no início do século V.

Com o seu progresso, cresceram também as pretensões do Bispo local, a ponto de querer ser considerado o mais importante do mundo cristão, após o Bispo de Roma. São os primeiros sintomas do cisma da Igreja do Oriente.

Em todas as províncias do Império, graças à paz constantiniana, o número de cristãos crescia enormemente. Ao mesmo tempo, apoiada pela corte imperial, alastrava-se uma concepção teológica não totalmente ortodoxa.

Urgia-se um aprofundamento da fé.

De fato, logo após o término do Concílio de Niceia (325), alguns Bispos que tinham votado a favor da definição da divindade do Filho, contida na expressão consubstancial (*homoousios*) ao Pai, voltaram atrás. Para defendê-la, surgiram grandes personalidades, como Santo Atanásio e outros, que elaboraram um pensamento teológico-espiritual fundamentado na Bíblia e na Tradição viva da Igreja.

À luz do princípio teológico de que a salvação provém não de uma criatura, mas do próprio Deus, Santo Atanásio ressalta a dimensão salvadora do mistério da Encarnação do Filho de Deus. O mesmo é proclamado por São Basílio Magno e seus amigos da Capadócia, Gregório de Nissa, seu irmão, e Gregório de Nazianzo. Todos eles, defensores da definição cristológica do Concílio de Niceia, levantam-se contra a proposta do imperador, que propunha à Igreja uma posição mitigada: Cristo não seria igual ao Pai, mas simplesmente semelhante a Ele.

Para eles, Cristo não é um princípio abstrato, meramente intelectual; Ele é a razão de ser da unidade na Igreja e da salvação da humanidade inteira: Ele é verdadeiramente o Filho de Deus, nosso Salvador. Por conseguinte, independentemente do pecado e da corrupção, todos nós participamos, desde já, da glorificação final, graças à sua encarnação. Daí a impossibilidade de admitir a fórmula de compromisso, sugerida pelo imperador e por alguns outros Bispos denominados semiarianos.

3 As escolas teológicas de Alexandria e Antioquia

Concomitantemente, por terem profundo conhecimento do pensamento filosófico pagão, os Padres desse período irão propiciar o florescimento de uma cultura cristã, original em sua expressão, porém não uniforme, mas diversificada segundo as diferentes articulações do pensamento teológico. Surgem, assim, as célebres "escolas teológicas" de Alexandria e de Antioquia.

A "escola catequética ou teológica" de Alexandria foi configurada, principalmente por Orígenes, que, seguidor do pensamento platônico, utilizava o método alegórico ou espiritual na interpretação dos textos bíblicos. A "escola teológica" de Antioquia, com uma influência menos forte da filosofia medioplatônica, primava pelo sentido literal dos textos bíblicos e teve como notáveis representantes: Diodoro de Tarso e seus discípulos, São João Crisóstomo e Teodoro de Mopsuéstia.

Esse período, a partir do Concílio de Niceia até o Concílio de Calcedônia (451), contará com a atuação de grandes pensadores e escritores, seja no Oriente, já citados acima, seja no Ocidente, como São Jerônimo, Santo Ambrósio e Santo Agostinho, que procurarão apresentar a religião cristã como a mais próxima da verdadeira, *veríssima*, filosofia.

4 Teodósio e o Concílio Ecumênico de Constantinopla

No campo político, em 378 com a morte de Valente, favorável aos arianos, Graciano assume também a parte oriental do Império e nomeia para governá-la Teodósio, de origem espanhola, filho de um de seus melhores generais. Ao obter uma vitória decisiva contra os godos, sobretudo nas fronteiras da Ásia Menor, ele granjeará grande simpatia popular e militar.

Em 380, a decisão de Teodósio de se estabelecer em Constantinopla, tornando-a, definitivamente, capital do Oriente, será determinante para o futuro do Império Romano. Já no ano seguinte, em 381, ela será a sede do II Concílio Ecumênico, convocado por ele.

Em suas conclusões teológicas, o concílio afirmará a divindade do Filho e do Espírito Santo, que, com o Pai, constituem a Santíssima Trindade. Embora cada Pessoa tenha sua característica própria, uma não existe sem a outra, a ação de cada uma delas é sempre trinitária.

A teologia trinitária é mais do que a visão de Deus em seu ser-em-si, o que poderia nos levar a uma concepção estática e essencialista de Deus. À luz da Sagrada Escritura, os Padres conciliares também reconhecem a Santíssima Trindade como o ser-por-nós, pois o amor com que ela se ama transborda para a sua criação, tornando-se alma e vida do nosso caminhar para o Deus de Israel, plenamente revelado por Jesus.

Os escritores do Oriente

No início do século IV, Lúcio Cecílio Firmino Lactâncio (240-320) converteu-se ao cristianismo. Por designação de Diocleciano, até então, estava exercendo a função de professor de Retórica em Nicomédia. Destituído do cargo, foi reintegrado por Constantino à corte como preceptor do seu filho Crispo. Pela elegância de sua prosa latina, ele passará à história como o "Cícero cristão". A ele se atribui a tentativa de elaborar, com certo viés apologético, uma suma teológica sobre as *divinas instituições*, que abordam, principalmente, as diversas exposições doutrinais da Igreja.

Seu grande mérito foi ter estabelecido um diálogo entre o cristianismo e o mundo antigo, com o objetivo de atingir os pagãos cultos ou convertidos, que tinham frequentado as melhores escolas da época, como Atenas, Alexandria e Antioquia. Notável foi seu empenho em apresentar a misericórdia e a justiça cristã como base para uma sociedade verdadeiramente humana.

Nesse mesmo período, em Cesareia da Palestina, encontrava-se Eusébio, aluno do mártir Pânfilo, que o introduziu na leitura e nos ensinamentos de Orígenes. Fez também que ele se sentisse atraído pela corrente teológica defendida por Sabélio, considerado o iniciador do modalismo, que não só reduziu, mas chegou mesmo a negar a distinção das Pessoas da Trindade. Para ele, o Pai, o Filho e o Espírito Santo não seriam mais do que manifestações ou modalidades diversas de uma única Pessoa divina, razão pela qual ele jamais obterá o apoio de Santo Atanásio, o grande defensor do Concílio de Niceia.

A Eusébio coube escrever a célebre obra, presente até os nossos dias, intitulada *História eclesiástica*, preciosa fonte da História da Igreja em seus primeiros anos. Não menos notável é o panegírico *Vita Constantini,* escrito em louvor ao imperador romano. Valiosos são os dados históricos, transmitidos por ele, embora se prenda pouco aos aspectos políticos e militares, no afã de exaltar a figura de Constantino por sua ação em benefício da Igreja e da fé cristã.

I

Santo Atanásio, defensor da fé

1 Traços biográficos

Atanásio foi um Bispo muito popular, especialmente junto ao povo simples e aos marinheiros do porto da cidade de Alexandria, onde provavelmente nasceu por volta do ano 295. De pais não cristãos, sentia-se à vontade em meio ao povo, cuja língua, o copta, ele falava correntemente.

As dificuldades e vicissitudes que ocorrerão ao longo de sua vida não advirão da comunidade ou dos fiéis que o amavam filialmente, mas da incompreensão do clero, por causa do seu posicionamento face às controvérsias teológicas, ou dos políticos, que temiam seu modo independente de agir.

Seus escritos, que atestam uma formação clássica, tornaram-se bastante conhecidos, assim como a pequena obra de sua juventude sobre a Encarnação do Verbo, intitulada *Discurso contra os pagãos*. Desde o início, ele se mostra um ativo apologista, declarado defensor do monoteísmo e vigoroso opositor do politeísmo pagão.

Aos 7 de abril de 328, com a morte do Bispo Alexandre, com o qual estivera como diácono no

Concílio de Niceia, sucedeu-lhe à frente da Diocese de Alexandria. Notável foi o fato de sua eleição ter sido aprovada pelo clero local, como era de praxe, mas também por todos os Bispos do Egito.

Ao longo dos 45 anos do seu episcopado, dos quais 17 anos passados no exílio, ele exercerá preponderante influência na Igreja, sobretudo na luta contra o arianismo, que negava a divindade de Cristo, doutrina condenada no Concílio de Niceia.

Logo após ter tomado posse da sede episcopal de Alexandria, esforçou-se em reconciliar-se com Melécio, colocado pelos arianos na sede de Antioquia, com o intuito de reconduzi-lo à comunhão eclesial. Porém, ainda nos inícios das tratativas de reconciliação, seu empenho resultou inútil, pois foi acusado de ter sido o mandante da morte de um Bispo meleciano, fato que ocasionou a convocação do Sínodo de Tiro, no ano 335.

Em sinal de apoio, os 50 Bispos egípcios que o tinham acompanhado, apresentaram uma contundente prova de sua inocência: o Bispo considerado morto, Arsinos, fora encontrado no alto Egito, escondido em um convento.

Todavia, antes de o sínodo se pronunciar a seu respeito, Atanásio viaja para Constantinopla no desejo de se encontrar com o imperador. Seus adversários, porém, mostram-se ainda mais ágeis. Eles o precedem. Antes de sua chegada, entregam ao imperador uma nova acusação: graças ao prestígio que gozava junto ao povo, ele estaria tramando boicotar as remessas do trigo egípcio destinadas ao abastecimento da capital.

Por essa razão, ao chegar em Constantinopla, Atanásio foi imediatamente aprisionado e enviado a Treves, onde permaneceu até o ano de 337, quando será beneficiado pela anistia dada a todos os Bispos pelo novo Imperador Constâncio.

Sua vida será longa, cheia de peripécias e imprevistos. Apenas dois anos mais tarde, no dia 16 de abril de 339, Eusébio de Nicomédia, contrário às suas afirmações contra o arianismo, alega um motivo jurídico para destituí-lo da sede episcopal de Alexandria. Argumenta que uma vez deposto pelo Sínodo de Tiro, só um outro sínodo teria autoridade legal para reconduzi-lo à sua sede.

A reação de Atanásio foi inédita. Para defender-se, utiliza uma arma absolutamente nova: o pronunciamento, em seu favor, de Antão, conhecido asceta da Igreja do Egito.

Algo inédito, ele desperta na Igreja a consciência da presença de um movimento ascético livre, ligado ao evangelho, e, portanto, não submisso às injunções políticas ou às controvérsias doutrinais. O apoio de Antão foi fundamental! À simpatia do povo egípcio, unia-se, agora, a seu favor, a força evangélica da Igreja.

Mesmo assim, Eusébio não desiste. Alicerçado nos argumentos precedentes, ele volta a acusá-lo e consegue a nomeação de Gregório como novo Bispo de Alexandria, mas antes de ser alcançado pela guarda imperial e ser levado à prisão, Atanásio se refugia em Roma, junto ao Papa Júlio I, que se torna seu grande defensor e protetor.

Imediata e publicamente, o Papa vem em seu socorro e assegura que o argumento jurídico utilizado por Eusébio, carece de fundamento. Alega não ter sido comunicado ao Bispo de Roma, previamente, a decisão do Sínodo de Tiro: "Teríamos todos nós, escreve ele, pronunciado a sentença que mais conviesse ao caso".

Duas falhas jurídicas são destacadas: o fato de não se ter observado a norma canônica, que prescrevia a necessidade de comunicar a decisão do sínodo a todos os demais Bispos e, por se tratar de uma sede episcopal importante como a de Alexandria, urgia-se o cumprimento de tal norma, principalmente no tocante ao Bispo de Roma.

Em 345, após uma permanência de cinco anos em Roma, um incidente permitirá seu retorno à sede de Alexandria.

No decorrer do Concílio de Antioquia, convocado pelos dois imperadores com o objetivo explícito de desacreditá-lo, foi introduzida uma prostituta em seus aposentos. Ao despertar, assustado, ele pede que, à reunião com os Bispos presentes no concílio, comparecessem os que o tinham acompanhado. Dentre eles, encontrava-se um general romano que iniciou, imediatamente, as investigações, cujo resultado provou que tudo não passava de uma cilada armada contra ele. E pior ainda, o responsável último tinha sido justamente o Bispo de Antioquia.

Reabilitado e absolvido, Atanásio volta a Alexandria, onde é recebido pela população como um herói. As dificuldades, porém, não cessam. Os adversários demonstram ter uma capacidade incomum para a intriga.

Após um período de 10 anos de paz e tranquilidade, com a morte do Imperador Constante, protetor de Atanásio, Constâncio torna-se o único imperador do

Oriente e do Ocidente. Imediatamente, em 355, face à atitude de diversos Bispos, não favoráveis à concepção defendida por Atanásio a respeito do dogma trinitário, reconhecido pelo Concílio de Niceia, ele convoca um concílio a se realizar em Milão.

Após rejeitar as posições doutrinárias de Atanásio, o concílio nomeia, como seu sucessor na sede episcopal de Alexandria, Jorge da Capadócia. Mais uma vez, Atanásio consegue se livrar da prisão. Refugia-se no deserto, entre os monges egípcios, de onde irá inundar o Império com panfletos antiarianos.

No ano 360, sobe ao poder imperial Juliano, que, tendo abandonado a fé cristã, busca alcançar a unidade do Império restaurando a religião pagã, em um estilo bastante original. À diferença da antiga religião romana, ele apresenta uma fé marcada, fortemente, pelo neoplatonismo e por elementos das religiões de mistério, provenientes do Oriente.

Dotado de grande inteligência e de uma arguta capacidade organizativa, Juliano chama todos os Bispos do exílio e lhes concede ampla anistia. Aos palacianos, espantados com tal medida, ele observa: "Estes lobos irão se devorar entre si".

A notícia se espalha. Ao tomar conhecimento do retorno de Atanásio, a população de Alexandria exulta e se organiza para recebê-lo festivamente. No entanto, havia um grande entrave: a sede episcopal estava ocupada por Jorge da Capadócia. O que fazer? Uma decisão bastante dura e nada cristã foi tomada pela população: a morte do Bispo Jorge, o que permitiu a solene posse de Atanásio.

Dois outros breves exílios constam de sua biografia: um, na época do Imperador Juliano, e outro na época do Imperador Valente, após o que ele permanecerá em Alexandria, onde será surpreendido, no dia 2 ou 3 de maio de 373, por uma morte tranquila no próprio leito.

Sua vida foi integralmente dedicada à defesa da fé cristã, professada no Concílio de Niceia, que reconhecia ser Jesus o Filho de Deus igual ao Pai em sua natureza divina (*homoousios*). Desde então, a Igreja professa que Jesus, o Filho de Deus, sem deixar de ser Deus, assumiu de Maria a nossa humanidade, tornando-se verdadeiramente homem.

Por outro lado, sua convivência com os eremitas, monges que viviam no deserto onde buscou refúgio em seus exílios, fez com que ele se tornasse um grande divulgador da vida monacal na Igreja do Ocidente.

2 Defensor da fé de Niceia

Embora mantivesse uma atitude nobre e respeitosa para com os imperadores, Atanásio jamais deixou de salientar a independência indispensável da Igreja em seu âmbito específico de atuação.

Assim, quando Constantino manifestou o desejo de acolher Ario na Igreja e pediu-lhe para reintegrá-lo nas atividades eclesiais, Atanásio recusa-se de modo peremptório, provocando um ácido comentário de seus adversários: "Quem realmente envenena a Igreja não é Ario, mas sim Atanásio". Aliás, a reivindicação de autonomia no exercício do ministério episcopal estará muito presente em diversos outros Bispos, sobretudo em São Basílio Magno e Santo Ambrósio.

Seu episcopado deu-se exatamente no período em que surgiu e se desenvolveu na Igreja a crise ariana. Inflexível defensor do Concílio de Niceia, Atanásio evitou que a fé cristã fosse diluída ou enfraquecida. Porém, em 343, apesar do seu esforço e acendrado desejo de unidade, o Sínodo de Sárdica (Sófia-Bulgária) irá marcar oficialmente o cisma entre os Bispos nicenos e a Igreja ariana.

Consideremos a crise ariana, em suas linhas principais.

O início da crise se deu por volta do ano 318, provocado por um sacerdote de nome Ario, que recebera a formação teológica na escola de Luciano de Antioquia. Após a ordenação sacerdotal, em Alexandria, foi enviado a uma das regiões da diocese, denominada *Baucalis*, onde incentivava os fiéis a entoar hinos e cânticos, que falavam do Senhor Jesus como se Ele não fosse plenamente Deus.

Retomava-se a tendência subordinacionista que negava a preexistência do Filho, não no sentido de anterioridade cronológica, mas para exprimir a superioridade ontológica do Pai: "O Verbo não é eterno, nem criado, pois foi do Pai que Ele recebeu a vida e o ser". Negava-se a divindade do Verbo; ou seja, negava-se que Jesus Cristo fosse Deus, considerando-o secundário ou subordinado ao Pai.

Perante esses ensinamentos e por causa de sua obstinação, Alexandre, Bispo de Alexandria convocou um concílio que contou com a presença de, aproximadamente, 100 Bispos do Egito e da Líbia, cujo desfecho foi a condenação de Ario e seus seguidores.

Destituído de suas funções eclesiais, asilado, Ario encontrará apoio no exterior, junto aos Bispos Eusébio de Nicomédia e Eusébio de Cesareia, que mantinham um bom relacionamento com a corte imperial e, sobretudo, Eusébio de Nicomédia, que batizará Constantino em seu leito de morte.

Então, a questão levantada por Ario atinge novos horizontes, com reações diversas. Eleva-se toda uma celeuma que terá como ponto culminante, em 325, a convocação do Concílio de Niceia, o I Concílio Ecumênico da Igreja, que tomará importantes decisões a respeito de Ario: sua condenação e a introdução no símbolo da fé do termo consubstancial (*homoousios*). Com raízes mais filosóficas do que bíblicas, tal termo, fruto de um esforço teológico para elucidar os dados da revelação, será posteriormente contestado.

Como já destacamos, Atanásio, profundamente sensibilizado pelos ensinamentos conciliares, se colocará, durante toda a sua vida, em defesa da fé professada em Niceia, combatendo com ardor as proposições de Ario e de seus seguidores.

2.1 Fundamentos da teologia atanasiana

O termo *homoousios,* consubstancial, introduzido pelo concílio, afirma que o Filho não foi criado, mas engendrado, indicando ser Ele da mesma substância divina do Pai. Terminologia presente no Credo, no qual professamos a fé em um único Deus, em duas Pessoas distintas, o Pai e o Filho, unidos em uma única e mesma natureza divina.

41

Após o concílio, que terminou com uma decisão unânime ao menos aparente, recomeçaram as divergências e as acusações mútuas. Por dezenas de anos, seguem-se discussões permeadas de incompreensões, excomunhões e exílios entre os defensores do Credo de Niceia e os arianos.

Em meio às lutas, o paladino de Niceia, Atanásio, escreve não poucos escritos em defesa da fé. Sua inteligência penetrante e notável habilidade dialética tornaram-no um valioso instrumento em favor da divindade de Cristo e uma espada afiada contra qualquer sinal de docetismo, doutrina que negava a humanidade de Jesus.

Sua obra dogmática mais significativa, *Discursos contra os arianos*, reflete uma rica e bela exposição da doutrina trinitária. Composta em 346 ou em 359-360, tinha por objetivo explicitar o Concílio de Niceia. De um modo surpreendente, após citar, no preâmbulo do tratado, a expressão *homoousios*, consubstancial, ele não a emprega nem mais uma única vez. Sua intenção é clara: mostrar que se pode explicar a fé de Niceia sem empregar a palavra *homoousios*, fonte de tantas controvérsias.

Na Primeira Carta a Serapião, ele escreve:

> Não se acede à divindade mediante discursos demonstrativos, mas pela fé e pela reflexão piedosa, acompanhada de reverência (SCh, 15, p. 119).

Muito embora sua reflexão teológica se baseasse na Sagrada Escritura, considerada praticamente como suficiente para o aprofundamento da fé cristã, ele não dispensava o emprego de concepções filosóficas ou "discursos demonstrativos"; utilizava-os para esclarecer e aprofundar algumas passagens da Bíblia ou para compreender, mais explicitamente, as definições e as distinções no esclarecimento da fé.

2.2 Uma teologia rudimentar

Sua maneira de abordar a questão teológica é bastante simples, atendo-se principalmente ao aspecto pastoral e espiritual. Ela nasce da vida da Igreja, em sua realidade externa e interna, o que o leva a apresentar, em *Discursos contra os arianos*, o Dogma de Niceia a partir da realidade cristã do batismo:

> Desde o início, pelo batismo, implanta-se em cada alma que Deus tem um Filho, o Verbo, a Sabedoria, a Força, e que Ele é sua imagem e seu esplendor. Daí se compreende a eternidade da origem do Filho no seio do Pai e a eternidade da geração [do Filho], na única essência, comum a ambos. Nisso não há nenhuma ideia de criatura ou de obra feita (c. 34. *In*: PG, 25).

Ele destaca que o batismo é dado não em nome de uma criatura, mas em nome do Deus trino e uno, fonte de purificação e santificação. Aliás, não só o batismo, mas também os demais sacramentos são conferidos na Pessoa de Jesus, que, no poder do Espírito Santo, une quem os recebe intimamente ao Pai.

Após essas e outras considerações, ele conclui que os cristãos, desde a iniciação cristã, têm consciência da verdade de fé proclamada em Niceia, sem ter necessidade de utilizar o termo *homoousios* (consubstancial).

O princípio geral comum à Igreja e presente em Atanásio é a certeza, dada pela fé, de que ser salvo é ser divinizado; ou seja, é tornar-se participante da vida divina. Se no batismo, cujo ministro principal é Cristo, somos reconciliados com o Pai e santificados pelo Espírito Santo, estamos professando que é o único Deus, em três Pessoas, que nos torna participantes da comunhão divina.

2.3 Interpretação de Pr 8,22

A expressão de Pr 8,22: "O Senhor me criou (*ektise*) como primícias de suas obras", era motivo de polêmica para os arianos, que afirmavam ter sido o Filho criado por Deus; portanto, não plenamente Deus. Tal interpretação é rejeitada por Santo Atanásio, que considera o texto à luz do mistério da salvação:

> Se nos Provérbios encontra-se a palavra *éktise* (criou-me), não se deduz necessariamente que o Verbo seja por natureza uma criatura, mas, mais exatamente, que Ele assumiu, por nossa causa, um corpo. Ao falar que Deus o criou, o texto bíblico quer expressar que Deus lhe concedeu um corpo criado, para sermos nele renovados e divinizados [...]. Eis a prova do amor de Deus pelos homens: querer tornar-se Pai daqueles de quem Ele é o Criador [...], pois aqueles que recebem o Filho participam, pela graça divina, do poder de se tornarem filhos de Deus. Caso eles não se unissem a Jesus, que é o Filho de Deus por natureza, os homens permaneceriam meramente criaturas (c. 59; *In*: PG, 25).

Em sua teologia, a coerência estabelecida entre o Filho de Deus, presente na obra da criação, e o Filho de Deus, nascido de Maria, é marcante. Daí sua insistência em dizer que a criação é obra do Filho, que, sem prejudicá-la ou destruí-la, veio para junto dos seus, tornando-se um de nós. No tratado sobre a *Encarnação do Verbo,* ele acentuará, justamente, a parentela existente entre Cristo e os cristãos:

> Somos glorificados nele. Sua descida é nossa ascensão, segundo o que está escrito: Deus nos ressuscitou com o Cristo e nos fez assentar com Ele no céu (*De Incarn. In*: PG, 26).

Pelo fato da Encarnação do Filho Jesus, o Pai nos reconhece como filhos e filhas, convocados a viver em verdadeira comunhão uns com os outros:

> O Filho de Deus assumiu um corpo mortal, para que nesse corpo, unido ao Verbo que está acima de tudo, pudesse morrer por todos. Por ser habitação do Verbo, o corpo assumido tornou-se imortal e, pelo poder de sua ressurreição, remédio de imortalidade para toda a humanidade. Desse modo, o Filho incorruptível de Deus, fazendo-se solidário aos homens, tornou-os, em seu corpo glorificado, todos eles, participantes de sua imortalidade, a justo título da promessa de imortalidade (*De Incarn. In*: PG, 8-9).

A Encarnação e a nossa filiação divina, ou ainda, a própria criação não é vista como um ato do passado, mas como um processo cuja dinâmica remete o ser humano a viver, continuamente, sua realidade humano-divina. Eis por que o Filho de Deus, portador de um corpo humano, pode dizer: "O Senhor me criou", pois a criação toda inteira encontra nele a sua plena realização.

A presença desse movimento interior de toda a criação, orientando-se para Ele, é descrita por Santo Irineu como a convergência intrínseca de toda a realidade criada para sua plenificação em Cristo.

Em suas *Cartas a Serapião*, Bispo de Thmuis, no Egito, ao discorrer sobre o Espírito Santo, em sua relação com o Pai e o Filho, Santo Atanásio professa a divindade do Espírito Santo, em sua igualdade de natureza com o Pai e o Filho. Baseada em textos bíblicos, tal argumentação será aprofundada, mais tarde, pelos Padres Capadócios e por Santo Agostinho.

3 Divulgador da vida monacal

Atanásio escreve *A vida de Santo Antão*, inspirando-se, consciente ou inconscientemente, na legenda de Pitágoras, transportando para o mundo cristão o ideal de um sábio filósofo, com todas as suas virtudes.

Juntamente com *A vida de São Cipriano*, escrita pelo Diácono Pôncio, ela se situa na origem das biografias cristãs. Difundiu-se rapidamente, de tal modo que apenas vinte anos após o seu aparecimento, já existia uma tradução latina, com grande penetração no Ocidente. A influência sobre Santo Agostinho será significativa, particularmente por ocasião de sua conversão ao cristianismo.

A descrição da vida de Santo Antão fez com que o ideal ascético não só se limitasse a produzir estados de ânimo particulares, mas que fosse criado um novo estilo de vida; aliás, muito bem acolhido pela piedade cristã em geral. E isso, principalmente pelo fato de Atanásio não se prender aos milagres e às visões, que povoavam até então as histórias contadas a respeito de Santo Antão, mas descrever a vida ascética como modelo de santidade e de consagração a Deus; um modo renovado de ser cristão: simples, evangélico, fiel à ortodoxia.

Interlocutor instigante no diálogo com os leitores, Atanásio os leva a perceber que a vida ascética consiste na realização do ideal desejado pelo sábio pagão: equilíbrio e liberdade interior, que se desenvolvem plenamente no encontro com Deus. Ademais, ele destaca que a verdadeira cidade filosófica se concretiza na comunidade monástica, onde, ao se fazer *monachós*, o asceta vive a comunhão com Deus e com os outros, trilhando um caminho mais do que moral, principalmente, místico, que o conduz à paz e à harmonia interior.

3.1 Caráter evangélico da vocação de Antão

A vida de Santo Antão, manuscrito que chegou até nós muito bem conservado, é um manifesto da espiritualidade do deserto, com elementos fundamentais para nossa vida espiritual. Através da oração o monge se vê no horizonte da liberdade, descrita como *parresía,* confiança total em Deus, ao qual ele se une em sua luz, em sua paz e em seu amor.

Por compreender esse estreito nexo entre liberdade humana e liberdade divina, Atanásio não se prende às amarras sociais e políticas de sua época, que buscavam cercear suas atividades. Reconhecendo a liberdade como valor irrenunciável, ele anunciará com coragem e ardor a Verdade sobre Cristo.

3.2 A conversão de Antão

Segundo a narrativa de Atanásio, durante uma celebração religiosa, Antão, que não tinha mais do que 20 anos de idade, foi atingido interiormente pelas palavras do evangelho: "Se queres ser perfeito, vende tudo o que tens, dá-o aos pobres e segue-me" (Mt 19,21).

Essas palavras soam-lhe como um chamado de Deus, convocando-o a um novo estilo de vida. Imediatamente após deixar uma parte de seus bens para o sustento de sua irmã, pois seus pais já tinham falecido, ele distribui o restante aos pobres.

Pouco tempo depois, ao ouvir as palavras do evangelho: "Não vos preocupeis com o dia de amanhã" (Mt 6,34), ele confia sua irmã a uma religiosa e retira-se para o deserto. Lá, no encontro consigo mesmo, ele trava uma desenfreada luta interior. Ao alcançar a serenidade, volta-se para Deus e dedica-se à oração e à meditação da Sagrada Escritura:

> Rezava continuamente, pois aprendera que é preciso "rezar a sós sem cessar" (1Ts 5,17). Era tão atento à leitura que nada lhe escapava do que tinha lido na Escritura; retinha tudo de tal forma que a sua memória acabou por substituir os textos bíblicos (Atanásio, 1991, I.3).

A fama de santidade, seu modo de agir reto e sincero, atraíram muitas pessoas, ávidas por ouvi-lo e receber uma orientação espiritual. Antão não permanece só. Muitos tornaram-se seus discípulos; outros, independentes dele, passaram a viver no deserto. Pouco a pouco, por volta do ano 300, o Deserto da Tebaida, no Egito, transformou-se em uma verdadeira cidade monacal. Discípulos ou não de Antão, todos desejosos de buscar a Deus na solidão.

3.3 A vida eremítica

Sua vida solitária, marcada pela renúncia e pelo trabalho, era um convite para os que buscavam a tranquilidade e a paz na contínua contemplação de Deus. Seu estilo de vida simples e despojado o identificava aos pobres e ao trabalhador manual, pois, para se manter e ajudar os mais pobres, fazia cestos de vime com suas próprias mãos. Aliás, o trabalho era considerado como uma das principais asceses:

> Trabalhava com as próprias mãos, pois ouvira a palavra da Escritura: "Quem não quer trabalhar, também não deve comer" (1Ts 3,10). Com uma parte do que ganhava comprava o pão que comia; o resto dava aos pobres. Todos os habitantes da aldeia e os homens honrados que tratavam com ele, vendo-o assim, chamavam-no amigo de Deus; uns o amavam como um filho, outros como um irmão (Atanásio, 1991, I.4.5).

A conversão e a vida ascética não se limitam à experiência de um momento determinado da vida; compreendem o desenrolar de uma busca incessante, impulsionada pelo lema: "Hoje, comecemos a servir a Deus, pois este pode ser o meu último dia". Mais tarde, São Francisco de Assis dirá: "Irmãos, até agora nada fizemos, comecemos tudo de novo".

A perfeição ardentemente almejada não é resultado de um episódio específico, nem é o desfecho de uma determinada fase da vida, é empenho alimentado e vivido ao longo do caminho; esforço perseverante que jamais se esgota:

> Ele próprio não se lembrava do tempo transcorrido, mas, cada dia, como um principiante na ascese, esforçava-se para progredir, repetindo-se continuamente o dito de São Paulo: "Esquecendo-me do que fica para trás e avançando para o que está adiante, prossigo direto para o fim" (Fl 3,13s.). Recordava também a palavra de Elias: "Vive o Senhor, perante o qual eu me mantenho hoje" (1Rs 18,15). Ele observava que, dizendo hoje, Elias não contava o tempo passado. Portanto, é como se ele estivesse sempre iniciando cada dia. Esforçava-se para viver como se fosse estar diante de Deus: puro de coração e pronto a obedecer à sua vontade e de nenhum outro (Atanásio, 1991, 7).

Aos 17 de janeiro de 356, com a idade avançada de 105 anos, ele vai para junto do Pai, que lhe dera "a graça de consolar muitos aflitos e reconciliar entre si muitos que estavam em conflito" (Atanásio, 1991, 705). Seu exemplo de vida e suas palavras empolgaram milhares de pessoas e permitiram que o movimento monástico ganhasse expressão não só na Tebaida, mas em todo o Império.

De fato, por toda a parte formaram-se muitos núcleos de eremitas, que se tornaram sinal profético de uma nova sociedade, habitada por homens e, mais tarde, por mulheres, que, guiados e iluminados pela ação do Espírito Santo, buscavam viver a caridade e realizar com coração livre as suas atividades.

4 Observações gerais

Além dos tratados *Contra os pagãos* e *A Encarnação do Verbo*, a obra mais significativa de Santo Atanásio foi *Discursos contra os arianos*, onde ele expõe a doutrina de Ario e defende os ensinamentos do Concílio de Niceia. Foram também preservados alguns escritos, nos quais ele se defende dos ataques de seus inimigos e uma variada correspondência, na qual aborda questões sobre o *homousios* e temas espirituais e festivos.

Pela atenção dada por seus sucessores, ao longo do IV século, seus escritos pastorais tornaram-se importantes e muito contribuíram para a organização da Igreja. Com efeito, anualmente, Atanásio publicava duas cartas pastorais: uma, pouco após a Epifania; e outra, por ocasião da abertura da Quaresma, visando comunicar a data exata da celebração da Páscoa.

Em tais cartas, ele abordava assuntos eclesiásticos da atualidade e questões concernentes à vida cristã: o jejum, a esmola e a recepção dos sacramentos. Essa prática ele a mantém mesmo durante os exílios, tornando-os importantes fontes dos dados cronológicos de sua vida, como também da realidade eclesial daquele período. Por exemplo, em sua 39ª carta, redigida no ano 367, ao alertar os estudiosos da Bíblia contra a introdução de escritos apócrifos por parte dos heréticos, ele enumera os livros do Antigo e do Novo testamentos, que tinham sido acolhidos e transmitidos pela Igreja.

Concluindo, ressaltamos, mais uma vez, sua firmeza obstinada em defender o credo de Niceia, em meio à grave crise doutrinal do arianismo, e o seu relevante papel na definição da identidade da Igreja frente à interferência do poder político dominante. Notável é o fato de ele, em seus 46 anos de episcopado, ter inaugurado uma nova etapa na vida da Igreja: a atuação de grandes teólogos e a presença dos ascetas na Igreja, tanto no Oriente como no Ocidente, que consolidaram a reflexão teológica e espiritual na Igreja.

II

São Basílio Magno,
monge e pastor

A Capadócia, região central da Ásia Menor, foi evangelizada no III século por São Gregório o Taumaturgo, discípulo de Orígenes. Na segunda metade do IV século destacam-se três personagens, denominados Padres Capadócios, homens eminentes, possuidores de grande cultura humanística e de um profundo conhecimento da doutrina católica: Basílio de Cesareia, Gregório de Nazianzo e Gregório de Nissa.

Nesse período perduravam ainda questões doutrinais e religiosas nascidas das lutas antiarianas. Algumas teses, não totalmente ortodoxas, tinham sido acolhidas por diversos Bispos, refugiados em fórmulas dogmáticas ambíguas, ou que se mantinham em silêncio obsequioso diante das soluções sustentadas pelo governo imperial.

Assim, logo no início do IV século, com a obtenção do direito de cidadania, a Igreja corria o risco de perder sua força evangelizadora e sua identidade no campo da fé. Por providência divina, a Capadócia, mediante a atitude coerente e segura de seus principais representantes, assumiu a tarefa de revigorá-la em sua dimensão religiosa, teológica e espiritual.

Cesareia, capital da Capadócia, era governada, como Roma, por um senado composto de cem membros escolhidos a cada cinco anos, entre os cidadãos mais ricos e honrados. Em forte contraste, coexistia uma numerosa população pobre, sujeita a um sistema injusto e vexatório, contra o qual seus Bispos, em particular Basílio, irão veementemente protestar.

Nascido por volta do ano 329-330, Basílio era filho caçula de uma antiga família cristã, de nove filhos, em que, vale dizer, a santidade passava de pai para filho, pois seu avô materno fora mártir e sua avó Macrina, a antiga discípula de Gregório o Taumaturgo. O ambiente familiar no qual viveu Basílio nos recorda o ambiente em que cresceu Orígenes, cujo pai Leônidas, que era cristão, foi martirizado, em 202, durante a perseguição de Septímio Severo.

Possuidora de grandes propriedades, a família de Basílio pôde lhe oferecer uma infância despreocupada e uma excelente formação intelectual e religiosa. Após os primeiros estudos orientados por seu pai, retor em Cesareia, foi enviado a Constantinopla, onde conheceu sofistas e filósofos como Libânio, considerado protótipo dos retóricos pagãos de sua época, que não perdia ocasião de lançar invectivas contra a fé cristã.

No ano 351, Basílio encontra-se em Atenas, cidade universitária por excelência, onde foi recebido por seu conterrâneo Gregório, mais tarde Bispo de Nazianzo, com o qual manterá sólidos laços de amizade e grande afinidade de pensamento. São conhecidos seus longos diálogos sobre a "filosofia cristã", termo empregado para designar a vida ascética. Nesse ambiente de estudos eles conhecerão o futuro imperador, mais tarde designado pelo nome de Juliano o Apóstata.

Terminados seus estudos em Atenas, que duraram cinco anos, Basílio retorna à sua cidade natal e assume, por pouco tempo, a carreira de retor. Após receber o batismo, sentindo-se chamado a viver integralmente a fé cristã e movido pelo desejo de conhecer os mais célebres ascetas e monges do Oriente, empreende uma longa viagem através do Egito, Palestina, Síria e Mesopotâmia.

O estilo de vida e o desprendimento dos monges tocam-no vivamente. De corpo e espírito, torna-se um deles. Consequentemente, ao voltar à pátria distribui sua fortuna aos pobres e se retira para a solidão, na região do Íris, ao norte da Capadócia, disposto a trilhar o ideal monástico. Alguns amigos juntam-se a ele, entregando-se à oração, ao trabalho e à caridade, em busca de paz, harmonia e felicidade, aspiração própria dos grandes filósofos da Antiguidade.

Nesse afã espiritual-filosófico, Basílio e seus amigos foram cativados pelo pensamento e pela espiritualidade de Orígenes, o grande filósofo, exegeta e místico de Alexandria, fato que os levou a elaborar uma antologia dos textos de Orígenes, a *Philocalia*, que alimentará a vida ascética e mística da Igreja do Oriente até os nossos dias.

No entanto, sua vida como monge não terá grande duração. Já no ano 364 ele será ordenado sacerdote em Cesareia da Capadócia e aí se estabelecerá, definitivamente, a pedido do seu Bispo Eusébio, ao qual sucederá no ano 370.

Como, por ocasião de sua eleição episcopal, o clima em Cesareia era tenso e a vida religiosa estava bastante enfraquecida, desde o primeiro instante do seu episcopado, será enorme seu esforço no desempenho das atividades como pastor e orientador das comunidades cristãs. Urgia-se uma ação imediata e multiforme.

Com efeito, durante oito anos, pois ele morreu em 1º de janeiro de 379, assistiu-se a um verdadeiro soerguimento da situação religiosa em Cesareia, com reflexo em toda a Igreja.

O empenho evangelizador não o impediu de conservar e alimentar o ideal da vida monástica, que lhe ensejou escrever duas regras monásticas, verdadeiras fontes de inspiração para a vida cenobítica, graças às suas preciosas indicações práticas e espirituais. O mesmo ocorrera no Egito, com Pacômio, que consolidou, com seu notável talento organizativo, a vida monacal comunitária.

Na Capadócia, respeitando as características próprias da Igreja local, Basílio conferirá à vida monacal um modo de ser bastante equilibrado. Proveniente do deserto, ele a instalará nas periferias das cidades sob a forma de comunidades simples e despojadas, com uma estrutura descentralizada, que estarão voltadas à evangelização e ao atendimento dos pobres.

Mais tarde, diante da crise econômica que atingiu particularmente os pobres, sua ação episcopal será relevante: transformará a Igreja local de Cesareia em um lugar privilegiado de acolhida dos pobres e enfermos.

1 Organização da caridade

É impressionante o número de funcionários e representantes do Império, aos quais Basílio se dirige para defender os pequenos e os pobres ou para pedir que dispensassem do ônus público a pequena propriedade dos pobres. Ao Prefeito Modestus ele escreve:

> Eu me permito vos escrever, pois a necessidade de algumas pessoas que sofrem me levou a fazê-lo. Mostrai vossa benevolência para com os pobres empregados que são explorados. Não queirais exigir deles impostos excessivos pelo que fazem; caso contrário, eles estarão arruinados. Aliás, é do vosso interesse não os tornar incapazes de trabalhar para o bem público.

Esse notável empenho em favor dos pobres e enfermos decorre, principalmente, do seu zelo apostólico, pois não se pode olvidar a responsabilidade que lhe cabia por pertencer a uma das famílias senatoriais, às quais estava vinculada, devido às ameaças de invasão dos bárbaros, a sobrevivência do Estado. Nesse sentido, como proprietárias de terras, elas assumiam o ônus de fornecer a madeira necessária aos padeiros da região, pagar pesados impostos em benefício do bem comum e, de modo particular, tinham a incumbência de preservar e incentivar a cultura, a *paideia*, um dos sustentáculos da unidade no Império.

Se esse compromisso está presente nas ações de Basílio, no entanto, a motivação principal era bem outra. Assim, em 368, já sacerdote, por ocasião de uma grande fome, ele organizará a distribuição de sopas populares, permitindo acesso aos judeus, fato notável para aquela época. Seu próprio irmão, Gregório de Nissa, observa que tal iniciativa surpreendeu, agradavelmente, toda a comunidade.

Desde sua eleição como Bispo, essa preocupação pelos mais carentes fez-se presente ao solicitar que o imperador lhe doasse um vasto terreno nos arredores de Cesareia, para construir uma "nova cidade" para eles. Lá edificou uma igreja e um "hospital" ou hospedaria, com alojamentos para os empregados e trabalhadores pobres da cidade, preservando espaços adequados para poder também acolher os viajantes de passagem.

Assim, após alguns meses, brotava às portas de Cesareia, uma cidade-satélite, que recebeu o nome de Basileia ou Basilíades, em homenagem póstuma àquele que a idealizou. Para surpresa de todos, não muito tempo depois, querendo resgatar o sentido evangélico da simplicidade e da pobreza e torná-lo presente à sociedade, Basílio deixa sua residência episcopal para habitar uma das casas construídas como moradia dos pobres.

Nessa ocasião tornou-se célebre a *Homilia sobre a caridade*, na qual ele alertava, principalmente os ricos, criticando-os por terem transformado o supérfluo em um bem necessário:

> Desviando-te dos pobres, com medo de encontrá-los para não se sentir constrangido a deixar escorrer de tua mão a mais insignificante moeda. Só sabes dizer: "Não tenho nada, não posso dar nada, sou pobre". Realmente, és pobre, privado de todo bem: pobre de amor,

pobre de fé em Deus, pobre de esperança eterna. Partilha teu pão com os irmãos, distribui hoje aos pobres a colheita que amanhã estará mofada. A cobiça torna-se um vício tremendo, quando não se dá aos pobres nem mesmo os frutos que sobejam (Ep, 6-7. *In*: PG, 31).

No panegírico a São Basílio, Gregório de Nazianzo mostra quão marcante foi para ele a "cidade dos pobres": uma constante referência em suas atividades episcopais e em suas reflexões teológicas. O próprio Basílio a considerava como a oitava maravilha do mundo: "Cidade onde os pobres têm uma pequena propriedade, os doentes são tratados e os peregrinos acolhidos".

2 Oganização da vida monacal

A intenção de Basílio ao construir a cidade dos pobres, foi explicitada em seus escritos, particularmente, nas *Regras morais*, como uma exigência emanada da Palavra de Deus.

O mesmo princípio, advogado para todos os seguidores do Senhor, ele apresenta aos monges: jamais serem regidos por leis especiais, bastava-lhes o evangelho. Coerente a esse modo de pensar, ele faz preceder a cada regra um texto evangélico ou um versículo da Sagrada Escritura.

Assim, na Regra 70, precedido pela afirmação de Jesus: "Eu tenho compaixão desta multidão" (Mt 15,32), ele sustenta: "Ser um dever sacerdotal se ocupar das necessidades corporais dos que nos foram confiados". E aproveita o ensejo para destacar quão importante é na Igreja a "cidade dos pobres": uma presença do inefável amor de Deus.

No desejo de que todos alcancem uma vida santa, na paz e na justiça, ele escreve as *Regras morais* com seus 80 preceitos. Nesse mesmo sentido, visando santificar a vida dos fiéis, ele redige uma *Coletânea* de mais de 1.500 versículos do Novo Testamento, ordenados por temas, com capítulos e títulos.

Por volta do ano 358, escreve as *Regras monásticas* em forma de perguntas e respostas; propõe aos monges, que se dedicavam à oração, ao estudo da Sagrada Escritura e ao trabalho manual, um estilo de vida, que refletia o que ele próprio procurava viver: a simplicidade e a austeridade no comer e no vestir. Rico patrimônio espiritual, que influenciará, posteriormente, a vida monacal tanto no Oriente como no Ocidente, onde foram conhecidas por São João Cassiano e São Bento.

Nas *Regras mais extensas*, o *Grande Asceticon*, após realçar a importância da vida monacal como um modo mais radical de viver o evangelho, ele afirma a existência de muitos outros caminhos possíveis para atender ao chamado de Deus. Aos que optavam pela vida ascética, ele sugere vivê-la em uma comunidade de irmãos, unidos pela caridade fraterna:

> A vida em comum dos irmãos é estádio de atletismo, caminho excelente de progresso, exercício perpétuo e meditação dos mandamentos do Senhor. Tem por escopo a glória de Cristo, que disse: "Assim, brilhe vossa luz

diante dos homens, para que vejam as vossas boas obras e glorifiquem vosso Pai que está nos céus" (Mt 5,16). Essa vida comum conserva o caráter da vida dos santos, mencionada nos Atos, onde está escrito: "Todos os fiéis viviam unidos e tinham tudo em comum" (At 2,44) (RM, 7. *In*: PG, 31).

3 A luta antiariana

O imperador, preocupado com a unidade do Império, via o arianismo como uma ameaça a ser vencida. Buscando a união entre todos, ele lança um veemente apelo para que os Bispos assinem a fórmula de fé *homeana*, incorreta não pelo que dizia, mas pelo que não queria dizer.

Com efeito, embora não negasse a divindade do Filho, reconhecida pelo termo *homoousios*, segundo o qual Ele é de igual natureza, consubstancial ao Pai, a fórmula homeana afirmava tão somente que o Filho era semelhante (*hómoios*) ao Pai.

Em 370, partidário pessoal da fórmula homeana, o Imperador Valente desejou torná-la norma de fé em todo o Império. Para tanto, era necessário que a fórmula proposta fosse assinada por todos os Bispos, principalmente por Basílio, devido à sua importância reconhecida em todo o Império, e por ser ele o Metropolita da Capadócia.

Desde o início do seu episcopado, consciente do perigo que ameaçava a Igreja, Basílio não deixou de envidar esforços em defesa da fé. Independentemente da questão ariana, sua ação assumiu um duplo sentido:

primeiramente, procurou fazer com que os Bispos resistissem ao imperador, em matéria de fé e de moral; e, simultaneamente, dedicou-se à comunhão dos Bispos entre si.

3.1 Resistência ao imperador

Sua resistência ao imperador tornou-se evidente quando da visita de um funcionário imperial que veio pedir-lhe para assinar a fórmula homeana. Após ouvi-lo sem se intimidar Basílio simplesmente, indicou-lhe a porta de saída.

Tal entrevista concedida ao Prefeito Modestus, representante do imperador, tornou-se bastante conhecida graças à descrição feita por São Gregório de Nazianzo:

> Eis Basílio, que, diante de Modestus, lhe diz:
>
> – Onde queres chegar (pois ele recusava dar-lhe o título de Bispo) sendo o único entre os Bispos a opor-se ao poder do imperador e mostrando-te arrogante a seu respeito?
>
> – O que tu queres dizer? Responde Basílio. De que arrogância falas tu? Não compreendo.
>
> – Tu não segues a religião do imperador, enquanto todos os outros são submissos às suas ordens.
>
> – Que o meu imperador me perdoe: eu não posso adorar uma criatura, sendo eu mesmo criatura de Deus e chamado por Ele a participar de sua vida.
>
> – Por quem nos tomas, o imperador e a mim?

– Por menos que nada, ao menos, quando agis como neste momento.

Indignado, o prefeito ameaça Basílio, que se mostra irredutível. Ao final, diz o representante do imperador:

– Até agora, ninguém ousou falar-me com tal liberdade, a mim, Modestus.

– Porque tu jamais encontraste um Bispo. Caso contrário, ele te teria falado como eu faço; pois ele tem o mesmo interesse a defender. Agora, tu podes tornar ciente ao imperador que nem a chantagem ou as promessas, tampouco as torturas mudarão, em nada, a minha linha de conduta (Or, 43, 49s.).

Apesar da atitude severa e mesmo ríspida de Basílio, o imperador não ousou repreendê-lo e muito menos enviá-lo para o exílio. Tal atitude torna-se compreensível, não só pelo prestígio de Basílio, mas também pelo costume denominado "acomodação", segundo o qual a importância de uma sede episcopal correspondia à cidade em que ela se encontrava. E Cesareia era a capital de toda aquela região.

A questão, porém, não se encerrou com aquela visita. A tensão cresceu e atingiu seu auge quando o imperador decidiu dividir a Capadócia em duas regiões, designando Tiana, cidade estrategicamente mais importante que Cesareia, como metrópole de uma "nova" Capadócia. Se o objetivo era neutralizar a ação de Basílio, este se mostrou mais rápido do que o imperador.

Imediatamente criou novas dioceses, desmembradas de Cesareia, nomeando para ocupá-las amigos e colaboradores, que foram enviados para o outro lado da Capadócia.

Entre os novos Bispos, figuravam seu irmão Gregório de Nissa e seu amigo Gregório de Nazianzo, indicado como Bispo de Sásimas, pequeno vilarejo situado em uma encruzilhada de estradas e que, logo após a sua posse, jamais retornará à cidade. Gregório de Nissa compreende o intuito do irmão e se esforçará para proteger seus interesses e defender a ortodoxia em toda a região da Capadócia.

Essencial foi o fato de todos eles serem grandes defensores do *homooúsios*; isto é, do Concílio de Niceia.

3.2 União dos Bispos

Ao mesmo tempo em que se encontrava às voltas com a situação política da Capadócia, Basílio não deixava de se preocupar com a questão eclesiástica de Antioquia. Desejando solucioná-la, colocou-se como interlocutor entre os dois Bispos, Paulino e Melécio, cada qual advogando ser o legítimo ocupante da cátedra episcopal de Antioquia.

Ambos se declaravam partidários da fé de Niceia. Melécio contava com a simpatia de numerosos Bispos do Oriente, entre os quais Basílio; Paulino era apoiado por um grupo de irredutíveis antioquenos, que reprovavam Melécio por ter professado, anteriormente, uma doutrina um tanto duvidosa.

Diante do impasse, Basílio indicou um grupo de Bispos nicenos ocidentais para ir a Alexandria solicitar a mediação do já idoso Atanásio, único com prestígio suficiente para dirimir a questão. Porém, persuadido de que o legítimo Bispo de Antioquia não era Melécio, mas Paulino, Atanásio leva os Bispos ocidentais a aderirem à sua opinião, que contará, ademais, com o apoio do próprio Bispo de Roma, Dâmaso.

Segue-se um período de amargura e desilusões, o que não o impedirá de continuar sua incansável luta em defesa da fé. Nessa mesma ocasião, Basílio redigirá o *Tratado sobre o Espírito Santo*, que enviará ao amigo Anfilóquio, Bispo de Icônio, em resposta às dúvidas levantadas por ele sobre a doxologia trinitária utilizada na Igreja de Cesareia.

4 Doutrina sobre o Espírito Santo

Desde suas origens, a Igreja se reconheceu guiada e iluminada pelo Espírito Santo, princípio vivificante da vida da Igreja, segundo Santo Irineu:

> Lá onde está a Igreja, lá está também o Espírito de Deus; e lá onde está o Espírito de Deus, lá está a Igreja e toda a graça. E o Espírito é a verdade (*Adv. Haer.*, III, 24,1).

Para São Basílio, o mistério central da fé cristã é a Santíssima Trindade, unidade celeste dos três nomes divinos revelados no Novo Testamento. Nesse sentido, após designar as três Pessoas Divinas, nomeando-as distintas uma da outra, ele professa um só Deus, pela unidade de natureza. E fiel ao seu método teológico, ele cita numerosas passagens do evangelho que destacam a fórmula triádica, na qual se situa o Espírito Santo junto ao Pai e ao Filho.

No entanto, em suas pregações, Basílio se mostra cauteloso. Ao falar da relação existente entre as três Pessoas no interior da Trindade, ele deixa de explicitar as relações intratrinitárias do Espírito Santo com as duas outras Pessoas divinas. E isso por razões pastorais, como ele próprio confessa em um de seus sermões:

> Se eu digo diretamente que o Espírito Santo é Deus, eu divido minha Igreja; pois há pessoas em Cesareia que não estão maduras para aceitar esta afirmação, embora estejam prontas a dizer o que foi proclamado em Niceia; ou seja, que o Espírito Santo não é uma criatura (Ep, 189, I, 5-7. *In*: PG, 32, 689c).

Ele não nega nem mesmo diminui a unidade na Trindade. Pelo contrário, afirma ser o Espírito Santo uma Pessoa divina, inseparável do Pai e do Filho. Porém, por razões pastorais, ele não discorre sobre as relações do Espírito Santo no interior da Trindade.

A esse respeito, seu amigo Gregório de Nazianzo lhe dirige uma carta, na qual fala de sua surpresa diante de tal procedimento:

> Havia um banquete do qual participava um bom número de pessoas conhecidas e nossos amigos, entre eles se encontravam os que trazem nome e hábito de piedade (os monges). Não se tinha ainda bebido e a conversação versava sobre nós, como sucede muitas vezes nos banquetes... Todo o mundo te admirava e

transportava esta admiração à minha pessoa, falando da identidade de nossa filosofia, de nossa amizade em Atenas, de nossas comuns aspirações e de nossos mesmos sentimentos em todos os pontos.

Mas o nosso filósofo reagiu e, com todo o ímpeto de um jovem, exclama: "E vós outros, o que dizeis?" "Para a ortodoxia, é falso tal elogio a Basílio, também a Gregório. Um trai a fé pelos propósitos que tem, outro é cúmplice desta traição pelo que o deixa fazer... Eu acabo de chegar de uma reunião que se realizou em honra do mártir Eupsychios e lá ouvi Basílio o Grande expor sua teologia sobre o Pai e o Filho. Era excelente, era perfeito, era de uma maneira que ninguém se cansaria de ouvir, mas a respeito do Espírito, ele escamoteava... Assim, Basílio se limita a fazer entrever obscuramente as coisas, só esboçando a doutrina. Não proclama livremente a verdade. Com mais política do que piedade, ele toca os ouvidos, e, pelo poder de sua palavra, mascara sua duplicidade" (Carta LVIII. *In*: PG, 37).

No entanto, no *Tratado sobre o Espírito Santo*, baseado em textos da Sagrada Escritura, ele declara explicitamente que o Espírito Santo está, íntima e inquebrantavelmente, associado às manifestações do Pai e do Filho. Ele é a força criadora, a graça vivificante de Deus, que, penetrando até o mais íntimo da existência humana, nos identifica sempre mais ao Filho e nos insere, enquanto força de vida e de amor, nos espaços do Pai.

O Espírito Santo nos conduz, pelo Filho, ao coração do Pai, para participarmos, na variedade pluriforme da criação, da unidade santa. O caminho da nossa santificação é o Filho:

> O caminho do conhecimento de Deus vai do Espírito pelo Filho ao Pai, e, inversamente, a bondade, a santidade de natureza e a dignidade real procedem do Pai, pelo Filho único, até o Espírito (Tratado do Espírito Santo, XVIII, 47. *In*: SCh, 17, p. 197-198).

Nos capítulos XVI e XXVII de sua obra sobre o Espírito Santo, onde reflete sobre a fé batismal e a vida do cristão, ele proclama, de modo simples e direto, a missão que os cristãos receberam de anunciar e dar testemunho do mistério da Comunhão da Trindade Santa.

4.1 Na fé batismal

Para demonstrar que o Filho e o Espírito Santo têm uma única e idêntica natureza com o Pai, Basílio recorre aos textos da Escritura e à Tradição, citando São Clemente de Roma, Santo Irineu, Eusébio de Cesareia e Orígenes. De modo mais preciso, reporta-se à posição de Santo Atanásio, para quem a fé, em toda a sua riqueza, está contida na fórmula batismal: batiza-se em nome do Pai, do Filho e do Espírito Santo. Os três Nomes divinos, no mesmo nível, em total igualdade, introduzem o cristão no mistério inefável de um só Deus em três Pessoas.

Do seu pensamento decorrem três proposições:

1) Fidelidade à Tradição recebida dos apóstolos, que administraram o batismo de acordo com as palavras do Senhor: "Em nome da Trindade Santa".

2) O ato de fé, proferido pelo batizado, longe de ser uma invenção abstrata da Igreja, é sinal de fidelidade ao ato do batismo e ao modo como foi batizado. Desde a iniciação cristã, ambiente vital da fé, o cristão é introduzido na unidade do mistério trinitário.

3) Em suma, a prece em louvor da Trindade não é uma simples criação litúrgica: ela compendia a fé da Igreja.

Após tais proposições, explicitadas à luz das palavras de Mt 28,19: "Ide a todas as nações e fazei discípulos meus, batizando-os em nome do Pai e do Filho e do Espírito Santo", Basílio conclui:

> É necessário ser batizado de acordo com o mandato do Senhor, crer assim como foi batizado e orar de acordo com a fé professada. Se no batismo o Espírito Santo é nomeado entre as três Pessoas que nos salvam, é por ser Ele reconhecido e proclamado como Deus, pois só Deus salva. Negar a divindade do Espírito Santo é negar a realidade salvadora do batismo cristão. Ele é que nos garante a vida.
>
> O Senhor, que nos dispensa a vida, estabeleceu uma aliança conosco, o batismo, que comporta a figura da morte e a figura da vida; a imagem da morte, significada pela água; a imagem da vida, significada pelo Espírito. Assim aparece em plena luz a resposta de nossa busca: Por que se uniu a água ao Espírito? Porque o batismo realiza um duplo

fim: reduz à impotência o pecador, de modo a não produzir frutos para a morte; e leva-o a viver do Espírito, de modo a produzir frutos que conduzam à santificação.

A água, recebendo o corpo como num túmulo, é sinal da morte; o Espírito infunde a força vivificante, que renova as almas e as faz passar da morte do pecado à vida original. Eis o que significa: renascer da água e do Espírito; na água se realiza a morte, no Espírito a vida (Tratado do Espírito Santo, XV. *In*: PG, 32).

4.2 Na vida cristã

Com a conversão, caracterizada pela renúncia ao pecado e aos vícios, inicia-se para o cristão uma vida no Espírito Santo, princípio de imortalidade. Nesse sentido, reconhecendo o cristão como uma liberdade – ou seja, uma existência pessoal – muitos Padres da Igreja interpretam as palavras de Lc 11,2: "Venha a nós o teu Reino", como uma súplica ao Senhor: "Faça vir teu Espírito Santo sobre nós e que Ele nos purifique".

Para Basílio, o batismo não consiste apenas na simples aceitação ou reconhecimento da fé, mas proclama que, quem é batizado na água e no Espírito Santo, recebe a marca indelével do mistério trinitário:

> O batismo, com efeito, é a marca (*sphragis*) da fé, e a fé é adesão à Divindade. Primeiramente, é necessário crer e em seguida ser marcado pelo batismo (Contra Eunom., III,5. *In*: PG, 29, 655c).

Introduzido pelo Espírito Santo no *milieu* divino, o cristão torna-se na Igreja e no mundo presença da Trindade, presença da perfeita e eterna unidade de Deus:

> Ao Espírito se volta todo aquele que tem necessidade de santificação. Desejam-no todos os que vivem segundo a virtude, como que reanimados por seu sopro e orientados para seu próprio fim natural (*Trat.*, 9, 22. *In*: PG, 15).

Reflexão que será levada avante por seu amigo Gregório de Nazianzo, principalmente por seu irmão Gregório de Nissa, presentes no Concílio Ecumênico de Constantinopla em 381, que definirá especificamente a divindade do Espírito Santo e sua relação intratrinitária.

5 Mestre espiritual

Ao ser escolhido como Bispo, Basílio revela sua opção por uma vida austera, simples e espiritual, expressa particularmente em duas de suas obras, *Moralia* e as duas pequenas *Regras monásticas*. Tal opção foi amadurecendo ao longo de seus estudos sobre os monges do deserto e especialmente após ter abraçado, com fervor e entusiasmo, a vida ascética, sob a orientação do mestre Eustácio.

Lembremos que no IV século houve um grande florescimento das assim chamadas colônias de anacoretas, monges que buscavam a tranquilidade e a paz, renunciando às atividades sociais para morarem nos desertos do Egito. Uma dessas colônias destacou-se, sobremaneira, graças à influência de Evágrio Pôntico, que a transformou em um dos primeiros centros do monaquismo douto.

Na mesma época, no alto Egito, por iniciativa de Pacômio que passou a viver em uma comunidade monacal, no Deserto da Tebaida, propagou-se também a vida cenobítica.

Ora, nos arredores de Antioquia, na Síria, acentuando sobremaneira o caráter contemplativo e místico da vida monacal, encontram-se os anacoretas que afirmavam "ser a mente humana criada para contemplar Deus". Após percorrerem o árduo caminho do autoconhecimento, no desejo de se direcionarem totalmente para Deus, embrenharam-se no deserto à procura de uma vida de contemplação e oração.

Com o passar do tempo todo esse ardor inicial da vida monacal se arrefecerá. Surgem desvios e abusos, como os relatados pelo Concílio de Gangres, realizado na Capadócia, entre os anos 340-355. Com efeito, o concílio dirá de modo peremptório, que a vida monástica não é lugar de refúgio para aqueles que recusam ser soldados, nem motivo para os que querem abandonar a esposa e não pagar as dívidas contraídas, motivações que não correspondem à mensagem do evangelho, tampouco à própria vida humana.

Basílio chega a declarar que "o homem não é um animal monástico" e com clareza insiste que o ideal monástico é fruto de um apelo específico de Deus, dirigido àqueles que querem ser monges e desejam, seriamente, levar uma vida em Cristo, guiada e iluminada pelo Espírito Santo.

Inspirando-se em Orígenes, ele conceberá uma imagem bem mais popular da vida monacal. Afirma não ser necessário colocar-se fora do mundo para ver Deus. E, em um quadro bem mais humano e bíblico, salienta que o próprio mundo e os seres criados "contêm traços da Sabedoria divina; neles há uma voz que nos fala da glória de Deus".

Portanto, quem conhece o pensamento e a ação pastoral de Basílio não estranha o fato de ele não apresentar o monaquismo como um grupo à parte. Ele o situa no interior da Igreja, lugar próprio e adequado para viver o seguimento de Cristo, princípio unificador do ideal monacal.

O códice da vida cristã, fonte e base moral e espiritual dos seguidores de Cristo, é a Bíblia, na qual eles encontram resposta para as questões de âmbito pessoal e comunitário. Grande foi seu esforço, nem sempre bem compreendido, em orientar as diversas comunidades de pessoas fervorosas às quais ele dirigia reflexões e esclarecimentos, de modo simples e breve. Aliás, tais aconselhamentos darão origem às regras monásticas, precioso fio condutor na organização da vida monacal cenobítica.

Nos últimos anos de sua vida, serão publicados diversos outros escritos, como *Juízo de Deus* e *Confissão de fé*, destinados a instruir e aprofundar os valores normativos da Escritura.

Por sua dedicação à vida da Igreja, Basílio será denominado, em unânime sentir, pai dos monges do Oriente, principalmente por ter conferido à vida monacal harmonia, equilíbrio e disciplina. Seu precioso adágio, transmitido pelo amigo Gregório de Nazianzo, tornou-se regra de ouro do ideal monacal: "A perfeição é a justa medida em tudo (*tá pān métron áriston*)".

6 Homiliasta

Por estar perto de todos, como amigo e conselheiro, Basílio gozava de grande popularidade junto ao povo e ao clero, mantendo com eles viva corrente de simpatia. Aliás, em suas inúmeras homilias, mostrava-se sensível aos problemas religiosos e sociais do seu tempo, abordando de modo direto, com singeleza e espírito crítico a situação social do pobre e do rico, daquele que nada tem, mas também daquele que transforma o supérfluo em bens necessários à vida.

Por ocasião da carestia do ano 368, nas homilias sobre a caridade e a defesa dos pobres, suas palavras são vigorosas. Tornaram-se até cáusticas, quando dirigidas ao rico, que ele caracterizava como sendo "pobre de humanidade, pobre de fé, pobre de esperança eterna". Ninguém escapava ao poder da sua voz, pois exortava todos ao desprendimento e à responsabilidade de não se prenderem jamais aos bens materiais como se fossem o maior objetivo da vida.

Nesse sentido, com veemência dirigia-se aos que tinham "em seus guarda-roupas o suficiente para vestir todo um povo que tremia de frio", e descrevia os usurários como aqueles que "amontoavam seu capital de pecados".

No que se refere aos comentários bíblicos, até a data do seu falecimento em janeiro de 379, ele ainda não tinha conseguido comentar toda a obra da criação do mundo.

Faltava-lhe falar da criação do homem, lacuna que será preenchida por seu irmão Gregório de Nissa.

As homilias sobre o *Hexaemeron*, os seis dias da criação, de grande beleza literária, tiveram vasta repercussão tanto no Ocidente como no Oriente. Não resultaram, propriamente, de um estudo exegético, mas são meditações religiosas cujo objetivo era orientar os ouvintes sobre a vida de oração, a fim de ajudá-los a evitar, no louvor a Deus, as distrações e a falta de recolhimento interior. Diz ele:

> Eu conheço as leis da alegoria não por tê-las imaginado, mas por encontrá-las nos trabalhos daqueles que não aceitam entender as Escrituras em sua significação comum. Eles dizem que a água não é água, mas outra substância. As palavras: plantas, peixes, são interpretadas como bem lhes parece. A criação dos répteis e das feras selvagens, eles a explicam à sua maneira, afastando-se do sentido óbvio, como fazem os intérpretes dos sonhos que dão o sentido que desejam às imagens aparecidas durante o sonho. Para mim, quando eu ouço falar de erva, eu penso em erva. O mesmo acontece em relação à planta, ao peixe, à fera selvagem, ao animal doméstico: eu tomo todas as coisas como elas são ditas. Pois eu não me envergonho do evangelho (*Hexaemeron*, 9,80. *In*: PG, 29, 80b).

No entanto, a leitura literal do texto bíblico não o impedia de interpretá-lo teologicamente. São Gregório de Nazianzo, em seu elogio a Basílio, diz que o fato de ele ter ido ao encontro do Criador, levando em suas mãos o *Hexaemeron*, permitiu-lhe compreender as razões da criação e "participar da santa e soberana Trindade". Mais tarde, inspirado em seus escritos, Santo Ambrósio redigirá um comentário espiritual sobre a criação.

Durante o período de carestia, algumas homilias tornaram-se muito conhecidas por todo o Império. Constituem belíssimas exposições, como as *Homilias sobre a riqueza*, nas quais, em um contexto de injustiça social, ele denuncia a riqueza e apresenta a pobreza evangélica como um meio privilegiado de iniciação ao mistério da vida cristã. Com franqueza e muita liberdade, dirige-se aos ricos, descrevendo a condição dos pobres, privados dos bens necessários à vida, até do mínimo indispensável para o sustento pessoal e familiar.

Uma das passagens, em que explicita o valor do pobre, encontra-se na *Homilia sobre o Salmo 33*, na qual ele comenta o versículo 7: "Um pobre gritou e Deus o exaltou". Significativa é sua resposta à pergunta: "Quem é este pobre?":

> Ao utilizar o demonstrativo "este pobre" (*houtos hó ptochós*), o texto indica o pobre segundo Deus; ou seja, aquele para quem o único verdadeiro bem é o evangelho.

Daí a importância do seu comentário ao episódio, contado por Evágrio, de um monge que vendeu o livro do evangelho para ajudar um pobre:

> Este monge, diz ele, vendeu o livro que lhe disse para ser pobre a fim de ajudar um pobre. Ele soube ultrapassar a letra e viver o evangelho, seu único verdadeiro bem (PG, 29).

Entre os diversos outros escritos, o pequeno opúsculo *Aos jovens* é destinado aos adolescentes que se preparavam para os estudos dos grandes autores clássicos, poetas e filósofos pagãos pertencentes ao mundo grego. De par com o cultivo das exigências da fé, Basílio propõe sólidos critérios para aproveitar os postulados da cultura pagã.

No que tange à relação entre cristianismo e cultura pagã, ele destaca, assim como Clemente de Alexandria e Orígenes, a cultura clássica como sendo valiosa e proveitosa para o homem e útil para o cristão, em sua vida de fé. Aliás, é notável o fato de ele, em meio às atividades pastorais e em sua vida monacal, se mostrar sempre profundamente relacionado com o mundo político e cultural de sua época. Mesmo durante as turbulências políticas e religiosas, das quais participava ativamente, Basílio foi "um dos melhores servidores da unidade".

III

São Gregório de Nazianzo, o teólogo-poeta

Com São Gregório nazianzeno estamos em pleno período do que se poderia chamar "Idade de Ouro" da Patrística: as posições sobre a fé revelam-se claras e o pensamento cristão é analisado e aprofundado com vitalidade e ardor. Como os demais escritores da época: Basílio, Gregório de Nissa, Ambrósio e Agostinho, Gregório atribui o bem e a verdade à sabedoria divina, valorizando e integrando na reflexão teológica a magnífica herança cultural da história humana, particularmente a cultura greco-romana.

De modo espontâneo e com grande beleza literária, ele descreve a salvação do gênero humano em termos de harmonia e beleza. O encontro com Cristo é fonte de luz, que permite ao homem caminhar, confiante no ritmo trinitário da criação, para um mais verdadeiro e pleno sentido de si mesmo:

> O homem é limite, fronteira, instável e imortal, visível e invisível, a meio-caminho entre a grandeza e o nada, carne e, ao mesmo tempo, espírito (*Disc.*, 43,7. *In*: PG, 35).

Estamos nas origens do que, mais tarde, será denominado "humanismo cristão".

1 Traços biográficos

Seu pai, que também se chamava Gregório, pertenceu a uma seita judeu-pagã até a idade de 50 anos. Convertido, graças às orações de sua esposa Nonna, recebeu o batismo no ano 325, tornando-se, mais tarde, Bispo de Nazianzo. Já com idade avançada, o casal teve uma filha, Gorgônia; e dois filhos, Gregório e Cesário.

Ao filho Gregório ele ofereceu uma educação muito semelhante a que Basílio recebera de sua família. Após ter estudado em Cesareia da Capadócia e em Cesareia da Palestina, foi enviado para a Universidade de Atenas, onde se ligou a Basílio por laços de profunda amizade.

Aliás, a descrição feita por ele a respeito do modo como Basílio foi recebido em Atenas, permite-nos entrever que o ambiente universitário daquela época não era muito diferente do ambiente vivido pelos calouros em nossos dias:

> Reinava em Atenas uma *sofistomania* na maior parte da juventude e a menos séria, e não só junto aos jovens sem nascimento e sem nome, mas mesmo entre os jovens de família e que estão em evidência. Eles formam uma massa confusa, ao mesmo tempo jovem e impaciente. Pode-se notar o modo como se comportam nas lutas do hipódromo, amantes de cavalos ou de espetáculos. Eles se agitam, gritam, enviam pó para o alto. Fazem "cocheiras" de seus

lugares... Sitiam cidades, caminhos, portos, topos de montanhas, planícies...

Quando chega um novato e cai nas mãos dos que se apoderam dele – e ele cai, querendo ou não – eles observam um costume ático, em que a libertinagem se une às coisas sérias. O novato começa por se tornar hóspede de um amigo, um parente, um compatriota, um dos peritos em sofismas... Depois, ele é apresentado pelo mais antigo. A intenção, penso eu, é rebaixar as pretensões dos recém-chegados e conservá-los em seu poder desde o início. A coisa, quando se ignora, atemoriza muito por sua brutalidade; quando prevenido, tem um charme amável, pois há mais encenação do que realidade nessas ameaças. Depois, com pompa, conduzem-no através da praça ao banho...

Então, neste momento, para com o grande Basílio eu não me contentava do respeito que lhe tinha pessoalmente, ao ver sua gravidade de costumes e sua maturidade de palavras... Assim como para a maioria deles, pois logo foi objeto de veneração.

Consequência disso? Praticamente, Basílio foi o único dos iniciantes que escapou à lei comum, distinção que ultrapassava a condição de um recém-chegado. Eis o início de nossa amizade. Foi lá que despontou a centelha de nossa união (Disc. fúnebre pelo elogio de Basílio, XV,3-XVII,1. *In*: PG, 35-36).

Por volta do ano 358, Gregório retorna ao seu país e, logo após ter recebido o batismo, manifesta o desejo de ter uma experiência de vida filosófica, que, segundo o pensar de um intelectual cristão da época, correspondia à vida monacal.

Com efeito, ele e Basílio retiram-se para as margens do Íris, onde gozarão da mística companhia do pensamento e da espiritualidade do grande mestre alexandrino Orígenes. Dos seus escritos eles compilam uma antologia, denominada *Filocalia*, que teve grande repercussão entre os místicos da Igreja do Oriente.

Em 361, rendendo-se à "doce tirania" de seu pai, Gregório se deixa ordenar sacerdote e passa a viver junto a ele e à sua mãe Nonna, ambos já bem idosos. Após breve período, ele os deixa para se dedicar à vida monástica. Mas não por muito tempo. Desolado e arrependido por ter negligenciado o que assumira como seu dever, ele volta a Nazianzo, pois seu irmão, Cesário, desejoso de fazer carreira política, deixara a família para viver na corte imperial.

Em 362, por ocasião da Festa da Páscoa, após explicar em breve discurso as razões de sua fuga e do seu retorno, em uma atmosfera de alegria pascal, ele leva seus conterrâneos a se abraçarem e a se reconciliarem.

Suas locuções, desde o primeiro escrito, se caracterizam pela brevidade, sobriedade e por uma linguagem simples, familiar e espontânea, como provam seus *Poemas sobre sua vida*, sua *Correspondência* e, mesmo, seus famosos *Discursos teológicos* (SChr, 247, 1978).

Em 372, Basílio o nomeia Bispo de Sásimas, lugar de fronteira por onde passavam as caravanas imperiais que abasteciam a Capadócia. No momento, elas eram impedidas de chegar a Cesareia por Antímio, Bispo de Tiana, ligado ao Imperador Valente. Recordemos o fato de que para diminuir a influência religiosa de Basílio, que rejeitara assinar a fórmula homeana, o imperador tinha dividido a Capadócia em duas regiões: uma ligada à Cesareia, outra à Tiana.

Sem compreender bem as intenções do amigo, Gregório logo após a sua posse em Sásimas, deixa a diocese, expondo as razões de sua decisão em um de seus poemas:

> Há um posto de cavalos de muda, numa grande estrada da Capadócia, na junção de três caminhos. Não se tem aí nada de água, nem de verdura, nada do que agrada a um homem livre. É um vilarejo estreito, terrivelmente odioso; só há pó, ruído, carros, lamentações, gemidos, recebedores de impostos, instrumentos de tortura, cadeias... estrangeiros de passagem e vagabundos: eis minha Igreja de Sásimas (*Poema sobre minha vida*, p. 45s.).

No ano 374, Gregório encontra-se novamente em Nazianzo, agora como Bispo coadjutor do seu pai, que veio a falecer na primavera do mesmo ano.

Ora, desde a sua chegada, ele deixara bem claro o caráter provisório de suas funções: assumia o cargo como coadjutor e não como substituto do pai. O discurso em honra do pai falecido, realizado em data posterior e com a presença de Basílio, tinha sido precedido por dois outros:

um, por ocasião da morte de seu irmão Cesário; outro, pela morte de sua irmã Gorgônia.

Após algum tempo à frente da diocese, ele lembra aos Bispos da região a necessidade de provê-la de um Bispo titular. No entanto, considerando-a bem-administrada, apesar dos argumentos contrários apresentados por Gregório, eles o confirmam no cargo de Bispo diocesano de Nazianzo.

Todavia, ele ainda não se libertara do desejo de ser monge para alcançar a *hesychía*, a calma exterior e a correspondente serenidade interior, às quais tudo estaria subordinado. Retira-se, então, para a Selêucia, na Sáuria, cerca de 6 a 7 km de Cesareia, onde esperava terminar os seus dias:

> O meu corpo está enfermo; a velhice se sobrepõe à minha cabeça; as preocupações me atazanam; os afazeres me prostram; não posso fiar em meus amigos; a Igreja não tem mais um pastor nem uma pessoa que sustente o seu timão [...]. A nossa barca atravessa ondas tenebrosas, nenhum farol brilha; o Cristo dorme (*Poema sobre minha vida*, p. 51s.).

Como orador sacro, sua palavra atraía multidões, irradiava fé viva e ardente. Ora, ao vagar a sede episcopal de Constantinopla, em 379, no mesmo ano da morte de Basílio, ele é convocado a se colocar à frente da comunidade católica da capital. De ânimo sensível e inclinado à introversão, embora consciente da situação difícil que iria enfrentar, após certas hesitações, finalmente aceitou o encargo.

A Igreja de Constantinopla estava dividida. Os fiéis, como ele, ligados ao Concílio de Niceia, estavam reduzidos a um pequeno grupo, nem sequer dispunham de uma Igreja. Predominavam os que negavam a divindade de Jesus, afirmando ser Ele apenas semelhante, mas não igual ao Pai.

Nesse período se tornarão famosos seus 28 *discursos teológicos* sobre a Santíssima Trindade, que lhe permitiram reunir, pouco a pouco, todos os católicos de Constantinopla, inclusive os dissidentes da fé de Niceia.

Porém, concomitantemente, multiplicavam-se as intrigas e as acusações contra ele. Vale citar o fato de Pedro II, Bispo de Alexandria, ter enviado a Constantinopla o sacerdote Máximo, com a explícita e maldosa incumbência de granjear a confiança de Gregório, visando criar um ambiente adverso à sua pessoa, com a intenção de destituí-lo do cargo de Metropolita e ele próprio o pudesse suceder. Em um dos seus poemas, Gregório narra o fracasso do plano arquitetado por seus adversários.

No ano 380, o Imperador Valente, fiel ao Concílio de Niceia, passa a residir em Constantinopla. Após restituir a Basílica dos Santos Apóstolos a Gregório, convoca solenemente um concílio ecumênico, o primeiro de Constantinopla, cujo objetivo seria regulamentar e precisar melhor a definição de fé sobre a Santíssima Trindade. Na abertura do concílio, os Padres conciliares reconhecem Gregório como Bispo de Constantinopla, cidade imperial, e, em ato subsequente, dão-lhe posse na diocese.

Entrementes, com a morte de Melécio, Bispo de Antioquia que presidia o concílio ecumênico, Gregório foi eleito para substituí-lo. Logo após a posse, ei-lo às voltas com a questão da sucessão episcopal em Antioquia. Ora, tendo conhecimento do acordo firmado entre Melécio e Paulino, de que com a morte de um deles, o outro o sucederia, Gregório, mesmo contra a opinião geral dos demais Bispos da Assembleia, apoia Paulino.

Justamente naquela precisa circunstância, chegam ao concílio os Bispos provenientes do Egito, capitaneados pelo Bispo de Alexandria, que, desde muito, procurava motivos para afastá-lo de Constantinopla. Cientes do ocorrido, aproveitam da oportunidade para contestar sua posse na sede episcopal da capital do Império, alegando ter sido ilegítima a sua eleição. Baseavam-se em cânones do Direito da Igreja, que proibiam a transferência do titular de uma sede episcopal para outra, no caso, de Sásimas para Constantinopla.

Ao tomar conhecimento dessas novas investidas, Gregório não titubeia; simplesmente renuncia à presidência do concílio. Em um dos seus poemas, ele escreve:

> Deus me livrou logo. Eis que chegam, de repente, os Bispos do Egito e da Macedônia, chamados para contribuir, eles também, para a paz. Operários zelosos das leis e dos mistérios de Deus sopraram contra nós o seco vento do Ocidente. Em face, postava-se o povo dos orientais e, isto seja dito, para imitar o estilo trágico, "como sanguinolentos que aguçam seus dentes cruéis", lançaram-se com seus olhos inflamados e irritados ao combate. Entre diversas discussões que foram levantadas, movidos pela cólera, mais do que pela razão,

examinaram meu caso com muito amargor, objetando leis mortas desde muito tempo... Não era por inimizade contra mim, nem porque queriam dar minha sé a outro. Mas para dar uma lição naqueles que me tinham escolhido, como me fizeram conhecer secretamente (*Poema sobre minha vida*, p. 107s.).

O sucessor de Gregório na presidência do concílio foi Nectário, um catecúmeno, que ordenado Bispo tinha assumido a sede de Constantinopla, onde permaneceu até 397, ano do seu falecimento. Seu sucessor será João Crisóstomo. No tocante ao Concílio de Constantinopla, II Concílio Ecumênico, seu sucesso caberá, em grande parte, à eficaz e competente ação de Gregório de Nissa, irmão de Basílio.

A maravilhosa Constantinopla, que recendia a coisa nova, foi deixada para trás. Gregório retorna à Diocese de Nazianzo, ainda vacante, lá permanecendo até o ano de 383, quando renuncia ao cargo por razões de saúde. Após indicar seu sobrinho Eulálio para suceder-lhe, ele volta para sua cidade natal, Arianzo, onde passará os últimos anos de sua vida, consagrados à oração e à meditação.

Esse último período em sua terra natal, foi marcado por uma intensa produção de poemas religiosos e autobiográficos, que lhe outorgaram, com mérito, o título de o maior poeta cristão de língua grega.

Após manter contato constante com muitas pessoas do seu tempo, que lhe devotaram amizade e admiração, ele morrerá por volta do ano 390. Diferentemente de Santo Agostinho, que reflete um espírito alegre e jovial,

São Gregório, no exercício do seu episcopado, em meio às desventuras e contratempos de sua vida, deixa transparecer um temperamento melancólico e deveras sensível.

2 O teólogo

Conhecido como "O Teólogo", pelo vigor e clareza com que apresentava a fé católica, e admirado pelos habitantes de Constantinopla, Gregório trouxe muitos deles de volta à ortodoxia. Seus dotes de oratória tornaram-no bastante conhecido, despertando em muitos o desejo de ouvi-lo, como foi o caso de São Jerônimo, que se dirigiu a Constantinopla para escutar suas homilias, as quais, infelizmente, não chegaram até nós.

Diante do enorme acervo teológico e espiritual de seus escritos, faremos só algumas breves considerações sobre os cinco Discursos teológicos e a Oração II, na qual, ao explicar a razão de sua fuga de Nazianzo, logo após a sua ordenação sacerdotal, ele oferece belíssimas reflexões sobre o sacerdócio cristão.

2.1 Discursos teológicos

Os discursos teológicos compreendem 45 escritos que abordam, de modo claro e com refinada eloquência, temas diversos, de natureza moral e teológica. Ficaram famosos os cinco Discursos teológicos, pronunciados em Constantinopla, conhecidos como *Regulamento dos capadócios*, por apresentarem uma admirável síntese da reflexão teológica sobre o Mistério da Santíssima Trindade.

Situando-se entre os dois extremos, o sabelianismo ou modalismo e o arianismo, ele aborda conceitos fundamentais da Cristologia e da doutrina sobre a Santíssima Trindade, especificamente no tocante à divindade de Cristo. As formulações teológicas confirmam o título que recebeu de "O Teólogo", pois constituem uma base sólida e teológica da fé proclamada em Niceia.

Em sintonia com Santo Atanásio, o grande defensor do Concílio de Niceia, Gregório professa que a natureza divina de Jesus é a mesma natureza (*homooúsios*) do Pai e do Espírito Santo: "Cada um é Deus por causa da consubstancialidade divina". Ao aplicar o termo consubstancial ao Pai, por ser Ele "a fonte da divindade", esclarece que isso não significa serem o Filho e o Espírito Santo divindades de segunda categoria.

E, para evitar qualquer ideia de subordinacionismo, declara, enfaticamente, que Deus é um só em três Pessoas:

> Quando eu falo de Deus, vós deveis ser logo iluminados não só por uma luz, mas por três. Três segundo as propriedades das Hipóstases ou das Pessoas, caso se prefira falar assim, pois não vamos discutir sobre os nomes, uma vez que as expressões nos remetem à mesma coisa, a uma só natureza (*ousía*); ou seja, à Divindade (*Disc.*, 40 e 43. *In*: PG, 36).

Desde então, a Igreja Oriental professará, como "regra de fé": "Um Deus em três Pessoas". Um Deus, vindo do futuro ao encontro da humanidade, simultaneamente próximo e transcendente, está sempre presente junto a nós, qual força transfiguradora em sua eternidade, bondade e sabedoria.

A partir das Escrituras, Gregório professa ser Deus não um simples "para si mesmo", mas um eternamente "ser-para-o-outro". E não só no interior da Trindade, em relação às outras Pessoas divinas, mas também em sua obra criadora e salvadora em relação à humanidade.

Aos catecúmenos, ele declara:

> Hoje eu vos confio a profissão de fé no Pai, no Filho e no Espírito Santo; eu vos apresento uma única Divindade e Poder, Una nos Três, mas contida nos Três de uma maneira distinta. Divindade sem distinção de natureza, sem grau superior que eleve, ou grau inferior que abaixe. Conservando, cada uma das Pessoas, sua propriedade, caso as consideremos, separadamente, tanto o Pai como o Filho e Espírito Santo; porém, os Três são um só Deus, quando os contemplamos conjuntamente (*Disc.*, 40,41. *In*: PG, 36, 417).

O termo Pessoa não só é fundamental para designar o mistério trinitário, como também para compreender o mistério de Cristo. Pois, ao assumir de Maria a nossa humanidade, o Filho de Deus, sem deixar de ser Deus, eternamente Deus, tornou-se um de nós, verdadeiramente homem: uma única Pessoa em duas naturezas, a divina e a humana.

À diferença dos alexandrinos, que consideram a Trindade a partir da imanência divina como mistério absoluto e impenetrável, os capadócios a concebem à luz da *oikonomía*, como força criadora e santificadora da História da Salvação:

É no horizonte da História da Salvação que a Trindade é reconhecida, louvada e crida. Ou ainda: é a partir de um encontro pessoal com um dos Três que se professa a Trindade, na unidade de Deus, graças ao conceito de interpenetração, *pericórese*, das três Pessoas divinas. Bem mais. Toda a teologia permanece marcada com o selo da economia; isto é, com a presença de Deus na História da Salvação (*Disc.*, 29. *In*: PG, 36).

2.2 Discurso sobre o sacerdócio

Um dos maiores oradores e proseadores cristãos de língua grega, Gregório, além de suas obras teológicas, profere muitos discursos, segundo as circunstâncias do momento, como o *Apologeticus de fuga*, no qual ele justifica a sua fuga após a ordenação sacerdotal.

Em 362, sob a influência paterna, logo após ser batizado, foi ordenado sacerdote pelo próprio pai, na qualidade de Bispo de Nazianzo. Sentindo-se constrangido, ele reage, retornando à solidão da vida monacal:

> Espantado por este golpe imprevisto (sua ordenação), eu me encontrei como pessoas sacudidas por uma catástrofe repentina; eu não podia raciocinar... eu não podia suportar ser assim tiranizado...

Na solidão, refletindo sobre a sua ordenação e o fato de ter abandonado o exercício do sacerdócio, reconhece o erro cometido, volta para Nazianzo, e compõe um belo discurso para justificar sua fuga e seu retorno. Aliás, ele foi o primeiro Padre da Antiguidade a elaborar um tratado teológico sobre o sacerdócio, utilizado por São Basílio e, mais tarde, por São João Crisóstomo.

O texto se desenvolve a partir de três ideias básicas: o porquê do sacerdócio, sua definição e, finalmente, suas funções específicas.

2.2.1 O porquê do sacerdote

Preposto por seu pai como sacerdote e colaborador na Diocese de Nazianzo, o que corresponderia hoje a uma paróquia de cidade média do interior, ele não aspirava substituí-lo no exercício do ministério episcopal. Seu irmão, Cesário vivia na corte imperial, desejoso de galgar posições de destaque na vida política.

Após algum tempo, Gregório vai ao encontro de Basílio, que reunira amigos e simpatizantes, irmanados no firme propósito de viver mais radicalmente o evangelho, mediante uma vida de silêncio e de oração. Porém, para seu espanto, ao chegar, ele os encontra em uma habitação, parte de uma das propriedades da família de Basílio, que mais se assemelhava, no seu dizer, "a um castelo fortificado", rodeado de rochas, mais ou menos a pico, e de uma floresta impenetrável. Lugar isolado do mundo, com um único caminho de acesso.

O objetivo comum que envolvia a todos era alcançar a serenidade, *hesychía*, em um corpo, diria Evágrio, "ligeiro, alegre e munido de asas" que lhes permitisse, na liberdade interior, *apátheia*, ter um olhar atento e despojado para perceber e celebrar a vida como um dom gratuito de Deus.

No entanto, um certo remorso o perturbava. Latejava em seu coração a ideia de não ter correspondido melhor à missão sacerdotal que recebera na ordenação. Decidido, deixa seus amigos e retorna a Nazianzo para abraçar as lides próprias do sacerdócio, recebido no Natal precedente. Homem de oração e zeloso contemplativo, ele descreve o sacerdote como um ser orientado para Deus, em uma progressiva assimilação a Cristo.

Sem se prender a uma visão ritualística e moralizante, ele ressalta ser o sacerdote uma presença do perdão e da misericórdia, da verdade e da liberdade, razão pela qual as suas palavras jamais refletem rigorismo e aspereza, mas justiça, paz, unidade, qualidades divinas que tornam suas considerações um verdadeiro tratado sobre a natureza e a responsabilidade do ministério sacerdotal.

Ao contrário do formalismo ritual e burocrático, presente no sacerdócio pagão, ele destaca o caráter instrumental do sacerdote cristão: "Graduar a iluminação interior no coração dos fiéis". O próprio São Basílio o cita para ressaltar que esta iluminação interior é a nossa salvação, já se realizando em nós como participação e comunhão na humanidade deificada de Jesus, o Logos Encarnado.

No tocante aos membros da Igreja, ele assinala a harmonia e a unidade de todos, pois, pelo batismo, eles permanecem solidários e intimamente unidos uns aos outros. A eles o Espírito Santo concede dons específicos para o exercício dos diferentes serviços da comunidade, como a responsabilidade de participar da escolha dos ministros, que receberão dos Bispos, pela imposição das mãos, o carisma ministerial:

O fato de essa organização ser boa e justa é evidente. Nesse sentido, considero mal e contrário à ordem se todos desejassem o comando ou o recusassem. Se todos fugissem desse serviço e desse poder, a Igreja, que constitui um conjunto tão belo, seria em grande parte deficiente e não preservaria mais a sua beleza (*Apologeticus de fuga. In*: PG, 36).

Em síntese, todos os membros da Igreja: Bispos, sacerdotes e leigos, harmoniosamente estabelecidos, estão intimamente vinculados entre si e formam, em continuidade aos dois testamentos, o Povo de Deus. Não se pode reduzir a Igreja à hierarquia, tampouco limitá-la a postulados rígidos, pois todos fazem parte da missão de Cristo.

2.2.2 Definição do sacerdote

A ordenação sacerdotal, além de conferir uma nova responsabilidade, concede-lhe, no poder do Espírito Santo, um dom espiritual, uma luz, que marca indelevelmente o ministro, em seu ser e em seu agir.

Por conseguinte, o sacerdócio jamais poderá ser visto como uma promoção pessoal, muito menos como uma simples função hierárquica: configurado a Cristo, o sacerdote é capacitado a viver e a irradiar a luz da justiça e da misericórdia, em vista da santificação de todos os membros da Igreja. O que o leva a repetir, por diversas vezes: "O sacerdote é um deus que faz deuses".

Nesse sentido, duas passagens são extremamente significativas:

a) A primeira encontra-se no *Discurso* II, 11, 22. Após comparar, longamente, a medicina das almas à medicina dos corpos, Gregório procura mostrar que a medicina das almas é mais complexa, seja pelo conhecimento que exige, seja pelo fim a que se destina: a restauração do homem, criado à imagem e semelhança de Deus:

> Porque a divindade se aniquilou (*kenotheís*), a carne foi assumida, houve Natal, a Virgem, o Presépio e Belém. Mistérios que expressam a pedagogia de Deus, reconduzindo o velho Adão, de onde caíra à árvore da vida.
>
> Por conseguinte, o sacerdócio dá asas à alma, para que ela levante voo e se entregue a Deus; toma-a pela mão, se ela está em perigo; restaura-a, se ela se degrada. Ser sacerdote é agir sob a ação do Espírito Santo; é fazer Cristo habitar nos corações, tornando o homem apto à felicidade do alto, ao qual ele pertence.

Destacam-se dois aspectos: o fato de se relacionar às obras transfiguradoras do ser humano, pois "se a ciência dos médicos visa os corpos e a matéria frágil, nossa solicitude e nossos cuidados sacerdotais atingem o homem no recôndito do seu coração". Pela unção do Espírito Santo, o sacerdote torna-se, na Pessoa de Cristo, instrumento de uma obra propriamente divina: a santificação do homem. E mais uma vez ele assevera:

> Ele (sacerdote) trabalha para o mundo do alto, e, para dizer o que há de maior, ele é um deus para fazer deuses. Ele é dispensador das energias divinizantes, presentes na Igreja, pela palavra e pelos sacramentos.

O sacerdócio não é um grau superior do "sacerdócio comum" dos batizados; é um dom específico, que visa, na pessoa de Cristo, através da celebração do sacrifício eucarístico, da pregação da Palavra e, inclusive, dos demais serviços ou ministérios, a santificação de todos os membros da Igreja. Em suma, ele é, no seu dizer, "fazedor de cristãos", presença transfiguradora da ação de Cristo, no coração dos fiéis.

b) A segunda passagem, que se encontra no *Discurso* II,73, ao caracterizar o sacerdote como um combatente da Verdade, ele apresenta um elemento novo.

Ao recordar e reconhecer a Palavra de Cristo transmitida na comunidade, o sacerdote, iluminado pelo Espírito Santo, atesta o laço indestrutível de cada fiel com a fé proclamada e professada.

Justamente por este sublime e importante ato ministerial, o sacerdote é reconhecido como instrumento decisivo de unidade, o que torna natural e prudente ao candidato, antes da ordenação sacerdotal, hesitar em recebê-la. Pois o tempo de preparação, diz ele, não é capaz de torná-lo forte e eficaz, em um único dia, como a estátua de barro.

E com ardor e humildade, ele conclui que "o único modo de conhecer a Deus é viver nele"; é ser um homem de Deus, um instrumento nas mãos divinas, que tem por missão introduzir os membros da Igreja na perfeita unidade do Deus Trino. Missão fundamental do seu serviço à Igreja.

2.2.3 Funções do sacerdote

Dois importantes aspectos do ministério sacerdotal são destacados por São Gregório: anunciar a Palavra de Deus e presidir o mistério eucarístico.

A pregação da Palavra de Deus, orientada à conversão e à formação dos fiéis, constitui a função áurea do sacerdote, que atesta a eficácia da Palavra pelo seu testemunho de vida. Razão, entre outras, que o fez hesitar em ser sacerdote, pois, segundo ele, para anunciar a Palavra importa estar livre dos laços do pecado e viver em íntima comunhão com Deus.

Aliás, a relação entre a Palavra de Cristo, acolhida na luz da fé, e o ensinamento interior, concedido pelo Espírito Santo, constitui a força inspiradora do seu ministério. Na medida em que interioriza a Palavra, o sacerdote é habilitado a transformar e aperfeiçoar a comunidade, já não mais pela simples transmissão de um texto, mas pela comunicação de uma Palavra viva que instrui, exorta e consola.

No entanto, a fonte e ápice de toda evangelização é a celebração eucarística, através da qual ele participa do sacerdócio de Cristo e, de modo iminente, vive sua união com Ele. Assim, na solidariedade ministerial, e em uma forma de vida sempre mais humana e comprometida, o sacerdote se coloca a serviço da comunidade e, em uma íntima vida de comunhão com Cristo, expressa a verdade do amor e da justiça. Assim, o serviço e a doação de vida aos irmãos tornam fecunda a Eucaristia e, ao mesmo tempo, a purificam de seus aspectos meramente cultuais.

3 O poeta

Gregório foi o primeiro dos Padres da Igreja a expor seus sentimentos e suas reações aos acontecimentos de sua época através de uma produção poética com 17 mil versos redigidos quando do seu retiro em Arianzo, no último período de sua vida. São poemas de teor catequético, hinos, elegias ou poemas líricos, epigramas ou poesias breves, segundo a tradição poética antiga, que abordam assuntos do momento e situações imediatas.

Posteriormente, tais escritos foram classificados segundo os temas tratados: poesias teológicas, os que abordavam questões dogmáticas e morais; poesias históricas, os que versavam sobre assuntos de sua própria vida, acontecimentos ocasionais ou fatos acerca de outras pessoas.

As poesias sobre a *Paixão de Cristo* tiveram grande repercussão e foram divulgadas amplamente na época bizantina, embora sua autenticidade ainda não tenha sido confirmada.

Suas reflexões e estudos teológicos, pela forma sistemática e clareza de exposição, tornaram-se paradigmáticos para a Igreja do Oriente. Refletem seu notável esforço para unir, harmoniosamente, os valores estéticos da cultura clássica com os temas da fé cristã.

A respeito de Gregório, pode-se tranquilamente dizer que além de uma vasta erudição e do fato de ter sido o maior poeta cristão de língua grega, ele se notabilizou, sobremaneira, pela firme defesa da *paideia*, como digno expoente da tradição clássica grega, acolhendo e integrando, com naturalidade, a cultura helênica, sem desfigurar a mensagem cristã. Essa sua adesão à cultura clássica, expressa na oratória e na poesia, leva-o a não hesitar em admitir que a sabedoria pagã e a fé cristã se complementam, não se opõem:

> Eu creio que todas as pessoas sensatas admitem que a cultura seja o bem mais importante que os homens possuem: não me refiro às mais nobres – isto é, àquelas dos cristãos, por força das quais o cristão, desprezando todos os ornamentos e vaidades do falar, pensa apenas na salvação do homem e na beleza da realidade inteligível –, mas refiro-me também à cultura profana, desprezada pela maioria dos cristãos, que a julgam insidiosa, falaz e capaz de nos afastar de Deus.
>
> Pois bem, estes estão enganados. Como, igualmente, não devem ser desprezados o céu, a terra, o ar e outras coisas do gênero pelo simples fato de alguns se servirem deles para praticar o mal. Evitar o que é perigoso, aproveitando, porém, tudo quanto é útil à vida, assim a criação reverte em nosso favor, tornando-nos não rebeldes ao Criador de todas as coisas, mas aptos para alcançar o Artífice, graças às coisas que Ele fez.
>
> Em suma, não devemos desprezar a cultura só porque assim pensam alguns; mas estes que pensam dessa forma devem ser considerados estultos e ignorantes, pois eles gostariam que tudo se realizasse do seu modo para esconder, sob um aspecto comum a todos, seu aspecto particular e não fossem reconhecidos pela sua ignorância (*Disc.*, 43,11. *In*: PG, 35).

A teologia, graças às suas poesias, se aproximou do coração dos ouvintes e se tornou experiência pessoal, com acenos ricos de apaixonados sentimentos: entusiasmo, fervor e encorajamento. Descendo à realidade da vida, seus ouvintes eram impelidos a se elevarem acima das relações, problemas e angústias, até seu verdadeiro eu em Deus. Verdadeiro itinerário para Deus, expresso de modo admirável, em sua oração fúnebre, pronunciada quando da morte de Basílio:

> A *paideia* grega, que é o primeiro dos bens humanos, une-se não só àquela que é a mais nobre para a salvação e para a beleza do espírito, a *paideia* cristã, mas também àquela de fora (*écxothen*), que muitos entre os cristãos julgam ser um engano, um dano, um obstáculo que afasta de Deus (*Disc.*, 43,11. *In*: PG, 35).

Com São Gregório de Nazianzo, realiza-se uma nova síntese do pensamento cristão: o encontro da razão e da fé, no qual se evidencia a eterna realidade da Palavra, "que presente, segundo Orígenes, em todo ser humano, lhe permite perceber o candor e o fulgor da luz da Verdade, semeada em cada coração".

Se para Basílio os interlocutores são os políticos e coirmãos no episcopado, para São Gregório são os amigos, com os quais ele partilha os sentimentos de uma vida sofrida, sempre a serviço dos pobres e dos pequeninos, identificados ao Senhor: "Socorrei a Cristo, nutri o Cristo, honrai o Cristo".

Em uma de suas belas poesias, ele louva a Palavra, remédio para a alma, força interior que permite ao homem configurar-se a Deus e, na verdade do seu ser, construir um mundo de justiça e de paz:

> A palavra é fundamento da vida humana: ela me distingue dos animais; com ela construí a cidade, formulei as leis e celebro o Deus potentíssimo; com ela eu elevo ao alto a glória de sua nobre virtude; com ela eu ponho freio à amarga violência da odiosa maldade; com ela separo os mundos, vale dizer, aquele celeste e aquele que procede, nesta vida, em favor da dissolução, que separa a alma do corpo.

> A palavra guia os reis e arrasta o povo; sua glória está nas praças e domina os banquetes, freia a guerra e torna manso o homem (*Carmen*, II 22,5. *In*: PG, 37-38).

IV
São Gregório de Nissa
A mística teológica

Além de revelarem um grande conhecimento da filosofia grega, seus escritos manifestam uma tendência orientada mais para a atividade literária e teológica do que para as questões políticas, diferentemente do seu irmão Basílio e do seu amigo Gregório de Nazianzo.

Os temas ascéticos e místicos, de par com a visão ético-religiosa, presentes em suas obras de teologia e de exegese, estão até hoje presentes no pensamento cristão, representando para nós uma contribuição contínua e valiosa, tanto do ponto de vista da fé cristã como da reflexão filosófica e mística. Esse fato proporcionou-lhe o título, dado por muitos teólogos atuais, de criador da teologia espiritual, base fecunda da vida moral e social da Igreja.

Dois períodos específicos caracterizam a vida de Gregório de Nissa: o primeiro, passado à sombra de seu irmão e formador Basílio, falecido no ano 379; o segundo, de 379 a 385, caracterizado por uma espécie de desaparição, pois fascinado pela vida monacal e contemplativa, embora não deixasse de tomar parte ativa na vida da

Igreja, mostrou-se ausente das discussões políticas e religiosas da época.

Com efeito, após a morte de Basílio, atraído pela vida eremítica, Gregório de Nissa se afastou da estreita convivência humana e do contato com o mundo social, para dedicar-se à oração e à contemplação. Através de seus escritos, sem se tornar um crítico direto dos costumes de sua época, lançou um vigoroso apelo a todos os cristãos, ensejando-lhes um caminho espiritual para Deus, em uma ascensão progressiva e ininterrupta.

Na solidão, espaço de puro silêncio, caracterizado como "lugar de Deus", Gregório busca a serenidade e, confrontando-se com a verdade, vislumbra a necessidade de um amor incondicional a Deus e aos irmãos, cuja meta não era só pensar em Deus, mas unir-se a Ele. Em um autêntico apelo cristão, com ressonâncias platônicas, diz ele:

> Deus é para nós a medida de todas as coisas... Mas, para nos tornarmos gratos, é necessário nos identificarmos a Ele, com todas as nossas forças, o quanto for possível (Leis. *In*: PG, 45, IV, 716c).

Para ele, o que define a vida humana não é apenas a vida moral, mas, principalmente, o ardente desejo de uma vida de comunhão com Deus. Daí a surpreendente afirmação de que a salvação não permaneceu limitada ao paraíso terrestre: o homem e o mundo foram criados, não porque Deus queria algo das criaturas, mas para comunicar-lhes, ao longo da existência, seus próprios dons (cf. Or, 5,3-4. *In*: PG, 45, 22c).

Nesse sentido, viver é deixar-se guiar pela força espiritual, que, proveniente de Deus, insere o ser humano, desde o início, no processo de assemelhação a Cristo. Por conseguinte, a criação não é vista como um fim acabado, ela é uma realidade ascendente em perpétua transformação.

A ação criadora de Deus não se encerra nas primeiras páginas da criação. Estende-se à história humana, em todo o seu desenrolar, graças a um sistema de seres mutáveis, ativos, dotados de uma energia própria. É nessa perspectiva dinâmica que o ser humano realiza a sua missão, colocando-se a serviço da vida, em seu processo evolutivo, jamais através de um poder de dominação.

1 À sombra de Basílio

Se Basílio frequentou as grandes universidades da época, o mesmo não sucedeu com Gregório de Nissa, formado em Cesareia por seu próprio irmão e por sua irmã Macrina. Apaixonado pela cultura clássica grega, seus escritos, caracterizados por um grande rigor especulativo, refletem familiaridade com Platão, Plotino, Porfírio e Fílon de Alexandria, e trazem também uma grande riqueza de citações e alusões aos pensadores cristãos de sua época.

Os benefícios resultantes de sua obra foram imensos, não só na Capadócia, onde ele brilhou sobremaneira, mas em toda a Igreja. Suas elaborações teológicas e místicas conectam-se com o pensamento dos grandes mestres do seu tempo, como Santo Irineu e Santo Atanásio, e refletem Orígenes em algumas de suas doutrinas mais audazes; porém, sem envolver-se em suas afirmações controversas.

1.1 Primeiros escritos

O fato de ter sido escolhido para exercer a função de leitor na Igreja, fazia crer que ele fosse ingressar na vida eclesiástica. Mas, apesar da insistência do irmão Basílio e do amigo Gregório de Nazianzo para que abraçasse a vida monacal, ele assumiu a vida matrimonial e se esposou com Teosébia, mulher de grande cultura espiritual, a quem devotou apaixonado amor. Para alguns biógrafos, ela teria morrido cedo, enquanto outros situam sua morte por volta do ano 385, o que teria determinado sua retirada da vida pública.

No ano 371, a pedido dos irmãos Macrina e Basílio, ele compôs um tratado sobre *A virgindade*, no qual traça as linhas mestras da teologia mística, que terá como insignes representantes no Oriente o pseudo-Dionísio e Máximo o Confessor, todos devedores de suas reflexões.

Embora afirme não ser a virgindade na vida consagrada necessária à salvação, ele a considera louvável por estar ligada à condição originária do homem em seu relacionamento com Deus, de quem ele procede e, sobretudo, em quem ele existe. Porém, enquanto virtude, a virgindade conduz a uma relação íntima e essencial com Deus, que concede aos puros de coração a capacidade de contemplá-lo desde agora.

Não limitada a um ato ou a um determinado estilo de vida, mas abrangendo a vida em seus aspectos diversos, a virgindade caracteriza um modo de ser do cristão em relação a Deus e aos irmãos. Sentido espiritual que a torna perfeitamente conciliável com a vida matrimonial:

A virtude não consiste em se encerrar entre rochedos, mas é ser puro em todos os estilos de vida; é disposição sólida e permanente para tudo o que é concebido como perfeição da alma (*De virginitate*, 15. *In*: PG, 46).

1.2 Bispo de Nissa

No ano 372, na tentativa de diminuir a influência de Basílio, o Imperador Valente divide a Capadócia em duas partes. Alertado, Basílio apressa-se em nomear seus amigos como Bispos para a "nova Capadócia", enviando, entre outros, Gregório Nazianzeno para Sásimas e seu irmão para a cidade de Nissa.

Em Nissa, ele encontra uma forte oposição dos que negavam a fé do Concílio de Niceia. No entanto, na apresentação da doutrina sobre a divindade de Jesus, não encontrando argumentos para contrapô-lo, seus inimigos acusavam-no de algumas inexatidões em sua contabilidade, forçando-o a se exilar.

Dois anos mais tarde, em 378, com a morte do imperador ele retorna a Nissa, sendo recebido triunfalmente pelo povo.

2 O teólogo místico

A partir de 379, aparecem abundantes e variadas produções literárias de sua autoria, contendo comentários bíblicos, homilias, tratados espirituais e discursos. No mesmo ano, seu irmão Pedro, também Bispo, pede-lhe explicações sobre a interpretação de Basílio, que acabara de falecer, a respeito das diversas intervenções de Deus na obra da criação.

Ao traduzir as palavras iniciais do Gênesis: "*In principio*" por "sua livre-decisão", Gregório confere ao texto bíblico um significado todo singular. Reconhece a criação toda inteira como expressão da bondade divina, o que ele vê confirmado, de modo simples e direto, nas palavras finais do relato: "Deus criou e viu que tudo era bom".

É essa a razão que o leva a proclamar, com grande ardor, que o mundo visível, criado com sabedoria e arte (*sophws kaì technikws*), reflete, de modo indelével, as marcas, os "vestígios da bondade de Deus", sinfonicamente ordenados ao bem do todo. Assim, em uma visão profundamente positiva, ele assegura que todo ser criado traz a marca da bondade divina, e sua realização depende de ele corresponder e desenvolver essa bondade ao longo de sua vida.

E, visando completar a obra de Basílio sobre o *Hexaemeron*, ele reflete sobre um dos temas fundamentais do seu pensamento: a criação do homem à imagem e semelhança de Deus. A afinidade do ser humano com o Criador, sua vida em Deus, um dos temas citados por diversas vezes, permite-lhe conceber a criação não como um fato passado, mas se efetivando em cada instante.

"Diferentemente de Deus, infinito em ato, o ser humano, é continuamente criado". Ainda que a matéria seja finita, o ser humano não deixa de estar, em sua liberdade, em contínuo movimento para uma mais plena perfeição, assemelhando-se, por força da graça divina, sempre mais a Cristo, no superabundante *amor* (*ágapes periousía*) do Logos:

> De fato, Aquele que criou o homem, para fazê--lo partícipe dos seus bens, inseriu em sua natureza as sementes de todos os bens, para que, mediante cada um deles, ele fosse impelido para seu atributo divino correspondente. E Deus não o privou do melhor e do mais precioso daqueles bens: o dom da independência e da liberdade, de modo que a participação nos bens divinos corresponda à sua virtude (Or, 5. *In*: PG, 45).

Embora por vezes se diferencie de São Basílio, ultrapassando-o, Gregório não deixa de citá-lo. O mesmo acontece em relação a Platão, Fílon e Orígenes, os quais ele conhece profundamente. Sempre fiel ao princípio de que "a fé não pode contradizer a razão", sua reflexão teológica, bastante original, terá repercussões notáveis no pensamento teológico-místico posterior.

Ao responder ao pedido feito por seu irmão Pedro sobre as intervenções diversas de Deus na obra da criação, ele nos brinda com uma concepção dinâmica e mesmo evolutiva da ação criadora de Deus.

Desde o primeiro ato criador de Deus já estava presente, em germe, toda a realidade que iria se desenvolver, paulatinamente, ao longo da história e em diferentes formas, em um crescimento contínuo. Nesse sentido, o ser humano, em seu parentesco espiritual, criado à imagem e semelhança de Deus, vive em um progredir constante, graças à capacidade de receber, a cada instante, novos e perpétuos bens: "A natureza daquele que participa recebe tudo quanto decorre do crescimento de sua própria grandeza" (*De opificio hominis. In*: PG, 44, 405c).

A unidade espiritual e a meta de realização ilimitada levam Gregório a não admitir, no âmbito social, qualquer tipo de discriminação de raça, cor ou sexo, pois a missão do homem não se coloca, primeiramente, na ordem social ou política, mas na ordem existencial, que abrange a vida humana em seu todo.

Portanto, a comunhão do ser humano com Deus não é consubstancial, nem hipostática, mas, por ação do Espírito Santo, consiste no intercâmbio real e efetivo de "energias" que o configuram a Cristo e lhe permitem caminhar, ao longo da estrada da deificação ou santificação, na expectativa da bem-aventurança eterna. Em tal processo é indispensável a colaboração humana, em seu duplo movimento: o voltar-se para o próprio interior, *instasis*, e o orientar-se para o alto, *extasis*, vividos na fé e no amor.

O desfecho da história ou o coroamento de toda a criação e, portanto, a realização plena do ser humano é Cristo, suprema revelação do amor misericordioso de Deus. Seu corpo transfigurado, no alto do Monte Tabor, reflete "os traços da imagem de Deus, impressos em nossos corpos":

> Na face de cada discípulo hão de resplandecer as virtudes divinas, assim como hoje, em nossa face humana, refletem-se a alegria e a tristeza. Todos serão partícipes do fulgor divino; não mais existirão as marcas do vício, do mal, da acedia (*Mort. In*: PG, 44, IX, 62-66).

3 A transcendência e a incompreensibilidade de Deus

Após as duas obras sobre a criação, Gregório se atém à delicada questão do conhecimento de Deus. Na obra *Contra Eunômio,* ele rebate a afirmação de estar definindo Deus em si mesmo, ao se dizer que Ele é "não gerado" e "eterno".

Com efeito, fiel ao medioplatonismo, em vigor no II século, Eunômio dizia que as ideias inatas no ser humano reproduziam exatamente a realidade expressa por elas, e aplicava este princípio à ideia de Deus. Por isso, ao afirmar que a essência da Divindade consistia em ser ingênita e, por isso, inteiramente ininteligível, concluía que o Filho, por ser essencialmente gerado, não era Deus. Fazia coro ao arianismo anomeano, sustentando a inferioridade absoluta do Verbo em relação ao Pai.

Além de Basílio Magno e João Crisóstomo, Gregório de Nissa rebate tal proposição e ressalta a importância da teologia negativa, mais especificamente, o conceito da incompreensibilidade (*akatalepsía*) de Deus.

3.1 A incompreensibilidade de Deus

Se a essência divina (*ousia*) é inapreensível, o conhecimento da existência de Deus nos é acessível, graças à sua ação na História da Salvação. Por ela, chega-se não à essência, mas à existência de Deus e aos seus atributos:

> O grande Moisés começou a desfrutar da visão de Deus na luz da sarça ardente: após, Deus lhe falou através da nuvem. Então, Moisés tornou-se ainda mais sublime e mais

perfeito, viu Deus na treva. Desse fato apren-
demos o seguinte: primeiramente, retirar-se
das falsas e erradas opiniões que se tem sobre
Deus e passar das trevas à luz, pois pelas coisas visíveis se alcança a natureza invisível.

Através das realidades visíveis, a alma se dirige para o alto, tanto quanto é possível à natureza humana, e assim, deixando as coisas que
estão abaixo, ela se encontra junto aos um-
brais do conhecimento de Deus, circundada
pela treva divina (*Homilia sobre o Cântico dos
Cânticos*, 11. *In*: PG, 44).

Deus se dá a conhecer na história através de imagens
opostas: luz ou fogo ardente, treva ou obscuridade, e isso
para que não nos prendamos aos conceitos e ideias sobre
Ele. Caso contrário, jamais ascenderíamos à pureza do
amor: *he dè gnwsis agápn gínetai*:

Na medida em que espírito progride no conhecimento do real, mais ele vê que a natureza divina é invisível. O verdadeiro conhecimento de Deus consiste em compreender
que Ele transcende todo conhecimento, sepa-
rado de tudo por sua incompreensibilidade, a
modo de uma treva (*Homilia sobre o Cântico
dos Cânticos. In*: PG, 44, 377a).

Portanto, para os capadócios, embora o humano e o
divino se interpenetrem, e seja na história que a revelação de Deus se dá, esta a supera infinitamente. É na força
luminosa e espiritual do bem e da justiça, da paz e da
unidade, que Deus revela seu amor e sua misericórdia
salvadora. Não se trata mais de se instruir sobre Deus,
mas de recebê-lo e de se identificar a Ele.

3.2 Utopia, impulso para chegar a Deus

Na realidade, embora combata Eunômio que pretendia possuir um conceito exaustivo da essência divina, Gregório propõe um itinerário positivo para alcançar a Deus.

O termo utilizado para descrever o caminho para Deus é "utopia", energia interior que, presente no ser humano, o impede de se acomodar ou de se sentir instalado. Infinitamente perfectível, o ser humano é continuamente impulsionado por um apelo interior a alcançar novos horizontes e crescer sempre mais no bem.

Tal dinamismo que o leva a um perpétuo assemelhar-se a Cristo, em seu ser, corpo e alma, fruto da condescendência divina e meta do caminho espiritual, cujo objetivo é reunir em Deus a humanidade toda, inteira. Caminho não simplesmente moral, mas principalmente místico, que nos conduz à incessante descoberta do sentido da vida no incomensurável amor de Deus:

> A alma saída, ao som da palavra do esposo, em busca daquele que não se encontra, aprende dos guardiões (os anjos), que o que ela ama é inacessível e o que ela deseja é inapreensível. Porém, de alguma maneira tocada e ferida pela desesperança, o desejo do Outro torna-se para ela sem término e sem descanso.
>
> Mas esse véu de tristeza é retirado quando ela aprende que progredir sem cessar e jamais cessar de subir é, verdadeiramente, alegrar-se com o seu Bem-amado; pois, em cada instante, o desejo realizado gera um novo desejo, que tudo supera (*Adversus Eunomium. In*: PG, 44, 1037b-c).

3.3 A encarnação redentora do Filho de Deus

Para Gregório de Nissa, Cristo ocupa o lugar central na teologia e na espiritualidade. Ele não só é consubstancial ao Pai, mas também a nós. Por isso, ao se encarnar, Ele não nos excluiu, mas concedeu a todos a possibilidade de se realizar plena e perfeitamente, pois criados à sua imagem, podemos, por Cristo, nos assemelhar sempre mais a Deus.

Se, por um ato voluntário, o Filho de Deus assumiu a nossa humanidade, então, em sua Redenção, Ele comunicou, objetivamente, a salvação a todos os seres humanos que participam, desde já, dos bens propriamente divinos: felicidade, santidade, incorruptibilidade, e isso sem violentar a natureza humana. Em *A grande catequese,* lemos:

> Deus criou a natureza humana não por uma necessidade, mas pela superabundância do seu amor. Com efeito, sua luz não devia permanecer invisível, nem sua glória sem testemunho, nem sua bondade sem alguém que dela fruísse, nem todas as outras coisas, que envolvem a natureza divina, deviam permanecer inativas, sem que alguém delas participasse e se beneficiasse (V, 3).

Adiante, ele acrescenta: "Se o homem foi chamado à vida para participar dos bens divinos, ele é, por sua constituição, necessariamente apto para isto" (V, 4).

Segundo um princípio de origem platônica, Gregório atribui ao homem, corpo e alma, um parentesco (*suggeneía*) com Deus, seu Criador. Pelo que, graças ao toque divino inicial, possuímos, potencialmente, tudo quanto serve ao nosso crescimento e realização: "A perfeição consiste verdadeiramente em não cessar jamais de crescer, em vista do melhor, e em não pôr jamais limite algum à perfeição" (VIII, 1).

A possibilidade de nos transcendermos é ínsita. Pois se a matéria é compreendida como pura determinação, o espírito é concebido como infinitude, que comunica ao ser humano a capacidade de se achegar a Deus (*capax Dei*), de maneira dinâmica e perpétua:

> A natureza inteligível, que foi conduzida ao nascimento por criação divina, sem jamais deixar de se orientar para a causa primeira, é conservada sempre no bem por sua participação no ser transcendente. Por conseguinte, pode-se dizer que ela é continuamente criada: o bem atual, mesmo que pareça ser o maior e o mais perfeito possível, é apenas o princípio de um bem superior e maior (*De opifício hominis. In*: PG, 44, 885ss.).

No entanto, o crescimento espiritual compreende uma contínua conversão, o que não implica necessariamente a ideia de imperfeição no ato criador. Ele resulta de um impulso interior, fruto do ato divino, que conduz o ser humano a uma vida sempre mais plena e autêntica. Seu limite é o ilimitado: "Encontrar Deus consiste em buscá-lo sem cessar, [pois] tudo que brota da natureza do participante recebe um crescimento correspondente à sua grandeza" (*De opifício hominis. In*: PG, 44, 720c e 105c).

Fiel a essa perspectiva teológica, Gregório publicou, logo após o Concílio Ecumênico de 381, *A grande catequese* ou *O grande discurso catequético*, cujo tema central é a Encarnação redentora. O conceito básico e articulador de suas reflexões é o termo grego *Pericórese*, que expressa o intercâmbio das propriedades humanas e divinas na Pessoa de Jesus, o Filho de Deus, que sem deixar de ser Deus, assumiu a nossa humanidade.

Nesse sentido, afirmar que o Filho de Deus assumiu de Maria a nossa humanidade é reconhecer que a Encarnação, vinda do Filho de Deus, abrange toda a natureza humana, atingida pelo pecado dos primeiros pais. Nele a criação inteira é restaurada, não no sentido de um retorno ao passado, mas como instauração de uma "nova ordem". A Encarnação, diz Gregório, é o início "de um novo universo", a "restauração do Tabernáculo", ou ainda "as núpcias do Verbo com a natureza humana".

Na Encarnação, a relação entre Deus e o homem, expressa pelo conceito de "imagem e semelhança", adquire uma dignidade absoluta e um valor inestimável, pois passa a indicar nosso parentesco com Deus, manifestado na transfiguração do Senhor no Tabor. A natureza humana não é abolida, mas restaurada: é a verdadeira nova criação de Deus, em sua forma mais pura e autêntica!

Os cristãos vivem essa nova criação, desde já, na celebração eucarística, na qual contemplamos, de modo escatológico, a luz resplandecente da criação; ou seja, o sentido autêntico da nossa história, ofuscada pelo pecado de Adão:

> Sempre voltada à causa primeira e continuamente conservada, por sua participação na realidade transcendente, a criação é, de certo

modo, perpetuamente criada, de sorte a não se poder dizer que ela tenha algum limite (*Homilias sobre o Cântico dos Cânticos*, 6. *In*: PG, 44, 885c-d).

Em síntese, à luz de *A grande catequese*, diríamos:

a) O *Logos*, Filho de Deus, pelo qual todas as coisas foram criadas, sem deixar de ser Deus, assumiu integralmente a nossa humanidade, exceto no pecado, tornando a sua Encarnação um acontecimento cósmico; razão pela qual diversos comentaristas afirmam ser "a teologia de Gregório sobre a Encarnação uma teologia da Encarnação universal".

b) A história, ainda que limitada pelo espaço e pelo tempo, possui uma progressiva orientação para Cristo, ápice e sentido da criação. Vale dizer que o fim último da nossa existência não é a contemplação estática de Deus, mas a constante, inesgotável, progressiva e infinita identificação a Cristo. Expressa pelo termo cristificação, essa doutrina será aprofundada pelos teólogos franciscanos São Boaventura e Duns Scotus; mais tarde, será retomada por Teillard de Chardin.

c) Em todas as criaturas existe como que um "sinal" de pertença a Cristo, descrito como "vestígio" da sua presença, plenamente revelada na Encarnação, principalmente, na Ressurreição. Com toda propriedade, pode-se afirmar que a salvação realizada por Jesus abrange, objetivamente, todas as criaturas; embora dependa, subjetivamente, do ato livre e pessoal de cada um de nós.

Com *A grande catequese*, Gregório encerra sua atividade literária. Mais uma vez, ele ressalta a perpétua ação criadora de Deus, fonte da verdadeira nova criação, pela qual o ser humano atinge o fim supremo para o qual ele foi criado: sua identificação com Cristo. Realização da Regra de ouro da Patrística: "Deus se fez homem para que o homem se tornasse deus".

4 O florescer da teologia mística

No ano 385, Gregório inaugura uma nova fase em sua vida, caracterizada por uma espécie de retiro, vertente espiritual ou caminho místico que o conduz a uma intensa vida de oração e contemplação. Na prática, a partir de então ele se torna mais monge do que Bispo.

Efetivamente, suas atividades episcopais não se estenderão para além da Igreja local de Nissa. Esse período coincidirá com a transferência da sede imperial de Constantinopla para o Ocidente, precisamente para Milão, onde o Imperador Teodósio estabelecerá a sua residência. Aí ele contará com a presença marcante de Santo Ambrósio.

Entrementes, guiado pela palavra inspiradora da Sagrada Escritura, Gregório redige a obra *A vida de Moisés* e profere suas homilias sobre *As bem-aventuranças*, nas quais sublinha a grandeza do homem e seu parentesco com Deus, resultante de sua participação no infinito amor divino:

> Todo limite contém em sua essência um além, sua própria transcendência e, por isso, a alma só pode repousar no infinito (*De vita Moysis. In:* PG, 44, 401b).

Destinado ao gozo dos bens divinos, o homem recebe em sua própria natureza um parentesco divino do qual participa (Or, c. 5. *In*: PG, 45).

4.1 As homilias sobre as bem-aventuranças

O tema central é a reflexão teológico-mística de Deus e a convicção de que o homem tende naturalmente à bem-aventurança, e não apenas por força de uma promessa futura e escatológica. Contudo, no tocante ao conhecimento da essência divina, ele se mostra sempre fiel à transcendência divina.

Nesse sentido, comentando as palavras de Cristo: "Felizes os corações puros, pois verão a Deus", ao afirmar que ninguém pode ver Deus sem morrer, ele estabelece alguns princípios valiosos para a espiritualidade cristã:

a) Primeiramente, refere-se à passagem do Êxodo, na qual Deus diz a Moisés: "E quando Eu retirar a minha mão, tu poderás ver as minhas costas, mas não verás o meu rosto" (33,23). Segundo Gregório, o texto alude a possibilidade de o homem, no caso Moisés, conhecer Deus em suas ações, energias e manifestações.

b) Mas há também um conhecimento dinâmico e recíproco, que, graças à sua pertença a Deus, impulsiona o homem a se assemelhar sempre mais ao Filho, o novo Adão. Realiza-se o que afirmam muitos outros Santos Padres: "Deus se fez homem para que o homem se tornasse deus", ou ainda, "o homem se torna, segundo a graça, o que Deus é por natureza".

c) Para descrever essa caminhada espiritual, diferentemente de Santo Irineu e Orígenes, Gregório não utiliza as referências bíblicas da "imagem e semelhança de Deus". Ele alude a um dinamismo inato que impele o ser humano a uma progressiva transformação integral, que, por força da ação benevolente e misericordiosa de Deus, efetiva seu novo e autêntico modo de ser, sua "parentela com Deus":

> Se tu te lavaste de novo, cuidando de tua conduta, lançando fora a sujeira que se incrustou em teu coração, tornará a brilhar em ti a beleza da semelhança com Deus. [...] E de novo resplandecerá a tua semelhança com o modelo originário (*De beatitudinibus* 6,4. *In*: PG, 44, 1137b).

> Nosso legislador e Senhor Jesus Cristo, querendo nos introduzir na graça divina, não nos mostra um Sinai envolvido em trevas, mas sim um lugar montanhoso, um caminho para o céu, que Ele nos tornou acessível pela virtude. Mais ainda, não só nos tornamos espectadores do poder divino, mas Ele nos concede participar deste poder, conduzindo os que se aproximam dele a uma união de natureza (*syngéneian*) com a realidade sobrenatural (*De beatitudinibus* 6,4. *In*: PG, 44, 1137b).

O objetivo do caminho espiritual é progredir em uma vida de assemelhação sempre maior a Cristo. Processo dinâmico, expresso pelo termo *synergeia*, pois sendo todo de Deus, ele não deixa de ser do homem, cujo livre-consentimento jamais é dispensado:

> Aquele que criou o homem para torná-lo partícipe de seus bens e inscreveu em sua natureza os princípios de todos os bens, para que mediante cada um deles o desejo se orientasse para o correspondente atributo divino, especialmente o mais precioso desses bens, refiro-me ao dom da independência e da liberdade (Or, 5, 9-12).

Portanto, ao definir o homem como um microcosmo, Gregório não quer circunscrevê-lo simplesmente ao universo material e espiritual. Assim, após afirmar não ter sido o pecado a razão de o Filho de Deus vir ao mundo, ele professa ser desejo divino que o homem possa atingir, gradativamente, sua imagem inviolável em Deus.

Por isso, tendo em vista o caráter transcendente de Deus, perfeito em si mesmo, e a infinita perfectibilidade do ser humano, lugar privilegiado da junção do mundo material e espiritual, ele conclui ser o homem capaz de um crescimento sem limites, crescimento que se estende por toda a eternidade.

4.2 *A vida de Moisés*

Em sua obra *A vida de Moisés*, Gregório retrata ser a vida cristã um caminho a ser trilhado na contemplação de Deus. Os muitos e variados episódios da vida de Moisés são interpretados como símbolos do progressivo e contínuo crescimento da sua vida de comunhão com Deus:

Todo desejo do bem, que provoca essa ascensão, tende sempre a lançá-lo para a meta. Efetivamente, ver a Deus significa não se saciar jamais de desejá-lo, e é inevitável que quem vê, pelo fato mesmo de poder ver, esteja ardentemente desejoso de ver sempre mais. [...] Assim, nenhum limite o impede de progredir em sua subida para Deus, porque o bem não tem limites, nem o desejo do bem é impedido por alguma saciedade (*Vit. Moys.* II, 238-239).

Como ao povo judeu, a caminho da Terra prometida, também a todo cristão são comunicadas, na alegria do espírito, as qualidades divinas que o tornam, "na contemplação da luz de Deus", um novo Moisés, anunciador da Palavra libertadora:

Na serenidade, Deus torna Moisés mestre na ciência das coisas do alto, e ilumina seu espírito pela luz que brilha na sarça ardente. Logo após, Moisés se apressa em levar aos irmãos os bens que lhe advieram do alto (*De vita Moysis. In*: Sch 1, p. 317).

Ao comentar o Cântico dos Cânticos, na passagem em que se diz que o esposo tem belos olhos e belos dentes, Gregório destaca, de modo bastante original, a ação evangelizadora na Igreja. Aos Bispos, ele lembra que os apóstolos não se contentavam em ser os "olhos" do corpo da Igreja, pois não só contemplaram as verdades divinas, mas quiseram ser, igualmente, os "dentes" da Igreja, para triturar o texto das Escrituras e torná-lo acessível, assimilável a todos.

4.3 Caminho para estar com Cristo: a tríplice dialética

A participação "natural" do homem na vida divina não é estática; é uma verdadeira caminhada espiritual, descrita através de uma tríplice dialética:

a) Desejo-desespero – Diante do desespero, experiência mística de nada poder fazer para apreender Deus, o inacessível, o cristão, guiado por seu imenso desejo de encontrá-lo, é sacudido como por uma vertigem e se lança no dinâmico abismo amoroso de Deus.

b) Graça-esperança – Movido pela esperança, o cristão busca Deus, que provindo, principalmente, do futuro, penetra o presente, o transforma e transfigura, pela força do amor e da misericórdia.

c) Visão-caminhada – Sem deixar de ser Deus, Cristo assume a natureza humana e nos proporciona uma real parentela com Deus. E, tornando-nos estranhos ao mal, transmite-nos a certeza de que "a felicidade humana consiste em viver a experiência de sua presença, impressa em nossa natureza" (*Hom. Cântico dos Cânticos*, 2. *In*: PG, 44, 801a).

Nesse sentido, no comentário das Bem-aventuranças, ele dirá: "O modo de contemplação que te convém está em ti mesmo [...]. Tu possuis em ti o que tu buscas" (*Hom. Cântico dos Cânticos*, 2. *In*: PG, 44, 1269).

Para São Gregório, o homem não se define simplesmente pelo que ele é no presente; mas, especialmente, pelo que ele pode ser, pois sendo perfectível lhe é dado crescer como imagem de Deus, indefinidamente. Porém, o caminho para Deus é *absconditus*, só se tornando visível pela sua santidade de vida, alcançada graças à Sagrada Escritura e à recepção dos sacramentos.

Nesse sentido, ao se reportar à Eucaristia, ele diz:

> Qual é o remédio contra o veneno do mal? É precisamente o corpo glorioso (do Senhor) que se mostrou mais forte do que a morte e tornou-se para nós fonte de vida. Assim como um pouco de fermento, segundo o Apóstolo, se assimila a toda a massa, o Corpo, elevado por Deus à imortalidade e introduzido em nosso corpo, muda-o e transforma-o todo inteiro segundo sua própria substância. [...] Do mesmo modo que a presença de uma droga perniciosa, misturada a um corpo, reduz à impotência tudo quanto ela atinge, igualmente o Corpo imortal do Senhor naquele que o recebe, transforma, segundo sua própria natureza, todo o conjunto do organismo (Or, 37,3. *In*: PG, 45).

Pouco antes, ele se referia ao batismo e à mesa do altar:

> Não desprezes o banho sagrado, subestimando seu valor pelo uso cotidiano da água. O que ele opera é grande, e seus efeitos são maravilhosos.
>
> O mesmo se diga deste santo altar, junto ao qual estamos reunidos. Ele possui a natureza comum das pedras, e não difere em nada das que servem para construir os muros e assoalhos. Mas, pela consagração ao serviço

de Deus, pela bênção dada, a mesa tornou-se santa, um altar sem mancha, que não mais pode ser tocado a não ser pelos sacerdotes e ainda com um santo respeito.

O pão é de início pão comum, mas, uma vez consagrado, ele é o Corpo de Cristo; o óleo sagrado e o vinho são de pouco valor antes da bênção, mas, após a consagração pelo Espírito Santo, adquirem maravilhoso poder (*Hom. da Festa do Batismo de Jesus. In*: PG, 46, 580s.).

Com uma linguagem fortemente expressiva e espiritual, Gregório expressa a convicção de que, desde já, por um lento e progressivo processo de deificação, comunhão de vida com Deus, nos foi dada a possibilidade de participar da bem-aventurança eterna.

Aliás, o termo deificação, após Santo Agostinho, é substituído no Ocidente por graça santificante, "ação gratuita de Deus, que cura a natureza humana corrompida e a eleva ao estado de união com Deus".

Os orientais, como São Gregório de Nissa, falam de deificação, processo ao longo do qual o cristão descobre a sua identidade em Deus e alcança a suprema felicidade: a paz interior da alma e a perfeita justiça:

O Reino dos Céus está dentro de vós, para que, tendo vosso coração purificado, possais contemplar a imagem da natureza divina em vossa própria beleza interior. Deste modo, a contemplação que vos convém está em vós mesmos; vós possuís em vós o que buscais. Com efeito, a divindade é pureza, impassibilidade, distanciamento do mal. Se estas coisas estão em vós, Deus está em vós. Assim, purificados, vós conheceis o que é invisível aos impuros e contemplais, à perda de vista, o bem-aventurado espetáculo (*tò makárion théama*) (*De beatitudinibus. In*: PG 44, 1272).

Essa assemelhação a Deus cresce ao longo da vida; pois fruto da natureza humana, ela é principalmente dom divino, caminho místico e mistagógico, que leva o cristão a penetrar, a modo de Moisés, nas trevas do insondável mistério de Deus, razão pela qual alguns autores a denominam "Teologia mística das trevas". Segundo Gregório, a alma atinge Deus pelo desejo mais do que pela posse, pela treva mais do que pela luz, pela douta ignorância mais do que pelo conhecimento.

V

São João Crisóstomo,
monge e Bispo

No século IV, Antioquia, capital da Síria, era uma das mais belas e ricas cidades do Baixo Império Romano. Situada a uns 19 km da desembocadura do Rio Orontes, no Mar Mediterrâneo, ela se tornou um dos grandes centros comerciais do Oriente, pois por ela cruzavam-se caminhos vitais que conduziam do Eufrates ao Mediterrâneo e da Síria à Ásia Menor.

Com amplas ruas e belos pórticos sustentados por grandiosas colunas, Antioquia era considerada a terceira metrópole do Império, depois de Roma e Alexandria. Nela brilhou o famoso retor Libânio (354-393), que introduziu João Crisóstomo no patrimônio cultural que compreendia os estudos clássicos de gramática e de retórica.

Era o início da Escola Teológica de Antioquia, que contará com a atuação de Teodoro de Mopsuéstia, discípulo de Diodoro, e outros grandes estudiosos da Bíblia, que se destacarão pelos estudos filológicos e pela interpretação literal dos textos bíblicos. Assim caracterizada, ela se contrapõe à Escola de Alexandria, conhecida pelo método alegórico de interpretação da Bíblia.

1 Infância e juventude em Antioquia

Nascido por volta do ano 344, João, denominado Crisóstomo – isto é, Boca de Ouro (*stoma*, boca, e *crisos*, ouro) – por seu talento e dotes oratórios, teve sua vida transmitida por múltiplas cartas e por uma série de documentos redigidos por seus amigos e inimigos, entre os anos 405 e 450. Dados mais precisos sobre sua vida chegaram até nós graças ao seu amigo Paládio, em seu escrito apologético *Diálogo sobre a vida de João Crisóstomo*, cujo objetivo era defendê-lo das acusações de Teófilo, Bispo de Alexandria. Algumas outras referências e informações podem ser encontradas na *História eclesiástica* de Sócrates, denominado *Escolástico*.

Devido ao prematuro falecimento do seu pai, importante oficial do governo da Síria, ele recebeu sua formação inicial da própria mãe. Mais tarde terá como orientadores o Bispo Melécio, que o batizará, e o filósofo Libânio, considerado o protótipo dos retóricos pagãos de sua época, cuja influência, pelo que tudo indica, não foi tão marcante como alega o historiador Sócrates.

Aliás, o próprio João Crisóstomo cita Libânio uma única vez, ainda assim ao se referir ao elogio, proferido por ele quando da morte de sua mãe, Antusa. Ao descrever o tempo de seus estudos, talvez esteja aludindo a Libânio ao se referir a alguém bastante supersticioso, como indicava ser Libânio. Em uma referência não livre de certa ironia, ele relata o fato de um dos seus professores suspender imediatamente as aulas, ou até mesmo retirar-se da sala, caso um dos alunos trouxesse consigo uma serpente.

As primeiras informações a respeito de sua vida foram transmitidas pelo biógrafo Paládio, que relata os contatos iniciais de Crisóstomo com a Igreja local:

> Aos 18 de idade, jovem de anos, revoltou-se contra os professores de verbosidade; homem de inteligência; aprazia-lhe, antes, ouvir os ensinamentos divinos. Naquela época, o Beato Melécio o Confessor, armênio, governava a Igreja de Antioquia e, notando o brilhante jovenzinho, foi seduzido pela nobreza de seu caráter, e permitiu-lhe permanecer continuamente em sua companhia. Seu olhar profético previa o futuro do jovem, que logo foi admitido no sacramento do Banho de Regeneração e, após três anos, promoveu-o ao grau de Leitor (n. 5. *In*: PG, 34, 995-1260).

Após o batismo e o término de seus estudos, movido pelo desejo de uma vida mais severa de penitência, João inscreve-se em uma escola de ascetismo, comunidade de cristãos fervorosos que se agrupava ao redor de Diodoro. No entanto, a pedido de sua mãe, uma participação mais direta no ideal ascético-monástico se daria só após o seu falecimento.

No decorrer do ano de 375, ele será escolhido Leitor na Igreja de Antioquia, função que exercerá até o final daquele ano, quando, com a morte de sua mãe, porá em prática o acalentado projeto de abraçar uma vida mais recolhida e solitária. Aliás, foi também um meio sagazmente encontrado para não ser ordenado sacerdote.

Em Antioquia, diferentemente da prática ascética do Egito, os monges permaneciam em cavernas, protegidos, embora de modo precário das variações e dos rigores do tempo. Na região da Síria, a vida monacal assumira uma fisionomia própria, propiciando o surgimento de um novo tipo de monges, os *hypethes*, que viviam ao ar livre e se submetiam a todas as espécies de intempéries.

Deu-se, também, aí um fenômeno típico da religiosidade popular: atraídas pela vida austera dos monges, muitas pessoas os procuravam, sequiosas de um aconselhamento espiritual e de uma vida de oração mais intensa. A vida monacal via-se assim violentada em sua privacidade.

Ora, no desejo de preservar o silêncio e o recolhimento, alguns monges chegaram a construir colunas, no topo das quais passaram a viver. Fato que os levou a receber o nome de estilitas (do grego *stylos*, coluna) que, como os *hypethes*, viviam ao ar livre.

No entanto, a solidão buscada por eles não significava isolamento ou total afastamento do povo. Com efeito, pesquisas posteriores assinalaram que o local escolhido para a construção das colunas correspondia, em geral, a uma encruzilhada de caminhos, lugar por onde passava grande número de pessoas. Os monges, quais novos profetas, do alto das colunas as exortavam a ter uma vida reta, justa e virtuosa.

João Crisóstomo não se furtou dessa vida bastante austera. Segundo Paládio, ele foi viver, no deserto, em uma pequena gruta:

> Impulsionado por um ardente desejo de esconder-se do mundo, retirou-se para uma ca-

verna solitária, onde permaneceu por 24 meses. Na maior parte do tempo, estudava a lei de Cristo para melhor dissipar a ignorância, não se permitindo o sono, nem à noite, nem durante o dia. Nesses dois anos, seu aparelho digestivo foi demolido e as funções renais foram alteradas por conta do frio. Não podendo se curar por si mesmo, retornou ao porto da Igreja (n. 5).

No auge de sua juventude, ele se encontra fisicamente desgastado e com a saúde bastante abalada. Nada porém foi capaz de arrefecer seu entusiasmo pelo ideal monástico, cuja beleza e valor continuará a apregoar em suas homilias, mesmo após ter sido escolhido como Bispo. Aos pais de família, ele aconselhava a enviar seus filhos aos mosteiros que, na época, constituíam verdadeiros centros de formação humana e religiosa.

2 Diaconato e sacerdócio em Antioquia

Logo após o seu retorno à cidade de Antioquia, Crisóstomo foi ordenado diácono, não por Paulino, mas por Melécio, que falecerá durante o Concílio de Constantinopla. Seu sucessor será Flaviano.

Como diácono, cabe a Crisóstomo a administração da Igreja local, função considerada própria dos leigos, criticados por ele pelo descaso em exercê-la. De acordo com as normas locais, não podendo pregar na Igreja, pôs-se a escrever, surpreendendo a todos pela beleza de seu estilo literário e pela leveza e clareza de suas exposições.

Nesses dois séculos, IV e V, a filosofia era estudada nas escolas de retórica, o que levava os filósofos a primarem tanto pelo conteúdo como o estilo literário de seus textos. Nesse período, destaca-se o fato de diversos filósofos terem sido escolhidos como Bispos; por exemplo, Sinésio de Cirene, embaixador em Constantinopla que, interpretando alegoricamente algumas concepções filosóficas, sustentava a duração eterna do mundo.

Ainda como diácono, Crisóstomo escreveu dois tratados, obras-primas da literatura teológica: um *Sobre a virgindade* e outro *Sobre o sacerdócio*. No tratado *Sobre a virgindade*, de difícil leitura e menos reflexivo do que o tratado escrito por Gregório de Nissa, João rejeita firmemente a virgindade denominada herética, que desprezava o matrimônio, por considerar, consoante um princípio anticristão, a carne ou a matéria intrinsecamente má.

Em suas atividades pastorais se dedicará principalmente às questões concretas da comunidade eclesial, seja para corrigir abusos como a coabitação entre as virgens e os monges ou eclesiásticos, seja para consolidar a vida familiar, sempre presente em suas considerações sobre o matrimônio.

Aliás, a família é descrita como se fora uma pequena Igreja:

> Se administrarmos bem nossa casa, estaremos aptos para o governo da Igreja porque a casa é uma "pequena Igreja". Quem não sabe conduzir a própria família, como poderá estar à frente da Igreja de Deus? (*Hom.*, 20,6. *In*: PG, 59).

Pregador ardoroso, aborda a vida familiar de uma maneira muito solícita e humana, sugerindo orientações para a vida cotidiana e para os problemas do dia a dia. De modo adequado e significativo, ele a situa na comunidade cristã em lugar próprio e privilegiado:

> Isso devem escutar os homens, como também as mulheres! As mulheres, a fim de manifestarem sua inclinação para os maridos, nada interpondo à salvação deles; os homens, para que tenham grande benevolência por suas mulheres, como se constituíssem com elas uma única alma e formassem com elas uma só carne.
>
> Deste modo, eles fruirão de muitos bens. Pois onde domina a serenidade, todo bem está presente: há paz, reina o amor e a concórdia espiritual; não há guerra, não há contenda, nem inimizade e inveja (*Hom. sobre Gen.*, 45. *In*: PG, 53-54).

O *Tratado sobre o sacerdócio*, escrito sob a forma de um diálogo entre ele e seu amigo Basílio, constitui uma das obras-primas da Antiguidade sobre o sacerdócio cristão e, igualmente, sobre a Eucaristia.

Em uma de suas cartas, Basílio deu-lhe a conhecer que o povo antioqueno desejava escolhê-los como sacerdotes, deixando claro que ele só aceitaria caso Crisóstomo também estivesse de acordo em abraçar o sacerdócio.

Estando convencido de que ele o seguiria, Basílio aceita ser ordenado sacerdote, porém, para sua surpresa. João, ao saber do convite que lhe seria feito, deixa a cidade, enviando-lhe uma carta, na qual relata as razões de sua fuga:

Aí veio o meu amigo, impulsionado por sua grande nobreza, para transmitir-me os tais rumores, pensando, naturalmente, que eu ainda nada soubesse; insistiu que também nisto procurássemos unanimidade no pensar e no agir. Pois ele, de boa vontade, me seguiria em qualquer caminho que andasse: no de fuga ou no de aceitação.

Sentindo, desta forma, sua disposição e achando que, para o bem da Igreja, seria um incalculável prejuízo recusar ao rebanho de Cristo homem tão predestinado, só devido à minha própria fraqueza, dissimulei-lhe minha verdadeira opinião. No momento, consegui convencê-lo de não se preocupar, demasiadamente; e, a respeito de minha própria pessoa, dei-lhe segurança de agir em unanimidade com ele, caso pretendessem algo semelhante comigo (João Crisóstomo, 1979, p. 27).

De fato, enganado e decepcionado, Basílio pede explicações. Após descrever as qualidades e virtudes do amigo que, segundo ele, poderia muito bem exercer tal ministério, João oferece uma belíssima reflexão sobre o sentido do sacerdócio:

Agora vês o que acontece entre nós: não apenas coisas admiráveis, mas algo que supera de longe todo e qualquer espanto, pois lá está o sacerdote invocando a vinda, não de um simples fogo, mas do próprio Espírito Santo e pronunciando a grande prece, não para atrair do céu o fogo que consome a vítima, mas a graça de Deus, que, por meio das ofertas do sacrifício, incendeia as almas de todos, para torná-las mais brilhantes e claras do que a prata purificada pelo fogo (João Crisóstomo, 1979, p. 27).

No exercício do seu ministério, em progressiva assimilação a Cristo, o sacerdote, destaca Crisóstomo, passa do "ser com Cristo" para o "ser como Cristo":

> Jesus não envia os apóstolos para pregar, no início, quando eles apenas tinham começado a segui-lo, mas só após terem suficientemente estado com Ele. Se para batizar alguém que crê não se requer um zelo especial, o mesmo não acontece para evangelizar: é necessário agir sobre a vontade, mudar as ideias, extirpar o erro, semear a verdade (*Hom* 32,2-3. *In*: PG, 60, 678-682).

Neste contexto, ele enaltece a celebração litúrgica como um dos caminhos privilegiados para conhecer e viver os mistérios inacessíveis de Deus. Com ênfase, ele reconhece a oração dirigida pelo sacerdote a Cristo, em nome de todos, como sinal profético da unidade da Igreja, verdade evangélica presente em todos os atos da celebração.

Assim, ao falar da sublimidade do sacerdócio, um verdadeiro sentimento de terror sagrado invade o seu coração, pois o dom de perdoar, reconhecido como presença de Cristo em seu poder e divindade, não conferido nem aos anjos, torna-se realidade no ministério sacerdotal. E sobretudo a presença real de Jesus na Eucaristia, cujo ministro é o sacerdote: "Cristo está ainda agora presente, Ele age ainda agora" (*Hom. 2Tm 2,4*):

Todos deverão se convencer da honrosa e alta dignidade que a graça do Espírito Santo confere aos sacerdotes. Por intermédio deles realiza-se o sacrifício e são distribuídas as graças necessárias para nossa salvação eterna. A eles, homens que vivem neste mundo, no qual encontram suas ocupações, foi confiada a administração de tesouros celestiais (João Crisóstomo, 1979, p. 55s.).

Presença viva de Jesus ressuscitado entre nós, a Eucaristia, mistério vivido pelos que a recebem e particularmente pelos sacerdotes, nos quais resplandecem a pureza de alma e a santidade de vida:

A alma do sacerdote deve ser mais pura do que os raios do sol, para que o Espírito Santo não o abandone, e ele possa dizer: "Vivo não mais eu, mas é Cristo que vive em mim" (João Crisóstomo, 1979, p. 55s.).

E, fazendo suas as palavras do Ofertório, Crisóstomo atribui ao sacerdote a geração espiritual dos novos membros do povo santo de Deus:

Envia teu Espírito Santo sobre nós e sobre estes dons, e faze deste pão o precioso Corpo de teu Cristo, e do que está neste cálice o precioso Sangue de teu Cristo, que são para aqueles que os recebem purificação da alma, remissão dos pecados, comunhão do teu Santo Espírito, plenitude do Reino dos Céus... (*Cânon litúrgico*).

Através destas e outras considerações, entrevê-se a razão pela qual Crisóstomo temia receber o sacerdócio:

Tu, ao contrário, não te arrepiavas em lançar para essa santa ação uma alma como a minha e em promover à dignidade sacerdotal alguém que está envolvido em sórdidas vestes? (João Crisóstomo, 1979, p. 4).

3 Exímio pregador da Palavra de Deus

No IV século, os cristãos já tinham assimilado o ambiente sociocultural em que viviam. No início do século, encerrara-se a era das perseguições. Agora abre-se espaço para as lutas internas que atingem a unidade da Igreja. Por outro lado, surgem grandes escritores e teólogos que conferem firmeza e clareza à mensagem evangélica em seus princípios doutrinais, espirituais e éticos, como Basílio e Gregório de Nazianzo e também grandes orientadores e mestres espirituais como Orígenes Teodoro de Mopsuéstia e tantos outros.

No final desse século e início do seguinte, percebe-se, no Ocidente, um enfraquecimento em nível social e cultural, embora, ao mesmo tempo, já estivesse despontando na Gália um novo polo referencial para o estudo da literatura clássica e para o revigoramento dos grandes autores cristãos dos primeiros séculos.

No ano 386, em meio a esse ambiente cultural e social, João Crisóstomo foi eleito e ordenado sacerdote em Antioquia pelo Bispo Flaviano, sucessor de Melécio. Coube-lhe proferir nas celebrações eucarísticas, como sacerdote, os sermões, que primavam pela simplicidade e por uma linguagem correta e elegante.

Aliás, em suas homilias, sem jamais deslizar para uma retórica vazia, Crisóstomo empregava não a *koiné*, o grego popular, mas a língua grega oficial, com as qualidades estilísticas próprias, de notável beleza, sem arcaísmos e neologismos.

Desde o início, ele foi reconhecido como admirável orador sacro, arrolado entre os demais oradores do seu tempo que se notabilizaram pelos discursos proferidos por ocasião de fatos sociais importantes, tais como a inauguração de obras sociais, a chegada de delegações oficiais e funerais públicos. Discursos apreciados pela população e aguardados como verdadeiros espetáculos.

Conservando grande apreço à Palavra de Deus, Crisóstomo utilizará como base de seus sermões os comentários bíblicos de origem judeu-cristã: "A oração é o maior, o mais santo, o melhor de todos os sacrifícios".

E referindo-se a Paulo, ele acentua: "Meu sacerdócio é pregar e anunciar o evangelho: este é o sacrifício que eu ofereço".

Embora seu falar fosse sempre simples e acessível, não seria faltar à verdade dizer que, ao se dirigir ao público culto da cidade de Antioquia e sobretudo de Constantinopla, ele zelava mais rigorosamente por observar as normas retóricas.

As pregações de conteúdo mais teológico ocorreram justamente ao rebater as ideias não ortodoxas de Eunômio e dos anomeanos, que negavam não só a divindade de Cristo, professando sua inferioridade em relação ao Pai, mas sustentavam também ser possível conhecer a

Deus como Ele conhece a si mesmo. Daí sua insistência a respeito do caráter inefável e incompreensível da natureza divina, expressa no lema: "Deus, ninguém o viu; seu Filho nos fez conhecê-lo".

Sem se enveredar para grandes reflexões teológicas, pois suas obras não traduzem sequer uma pesquisa ou alguma controvérsia dogmática da época, é com uma clareza meridiana, a partir da prática litúrgica, que ele expõe as grandes verdades da fé.

Suas homilias transmitem seu grande amor ao Senhor e sua ardente solidariedade e carinho para com os fiéis que o ouviam por horas a fio. Fiel à verdade, ele insistia que o conhecimento de Deus não resultava de um mero processo intelectual, como ensinava Eunômio, mas de uma vida unida a Cristo que veio reconciliar o ser humano com o Pai.

É com fervor e espontaneidade que ele se refere à celebração litúrgica, descrevendo-a como "vertigem e terror sagrado" para indicar ser Deus "o inacessível" e, consequentemente, Aquele que deve ser incessantemente buscado. Ela é precisamente um dos caminhos privilegiados para abeirar-se de Deus e participar de sua unidade.

4 A questão das estátuas do imperador e família

Na primavera de 387, após ter o imperador decretado alguns impostos extraordinários, levantou-se uma grande polêmica. O objetivo não era só comemorar o 10º aniversário do seu reinado e os cinco anos do seu filho Arcádio, mas reforçar o erário público, combalido pelos gastos militares de defesa do território face à ameaça dos bárbaros. Conforme costume da época, em tais ocasiões, concedia-se a cada soldado uma gratificação de cinco peças de ouro, o que onerava mais ainda o tesouro público.

A solução, nada original, foi aumentar os impostos e decretar uma nova imposição tributária, sobretudo para as cidades mais ricas como Antioquia. Assim, aos 26 de fevereiro de 387, na praça principal da cidade, ao ouvir a leitura do edito imperial, o povo, profundamente desgostoso, manteve-se em um silêncio glacial, sinal de maus presságios.

Aproveitando o descontentamento generalizado, algumas pessoas mais exaltadas reuniram uma multidão, que, em sinal de protesto, se dirigiu ao palácio do governador. Ao serem notificados de sua ausência, iniciou-se um verdadeiro quebra-quebra com a pichação e a depredação das estátuas do imperador e dos membros de sua família, gesto considerado como crime de lesa-majestade, passível de morte.

A manifestação popular não durou muito mais de três horas. Porém, passada a excitação e a indignação e percebendo a gravidade da falta cometida, o temor tomou conta dos antioquenos. Os magistrados locais, para se eximirem de toda responsabilidade e das possíveis recriminações do imperador, procederam a prisões sumárias, com execuções improvisadas, atingindo os responsáveis, mas também muitos inocentes.

O governador da cidade, Tisameno enviou imediatamente um comunicado a Constantinopla, informando

Teodósio sobre o ocorrido, e pedindo instruções sobre as sanções a serem impostas aos culpados.

Em um primeiro momento, a reação do imperador foi menos violenta do que se tinha pressagiado: ele manda interditar os centros de diversão de Antioquia – circos, termas e teatros – e priva a cidade dos seus privilégios de metrópole. Porém, logo após, em uma determinação mais severa, ele a exclui da distribuição anual do trigo e a rebaixa a um simples território, estranho ao Império.

Ademais, como reservara para si o direito de um julgamento final, o imperador designa dois personagens, Helebico e Cesário, para um estudo mais profundo e minucioso dos fatos ocorridos.

Se a incerteza trouxe angústia, o caso presente deu azo a uma situação desanimadora e desconfortante. Desejosa de alento e conforto, a população acorreu às igrejas, que ficaram repletas para ouvir o jovem pregador, o presbítero João, que se mostrava solidário com o sofrimento de todos. Seus sermões eram ouvidos com grande interesse:

> Durante dois dias guardamos silêncio como os amigos de Jó. Agora, permiti-me abrir a boca e deplorar esta comum desgraça. Até há pouco tempo não existia nada mais esplêndido do que a nossa cidade; agora, nada mais amargo. Temos continuamente a morte diante dos olhos, vivemos em contínuo temor (*Hom. sobre as estátuas*, 2. *In*: PG, 49, 15-222).

Com a chegada dos delegados imperiais e após as primeiras medidas tomadas por eles, em lugar de alívio, o mal-estar reinante aumentou ainda mais, pois começaram a proceder de maneira dura e autoritária. Uma sombria ameaça desceu sobre todos. Os que eram tidos como culpados foram sumariamente condenados e enviados à prisão.

Um quadro de terror e crueldade descrito por Crisóstomo estabeleceu-se por toda parte:

> Os urros dos verdugos, o ruído do chicote, as terríveis ameaças dos juízes, os gemidos das vítimas despedaçavam os ouvidos. [...] Assim, pois, o pretório oferecia tormentos dentro e tormentos fora. Dentro, lamentos; fora, lamentos... (*Hom. sobre as estátuas*, 13. *In*: PG, 49, 15-222).

No entanto, a pedido de João, aconteceu um fato inédito! Um grupo de eremitas, quais profetas ou "anjos vindos do céu", provenientes das montanhas próximas, para espanto dos magistrados, irrompeu na cidade: "Pelo simples aspecto deles e pela força de suas vozes, o adversário foi obrigado a fugir" (*Hom. sobre as estátuas*, 17. *In*: PG 49, 15-222).

Mas era preciso chegar a uma solução o mais célere possível. Foi formada uma delegação para interceder junto ao imperador e à frente dela foi indicado Flaviano, o virtuoso Bispo, já idoso e alquebrado em seu físico.

Em Constantinopla, ao serem recebidos pelo imperador, os membros da delegação antioquena discretamente murmuravam sugestivos *slogans* aos ouvidos de sua majestade. Por exemplo, ao servirem um copo de água, diziam-lhe:

Trata-se da cidade onde foi pronunciado pela primeira vez o nome de "cristão". Rendei homenagem a Jesus Cristo e respeitai essa cidade, a primeira que deu aos seus discípulos um nome respeitável e doce (*Hom. sobre as estátuas*, 3. *In*: PG, 49, 15-222).

A entrevista mais eficaz coube ao venerável ancião Flaviano, que com lágrimas e rogos alcançou do imperador o perdão para a cidade, concedendo-lhe anistia geral: todos os implicados foram perdoados e foram restituídos a Antioquia os privilégios perdidos.

Os mensageiros enviados por Flaviano chegam a Antioquia justamente no dia de Páscoa, que foi celebrada, com júbilo, em seu sentido primitivo de "libertação". Engalanada de flores e com todas as luminárias acesas, a cidade se regozijava; dos lábios de cada cidadão brotavam três nomes: Teodósio, Flaviano e João.

Após entoar um hino de ação de graças, João lembra ao povo: "Não esqueçais, se sois cristãos, que a vossa pátria não se encontra na terra. É no céu que estão inscritos os nossos nomes. Lá desfrutaremos verdadeiramente do nome de cidadãos" (*Hom. sobre as estátuas*, 17. *In*: PG, 49, 15-222).

5 Catequista e mestre espiritual

Durante a ausência de Flaviano à frente da Igreja de Antioquia, João proferiu mais de 20 homilias que mantiveram acesos o ânimo e a esperança de toda a população. Foi surpreendente o encontro dos eremitas, vindos em auxílio da Igreja local, com os delegados imperiais. A população via guardas da armada se dobrarem diante de um monge maltrapilho e coberto de farrapos, que lhes dizia: "Vós ides punir homens, que são imagem de Deus, quando eles nada fizeram contra a imagem de Deus".

O mesmo argumento será retomado por Crisóstomo em um de seus sermões: "Vós quebrastes apenas estátuas; quem é imagem de Deus é o imperador e não a sua estátua".

Tais acontecimentos tornaram-se conhecidos por toda parte; a atitude de Crisóstomo despertou admiração e respeito, sobretudo pelo fato de ele, através de suas homilias, atrair multidões à igreja.

Ao longo do seu ministério episcopal em Antioquia e mais tarde em Constantinopla, ele abordará todos os livros do Novo Testamento, exceto o Evangelho de São Marcos, as Epístolas Católicas e o Apocalipse. Será o primeiro Padre de língua grega a comentar os Atos dos Apóstolos.

Durante sua permanência em Antioquia, redigirá uma série de treze catequeses batismais dirigidas aos batizados, para que vivessem, de modo coerente, o sacramento recebido como testemunhas do evangelho. Exortava-os a concretizar a assim chamada teologia do duplo olhar, passando das realidades sensíveis às realidades espirituais contempladas pelos "olhos da fé":

> Foi por isto que Deus dotou de dois olhos, o da carne e o da fé. Assim, ao te apresentares à sagrada iniciação, os olhos da carne veem a água, enquanto os olhos da fé avistam o Espí-

rito; aqueles contemplam o corpo que é mergulhado na água, estes, ao invés, o homem velho que é sepultado; aqueles, a carne que é lavada; estes, a alma que é purificada; aqueles, o corpo que ressurge da água; este, o homem novo e esplendente que ressurge da santa purificação (*Catechesi*, 3,3. *In*: PG, 49, 223-240).

Embora não sentisse necessidade de dar explicações mistagógicas a respeito dos ritos do batismo, ele não deixará de exortar os recém-batizados a se afastarem da atmosfera turva, que beirava a orgia, presente nos circos, nos teatros e nos banquetes, ao mesmo tempo que se esforçava para avivar o sentido ético e moral do cotidiano da vida.

Ao assinalar a relação íntima existente entre ortodoxia e ortopráxis, sem cair em um moralismo casuístico, Crisóstomo apela para uma transformação interior com comportamentos novos e atitudes morais próprias. Pelo batismo, inserido em Cristo, o cristão se torna presença da bondade misericordiosa (*philanthropia*) de Deus:

Mais uma vez, dirigimos algumas breves palavras aos que foram inscritos como propriedade de Cristo, mostrando-lhes [...] a inefável bondade que o Deus benévolo concede ao gênero humano, de tal modo que, tendo se aproximado com muita fé e segurança, possam gozar da mais abundante generosidade (*Catechesi*, 2,1).

Para ele, a liturgia e a vida estão intimamente unidas, de tal modo que a vida espiritual ou a ascese cristã jamais dispensam a prática dos sacramentos, que postulam, por força do seu sentido escatológico, um modo novo e responsável de se viver na sociedade e no mundo político. Nesse sentido, o batismo, dom gratuito da misericórdia divina, longe de ser um gesto mágico ou um mero rito religioso, implica uma transformação interior com atitudes e comportamentos novos.

Suas últimas atividades literárias em Antioquia foram *"As catequeses"*, nas quais ele exprime seu modo de compreender a fé e a ação redentora de Cristo.

6 A grandeza dos leigos na Igreja

Em toda a Antiguidade, Crisóstomo o monge-Bispo foi quem mais se preocupou com o que hoje denominamos "Apostolado dos leigos". É com ardor que ele fala sobre a participação deles nos cuidados pastorais da Igreja:

> Não há nada mais frio do que um cristão despreocupado pela salvação alheia. Não podes aduzir como pretexto a tua pobreza econômica. Serás acusado pela velhinha que deu as suas moedas no Templo. O próprio Pedro disse: "Não tenho ouro nem prata" (At 3,6). E Paulo era tão pobre que muitas vezes passava fome e não tinha o necessário para viver. Não podes pretextar a tua origem humilde: eles também eram pessoas humildes, de condição modesta. Nem a ignorância servirá de desculpa: todos eles eram homens sem letras. Escravo ou fugitivo, tu podes cumprir o que depende de ti [...]. Não digas: não posso ajudá-los, porque, se és cristão de verdade, é impossível que não o possas fazer (*Homilia sobre os Atos dos Apóstolos*, 20. *In*: PG, 60).

Aliás, desde a sua primeira homilia, Crisóstomo destaca que a ação do leigo, sua atividade pastoral, constitui a prova eficaz da mensagem anunciada pelo pregador.

7 Zelo evangelizador e missionário

Ao expor a verdade do evangelho e defender a Igreja dos erros e abusos disciplinares, Crisóstomo deu continuidade às famosas homilias do grande escritor e exegeta Orígenes, nascido em 185 em Alexandria, e dos grandes teólogos da Capadócia: Basílio Magno, Gregório de Nazianzo e Gregório de Nissa.

O púlpito foi o lugar privilegiado, onde sua personalidade e dotes de orador melhor se revelaram. Se em suas relações oficiais e sociais ele era tímido, reservado e desajeitado, em suas pregações empolgava-se e, sintonizado com o auditório, incentivava-o a viver a virtude e a trilhar o caminho do bem.

Seus sermões, com longos exórdios, estendiam-se por vezes a mais de uma hora e meia. Apesar de algumas críticas que lhe eram feitas, não abandonou tal costume, pois percebia o interesse de grande parte dos fiéis, muito embora ele censurasse os aplausos que irrompiam ao longo de suas locuções. Dizia ele que tais manifestações poderiam atraí-lo mais do que a preocupação em despertar nos ouvintes o interesse pelo bem espiritual.

Seu zelo pela evangelização era notável. Não foram poucas suas recomendações visando a realização de missões evangelizadoras, tanto no interior do Império como além de suas fronteiras. Era impensável para ele admitir um cristianismo "instalado" ou de "conivência".

O apelo para que todos, discípulos de Jesus, tivessem uma vida sempre mais autêntica, correspondia ao seu zelo pelos não cristãos, daí seu notável esforço para evangelizar os godos. Seu zelo levou-o a criar, na cidade de Constantinopla, um clero autóctone para atender especificamente os bárbaros que lá viviam.

Teodoreto, Bispo de Ciro, destaca sobremaneira esse seu esforço evangelizador em sua *História eclesiástica*:

> Primeiramente, tu elevaste altares junto aos citas. O bárbaro, que tinha apenas o hábito de descer do seu cavalo, aprendeu a dobrar os joelhos e a chorar os seus pecados. Os persas, hábeis em lançar flechas, tu os transpassaste com a flecha da pregação; e com a tua língua venceste os malefícios dos magos e dos caldeus. Eis que à Babilônia não é mais estranha a voz de Deus. Fatos, todos estes, que te associam aos apóstolos (PG, 80-84).

8 Episcopado em Constantinopla

O ano de 397 foi para a Igreja um ano de importantes mortes episcopais, como a de Ambrósio, Martinho de Tours e do sucessor de Gregório de Nazianzo, Nectário, que desde 381 ocupava a sede episcopal de Constantinopla.

A morte de Nectário despertou uma acirrada disputa sobre quem o sucederia na cátedra de Constantinopla. Em Alexandria, seu titular, o Bispo Teófilo, alimentava a intenção de contar com alguém que pudesse ter influência sobre as decisões imperiais. Porém, as intenções da corte imperial eram bem outras. Eutrópio, poderoso ministro do Imperador Arcádio, fraco de caráter, julgava ser necessário encontrar um pregador de renome para a capital.

Em uma de suas viagens, tomando conhecimento da fama das pregações de João Crisóstomo, foi até Antioquia para ouvi-lo. Cativado por seu estilo retórico e pela profundidade de suas exposições, fará todo o possível para levá-lo a Constantinopla.

Assim, após reduzir Teófilo ao silêncio, ele induz o clero e os fiéis da cidade imperial a acolher João como seu novo Bispo. Porém, uma última barreira devia ser superada: a resistência do próprio Crisóstomo. Como convencê-lo?

Orientado por Eutrópio, o governador de Antioquia arquitetou uma verdadeira armadilha: durante uma visita à Capela dos Mártires, nos arredores da cidade, com a presença de Crisóstomo, uma tropa do exército cercou-a e, após tê-lo praticamente feito prisioneiro, levou-o para Constantinopla. Verdadeiro sequestro, contra o qual de nada valeram os seus protestos.

Ao chegar em Constantinopla, Eutrópio lhe comunica que o clero e o povo tinham-no escolhido como Bispo da cidade imperial. Constrangido, Crisóstomo finalmente acaba por ceder e é ordenado por Teófilo, que, obrigado a lhe impor as mãos, não renuncia às suas ideias e à intenção de oportunamente revidar.

Dotado de grandes qualidades morais, Crisóstomo se dedica à pregação e de imediato conquista a simpatia do povo, arrebatado pelo vigor de suas palavras e pelo seu austero estilo de vida. Com efeito, logo após a sua posse, em coerência com seu ideal de vida, ele baniu todo o luxo do ambiente em que vivia e distribuiu aos pobres o resultado da venda de muitos bens tidos como preciosos, mas que eram considerados por ele como supérfluos.

Se esse modo de agir despertou entusiasmo em muitos, não deixou de suscitar revolta em outros, seus futuros inimigos. Por outro lado, por não possuir as qualidades de um bom diplomata e pelo fato de cometer diversas gafes, ele foi, pouco a pouco, granjeando numerosos adversários, principalmente junto aos membros da corte.

Ele não se deixa abater. Consciente de sua missão como embaixador de Deus, coloca-se, com coragem e convicção, totalmente a serviço da verdade. No entanto, pelo fato de não se deixar levar pelos favores, nem se dobrar a bajuladores, o número de seus adversários crescia e as perseguições tornavam-se mais agressivas.

O primeiro grande contratempo se deu em relação aos monges da cidade. Foi provocado pela publicação de um pequeno tratado a respeito do comportamento dos monges que viviam com algumas virgens *subintroductae*, introduzidas sub-repticiamente. Acrescia o fato de ele ter condenado publicamente os vícios do clero local, como a avareza, o roubo e o fingimento de aduladores.

Os ataques e as investidas contra ele, no entanto, não obtiveram grande sucesso. Em grande parte por causa de sua popularidade junto ao povo, principalmente após o acontecimento, ocorrido em 339, que lhe granjeou a calorosa simpatia de toda a cidade.

Em meio a uma intriga militar, o Ministro Eutrópio foi destituído de seu cargo, e o povo, que não o estimava, ergueu-se contra ele exigindo sua morte. Vendo-se ameaçado, ele se refugia na Igreja Catedral, literalmente sob o altar, alegando o direito de asilo, conforme costume antigo. Ironia do destino. Pois quando ministro, ele próprio publicara, sob os protestos de João, um decreto abolindo o direito de asilo nas igrejas.

Em sua homilia, na Catedral, Crisóstomo resiste às turbas, aos soldados e ao edito do imperador e pronuncia uma das mais belas peças de oratória. Inicia sua fala dando razão aos revoltados, para só em um segundo momento, com delicadeza e sensibilidade, mudar os ânimos exaltados dos ouvintes. Suas palavras arrancam lágrimas de compaixão e levam os fiéis a pedirem ao imperador que Eutrópio fosse perdoado.

O ex-ministro permaneceu naquela situação humilhante, debaixo do altar, por longos quinze dias. Multidões desejosas de vê-lo e de comprovar a destituição do todo-poderoso Eutrópio, superlotavam a igreja.

Oportunamente, Crisóstomo aborda alguns temas apropriados à circunstância. Comenta o texto do Eclesiástico: "Vaidade das vaidades, tudo é vaidade" (Ecl 1,2), encerrando sua alocução com um pedido de perdão em favor do ex-ministro:

> Se vós pedis que este homem seja punido pelos crimes que cometeu contra vós, como podereis tomar parte nos mistérios? Como podereis pronunciar esta prece que prescreve dizer: "Perdoai as nossas dívidas, assim como nós

perdoamos aos que nos têm ofendido?" Este homem vos prodigalizou injustiças e ultrajes? Não queremos discordar. No entanto, não estamos na hora da justiça, mas da piedade; não é hora de prestar contas (severas), mas é hora de clemência; não é hora do exame, mas do perdão; não é hora da sentença e do julgamento, mas da compaixão e da indulgência. Nada de furor, de ódios, mas sim rezemos ao Deus de clemência para ajudá-lo em seus dias e tirá-lo do suplício que o ameaça (PG, 52, 391-414).

Todavia, temendo ser traído, Eutrópio procura escapar à noite, às escondidas. Capturado, foi desterrado primeiro para Chipre e, não muito tempo depois, para a Calcedônia, onde foi executado pelos soldados.

9 Novas invectivas contra ele e os exílios

Uma grande diferença de temperamento distingue Crisóstomo de Ambrósio, que na cidade de Milão encontra-se em uma situação mais ou menos idêntica. A diferença é que embora ambos tenham consciência da ascendência que exerciam sobre o povo, Crisóstomo, ao contrário de Ambrósio, não ousava apoiar-se nele contra as intervenções do imperador.

Acresce o fato de Crisóstomo, em seu ardor pela vida monacal, ter instaurado, em sua residência um severo regime de austeridade: suprimiu as recepções ou a mesa franqueada a todos; tomava as refeições como um asceta, salvo quando recebia alguém de passagem e mesmo assim, de uma maneira bastante frugal. Tal estilo de vida e o esforço envidado para reformar a vida do clero não o ajudaram em sua causa.

À Imperatriz Eudóxia uniram-se aqueles que se sentiam descontentes com suas atitudes austeras, e os que buscavam privilégios e vantagens pessoais junto aos imperadores. Cautelosos, o Bispo da corte Severino, e o Bispo de Gábula e, sobretudo, o Bispo de Alexandria, Teófilo, permaneciam silenciosos, à espera do momento adequado para atacá-lo.

A oportunidade se deu quando da visita dos "irmãos compridos". Quatro monges, de elevada estatura, provenientes do Egito vieram se queixar ao imperador das sevícias a que foram submetidos por ordem de Teófilo de Alexandria.

Crisóstomo os recebe como hóspedes. Porém, após ouvir suas lamúrias e o parecer de outras pessoas envolvidas na questão, deixa de apoiá-los. Porém, firmes em seu propósito, os monges recorrem ao imperador, que solicita o comparecimento de Teófilo diante de um tribunal de Bispos presidido por Crisóstomo.

Teófilo não se intimida. Pelo contrário. Notifica, imediatamente, o Bispo de Salamina, Epifânio, notabilizado por seu enorme zelo em defesa da fé, alertando-o que a cidade de Constantinopla fora entregue, por Crisóstomo, à heresia origenista.

Já com seus 83 anos de idade Epifânio não hesita. Ao chegar a Constantinopla no início de 403, recusa a hospitalidade oferecida por Crisóstomo e toma decisões totalmente contrárias às prescrições canônicas, mesmo as mais formais: preside à ordenação de diáconos, sem o assentimento do Bispo local, e convoca um pequeno sínodo para condenar não só "os irmãos compridos", mas também o próprio João Crisóstomo.

Pouco a pouco, percebendo quão terrivelmente tinha sido enganado, Epifânio convoca o povo e comunica-lhe a sua partida. A caminho de sua diocese em Chipre, veio a falecer o assim cognominado "caçador de heresias".

9.1 O Sínodo de Quercus

Teófilo reage duramente. Temendo o respaldo popular dado a Crisóstomo pela população de Constantinopla, apoiado pela Imperatriz Eudóxia, Teófilo se desloca com todos os seus amigos Bispos para os arredores de Calcedônia, em uma casa de campo denominada Carvalho, em latim *Quercus*, onde organiza um sínodo.

João Crisóstomo recusa se fazer presente e, alegando que a jurisdição eclesiástica de Teófilo se limitava à Diocese de Alexandria, declara o sínodo ilegítimo. Teófilo e os demais Bispos, sem quaisquer escrúpulo, convocam--no por três vezes a participar do sínodo. Como ele não comparecesse, declararam-no deposto, por contumácia, de sua sede episcopal de Constantinopla.

Anexaram ainda ao ato de deposição 29 acusações, afirmando, entre outras ocorrências, o fato de ele ter expulsado um diácono do seu ministério por agressão a um outro diácono; ter vendido um grande número de objetos preciosos; ter insultado os sacerdotes e mesmo ter escrito um livro injurioso contra o clero e não ter feito a prece prescrita à entrada ou à saída da igreja.

O imperador, sob a influência de Eudóxia, apoia as decisões do sínodo e, além da deposição de Crisóstomo, decide emitir um decreto contra ele, enviando-o ao exílio.

9.2 Os exílios

A reação dos habitantes de Constantinopla foi imediata. Formaram-se grupos populares para protegê-lo e impedir que fosse retirado de sua sede episcopal. Embora não voltasse atrás, o imperador lhe dá a possibilidade de escolher o lugar de sua futura residência; ou seja, o lugar do seu exílio.

Entrementes, uma reviravolta se produziu na corte imperial, cujas causas não foram bem-esclarecidas: a imperatriz foi tomada por um grande temor, dando azo a duas hipóteses: ou a doença repentina do seu filho ou, talvez, a ocorrência de um tremor de terra.

Para surpresa de todos, a imperatriz escreve a Crisóstomo uma carta de próprio punho, pedindo que ele regressasse, imediatamente. Na noite do seu retorno, o Bósforo encontrava-se todo iluminado, centenas de barcos formavam um belo cortejo até a cidade de Constantinopla, onde, triunfalmente, Crisóstomo foi recepcionado.

Após refutar as acusações que lhe tinham sido feitas, uma a uma, e ter comprovado que os cânones invocados não eram legítimos, ele não assume imediatamente suas funções. Com prudência solicita a convocação de um sínodo, com o objetivo de rescindir, legitimamente, a sua deposição decretada pelo "sínodo" de Quercus.

Tranquilizado pelas promessas do imperador e pressionado pelo veemente apelo popular, ele acede ao pedido de todos e calorosamente agradece:

> Que hei de dizer? Que palavras hei de proferir? *Bendito seja Deus!* Repito o que disse à hora da saída e tantas vezes repeti nas terras distantes. Estais lembrados ainda de que ao partir me arrimei ao exemplo de Jó: *Seja bendito o nome do Senhor!* Mudaram as circunstâncias, mas as palavras são as mesmas. Bendito seja Deus, que permitiu que eu partisse; bendito seja Deus, que me chamou de novo! Bendito seja pela tempestade, bendito pela bonança!
>
> Ó generosidade do meu rebanho! Na ausência do pastor, pôs em fuga os lobos. [...] Deste modo brilhou a sua verdadeira beleza, deste modo brilhou a sua sabedoria. Como lançaste fora os adúlteros? De que modo? Pela grandeza da vossa castidade [...]. Onde estão agora? Na confusão. Onde estamos nós? Na alegria (PG, 28, 439ss.).

A própria imperatriz envia um mensageiro para acolhê-lo e transmitir-lhe as suas congratulações. Teófilo, diante do calor popular e da recepção imperial, sentiu o solo ceder debaixo de seus pés e antecipou sua volta para Alexandria.

No entanto, o retorno de Crisóstomo a Constantinopla não tinha sido fruto de uma decisão consciente e sólida; resultara dos nervos exaltados de uma mulher ambiciosa e inconstante. Bastaria uma nova crise nervosa para que ela se voltasse contra ele e exigisse do imperador outras sanções e condenações. Foi o que se deu. Dois meses mais tarde, desejoso de agradar a esposa, o imperador mandou edificar, como prova de seu afeto, um monumento em sua honra.

9.3 Morte a caminho do exílio

Ora, por ocasião da inauguração do monumento, de acordo com os costumes da época, foram promovidos festas, danças e jogos que não correspondiam à piedade cristã, com aspectos irreverentes e laivos de idolatria.

Ao vê-los acontecer, praticamente, à porta da catedral, cujos ecos perturbavam a serenidade das celebrações, em um dos seus sermões, Crisóstomo expõe o que pensava sobre estátuas, jogos e festividades pagãs. E, de modo veemente, conclui, aludindo à imperatriz, que ela, como Herodíades, não iria demorar muito para pedir a cabeça de João em uma bandeja.

Interpretando tais palavras como uma provocação pessoal, Eudóxia, furiosa, envia uma tropa de soldados, que cerca a catedral, deixando Crisóstomo recluso. Transcorriam, justamente, as cerimônias da Semana Santa do ano 403.

Diante da proibição imperial, como celebrar a Páscoa da Ressurreição? Crisóstomo não se intimida. Convoca o povo para as cerimônias do Sábado Santo. A notícia corre veloz e chega aos ouvidos do imperador, que ordena interromper, imediatamente, a celebração. Com vigor e sem qualquer temor, Crisóstomo responde aos delegados imperiais:

Recebi os poderes episcopais das mãos de Deus, e não tenho o direito de deixar a minha Igreja. Se agrada ao imperador separar-me dela, está em suas mãos fazê-lo, já que a cidade lhe pertence, mas terá de ser à viva força. O seu despotismo será a minha justificação diante do Juiz Eterno (*Paládio*).

Ao saber do acontecimento, atento a tudo que acontecia em Constantinopla, Teófilo retoma seus ataques e envia ao imperador uma carta, na qual alegava que a condenação de Crisóstomo não fora revogada por outro sínodo e, portanto, de acordo com o Concílio de Antioquia de 341, sua volta à Constantinopla era totalmente ilegítima.

Como já fizera em outras ocasiões, maldosamente, Teófilo omitia que a declaração do Concílio de Antioquia tinha sido emitida para impedir a volta de Atanásio a Alexandria. Porém, como a acusação contra Atanásio não tinha sido reconhecida oficialmente pela Igreja de Roma, seu retorno a Alexandria foi glorioso.

Assim, no final do ano de 403, por iniciativa de Teófilo, reuniram-se em Constantinopla os Bispos participantes do Sínodo de Quercus, que reafirmam a decisão tomada anteriormente, favorável à deposição e deportação de Crisóstomo. Em abril de 404, com a aprovação do imperador, uma tropa de soldados foi enviada à catedral para prendê-lo.

Previamente alertado, Crisóstomo refugia-se em sua residência, onde em junho de 404 foi aprisionado e conduzido ao exílio, sem a possibilidade de escolher o seu destino. De início, foi levado a Niceia de Bitínia; logo após, a Cúcuso, misérrimo vilarejo na região da Armênia.

Em sua passagem pela Capadócia, ele tem uma recepção inesperada:

> Vimos aproximarem-se numerosos grupos de santos personagens, infinidade de monges e virgens, que derramavam abundantes lágrimas e choravam, vendo-me destinado ao desterro, dizendo uns para os outros: melhor teria sido ver o sol despojado dos seus raios do que a boca de João reduzida ao silêncio (Carta 120 a Teodora. *In*: PG, 52).

Ao final de uma viagem bastante difícil, já bem doente, esgotado e atacado pelas febres, Crisóstomo chega ao destino por volta do mês de setembro de 404. Aí permanece por três anos. Encontra ainda forças para escrever duas cartas ou dois tratados de consolação: a Carta de exílio, na qual demonstra que ninguém pode ser ferido a não ser por si próprio; e a Carta sobre a Providência, dirigida aos cristãos de Constantinopla, fiéis a ele, e que estavam indignados por causa das adversidades a que tinha sido submetido.

Além destes dois tratados, Crisóstomo escreve a numerosos Bispos para incentivá-los a enviar missionários à Fenícia e a outros locais. Cúcuso torna-se, pouco a pouco, um lugar de peregrinação, com pessoas que acorriam de todas as partes para estar com o santo da caridade, ouvir suas palavras e receber uma bênção que os confortasse.

A cidade deixa seu anonimato, torna-se célebre, uma referência no mundo cristão do Oriente. O Papa Inocêncio volta a escrever a Crisóstomo para infundir-lhe ânimo e esperança:

A João, nosso dileto irmão, Inocêncio:

Se o inocente deve pôr em Deus toda a confiança e só a Deus pedir misericórdia, não me julgo por esse motivo desobrigado de te aconselhar a este propósito por carta escrita, da qual é portador o Diácono Ciríaco. Seria de temer que a injúria tivesse maior força na opressão que a boa consciência na esperança. Mas tu, mestre e pastor de tantos povos, habituado a recomendar paciência aos bons e a incitá-los a não se deixarem acabrunhar pelos trabalhos e doenças, não precisas de lições. Ensinaste-lhes que a consciência é rocha firme contra toda a injustiça; que a tolerância é apanágio do homem que confia em Deus em primeiro lugar e a seguir na sua própria consciência; se o homem virtuoso pode ver sua paciência sujeita a provas, mas vencida, não, pois as Escrituras são a guarda do seu espírito.

Estão cheias de lições essas Escrituras que ensinamos aos povos. Elas mostram-nos os santos, na sua maioria, maltratados, expostos à prova do sofrimento, o que lhes permitiu conquistar os louros da paciência. Meu caríssimo irmão, que a paz da tua consciência, prêmio da virtude atormentada, seja a tua consolação. De olhos postos no Senhor Jesus Cristo, que a tua consciência tranquila esteja no porto da paz (PG, 67,1584).

Perante tantas manifestações, seus inimigos ficam apreensivos e desejosos de eliminá-lo o mais rápido possível. Julgando Cúcuso, que distava 700 km da capital, ainda relativamente próxima, com o consentimento do imperador, decidem levá-lo para Pitiunte, situada na margem oriental do Mar Negro, aos pés do Cáucaso, lugar bem mais longínquo.

As condições da região, com montanhas e florestas, exigiram que grande parte do percurso fosse feito a pé. Após cerca de três meses de viagem, na noite de 13 de setembro de 407, finalmente chegaram não propriamente no povoado de Comana, mas em um pequeno santuário, no qual se venerava o sepulcro de São Basílio, antigo Bispo dos comanos, martirizado no reinado de Maximino.

No dia seguinte, após uma tentativa para retomar o caminho, João se sente fraco, suas pernas começam a ceder e sua respiração se torna ofegante. Em um último esforço, despojou-se do calçado, revestiu-se de uma túnica branca, distribuiu entre os presentes o pouco que ainda levava consigo e, em um último suspiro, pronunciou suas derradeiras palavras: "Glória a Deus em tudo! Amém". Assim morreu João Crisóstomo.

Quase imediatamente após sua morte, acontece em Constantinopla uma reviravolta a favor dele, o que se verificará só bem mais tarde, em Alexandria. Cirilo, sucessor de Teófilo, jamais se referirá a ele. Todavia, duas Igrejas permanecerão fiéis a Crisóstomo, a de Roma, que jamais se afastou dele, e a de Constantinopla, à qual, em 438, foi transladado o seu corpo e recebido com todas as honras.

Segunda parte
A Igreja no Ocidente

A Patrística latina e a civilização ocidental

Os escritores do Ocidente

A Idade de Ouro da Igreja merece grande apreço de todos os que desejam conhecer as origens do cristianismo e da civilização ocidental. Graças à liberdade usufruída nos séculos IV e V, a Igreja consolidou suas instituições e expressou, fortemente, suas forças morais, intelectuais e religiosas. Sua vocação missionária tornou-se mais vigorosa, propiciando o anúncio do evangelho a diversos outros povos; em geral, aos bárbaros que se instalaram no antigo Império Romano e em seus limites.

De forma definitiva, nesses dois séculos firmaram-se as instituições e estruturas eclesiásticas; formaram-se novas expressões litúrgicas e importantes tradições de devoção popular. As reflexões sistemáticas sobre as verdades de fé, *intellectus fidei*, presentes nas diversas Igrejas locais, atestavam um forte dinamismo intelectual que hoje denominamos teologia. Deu-se graças à criação de diversos centros de formação religiosa, um amplo aprofundamento cognoscitivo da fé, cuja referência essencial era a Bíblia, *norma normans* da fé cristã, razão de os grandes teólogos da época se revelarem como verdadeiros exegetas da Sagrada Escritura.

Por outro lado, a liberdade religiosa e a progressiva expansão da Igreja levaram os imperadores, que pretendiam preservar a unidade do Império, a se envolverem indevidamente nos assuntos internos da Igreja, que se viu obrigada não só a adaptar-se à legislação romana, mas também a admitir a ingerência do Estado, com decisões imperiais em assuntos que diziam respeito unicamente à fé.

Entre as reações dos Padres, a mais notável foi a de Santo Agostinho. Ele não só esclareceu a ambígua relação do cristianismo com a ordem temporal, como também estabeleceu sua radical transcendência em relação ao Império Romano e, por conseguinte, a todos os possíveis regimes ou ordenamentos políticos.

Ademais, esses dois séculos foram marcados por um período de grande efervescência religiosa, com debates e controvérsias doutrinais que turvaram a vida das comunidades cristãs, e afetaram a relação harmoniosa entre a Igreja do Ocidente e do Oriente. É bom lembrarmos que, se no século III, os cristãos eram minoria, mesmo no Oriente, volta do final do século IV, eles passaram a ser maioria também no Ocidente.

Foi com o término das perseguições que os cristãos assumiram a mentalidade de serem maioria, sobretudo depois do edito de tolerância de 311 e da realização do Concílio de Niceia (325), convocado pelo Imperador Constantino. Daí o fato de tantos Bispos, monges e leigos manterem uma atitude de condescendência e reconciliação para preservar a unidade dos cristãos.

Mais e mais, negava-se a ideia de uniformidade, e se afirmava que a diversidade de expressões, de formulações doutrinais e litúrgicas, em lugar de prejudicar, enriquecia e solidificava a unidade na fé. Fortaleceu-se, assim, a convicção de que o reto caminho para alcançar a unidade e a reconciliação era, justamente, a diversidade. O pluralismo teológico tornou-se o distintivo característico da Igreja.

Ao mesmo tempo, a inserção da Igreja no Império Romano fez com que a *pax romana* fosse concebida como *pax christiana* e entre os cidadãos romanos se estabelecesse uma convivência compatível com a dignidade humana, fundada na única fé em Cristo.

Urgia, porém, a existência de um sistema de pensamento coerente, alicerçado em uma nova visão teológica do mundo, com pressupostos metafísicos e antropológicos. A resposta foi dada pela filosofia neoplatônica, com seu caráter contemplativo e espiritual, na qual os primeiros pensadores cristãos encontraram respaldo para suas intuições e reflexões teológicas e espirituais.

Nas páginas que se seguem, em consonância com essas aspirações, veremos alguns escritores com uma expressão cultural sensibilíssima às exigências do momento histórico, estabelecendo um fecundo diálogo teológico-espiritual com a Tradição recebida e as novas formas culturais. Três deles tornaram-se grandes expoentes da Igreja do Ocidente: São Jerônimo, Santo Ambrósio e Santo Agostinho, que abraçaram a filosofia neoplatônica como um caminho racional para responder ao apelo cristão de perfeição e felicidade.

I

São Jerônimo

Profundamente dedicado à cultura grega, na qual desde sua juventude fora introduzido, Jerônimo se sente atraído e absorvido pelos autores clássicos. Porém, mais tarde, após ler os textos bíblicos, abandonará a literatura grega para retomá-la 15 anos depois, sobretudo após a fundação do mosteiro de Belém.

1 Traços biográficos

Nada sabemos sobre o dia ou o mês do seu nascimento, e, quanto ao ano, há grande divergência entre os autores. Com referência ao local do seu nascimento, há uma nota autobiográfica no capítulo 135 do seu livro *De viris illustribus*, indicando ter ele nascido "na cidade fortificada de Stridon, nos confins da Dalmácia e da Panônia", mais precisamente na Ilíria, onde teria feito o primeiro ciclo de seus estudos primários. Logo a seguir, enviado a Roma por seu pai, se dedicará à gramática e à retórica, espécie de ensino secundário que lhe permitirá perfazer, posteriormente, sua formação superior, e ter acesso a uma carreira civil.

Em seu amor à leitura, tornou-se familiar a Virgílio, Horácio e numerosos outros poetas, assim como aos historiadores Quintiliano e Sêneca, escritores dos inícios da era cristã. Mas seu verdadeiro mestre foi Marco Túlio Cícero, nascido em 106 antes da era cristã que, no século IV, graças aos seus numerosos escritos, principalmente *De oratore* e *De optimo genere oratorum*, gozava de grande prestígio.

Mais tarde, Jerônimo sentirá saudades desse tempo em que ia assistir às sessões dos tribunais e do Fórum, "saboreando, dizia ele, as grandezas de Quintiliano e os rios da eloquência de Cícero" (*Carta* 125). Infatigável leitor de memória prodigiosa, ele se tornará um escritor superior aos demais escritores cristãos de seu tempo, com numerosas obras permeadas de inúmeras citações de autores clássicos.

Segundo as diversas fases de sua vida cristã, destacamos três etapas significativas:

1.1 Visitas a diversas capitais, com uma escala no deserto

Em 366, no término de seus estudos filosóficos, após receber o batismo das mãos do Papa Libério, ele viaja, por vinte anos, no interior do Império Romano. Em 386, retira-se para a cidade de Belém, onde permanecerá por não mais de quatro ou cinco anos.

A primeira etapa de seu prolongado périplo foi a cidade de Treves, na Gália, situada ao longo do Rio Mosel, na Renânia. Sem dúvida, foi para ele uma mudança bastante relevante: da cidade de Roma, capital do mundo romano, para um novo país, militarmente organizado, erigido, diz ele, "às margens semibárbaras do Reno". Seus habitantes, no entanto, orgulhavam-se da cidade, construída pelo Imperador Augusto, comparando-a à cidade eterna.

E foi lá, naquela distante cidade, que se deu uma reviravolta surpreendente na vida de Jerônimo: sua primeira conversão. Ele renuncia à carreira política, deixa os escritos clássicos, e se entrega à leitura de textos religiosos, que soavam como uma voz a clamar no deserto, chamando-o à vida eremítica. Após narrar ao amigo Bonose o que se passava no seu coração, Jerônimo julga necessário aconselhar-se com seus sábios amigos de Aquileia, no norte da Itália.

Em Aquileia, grande porto do Adriático, ele se encontra com um sacerdote, Cromácio, que reunira ao seu redor uma fervorosa comunidade, chamada por Jerônimo de o "Coro dos bem-aventurados", composta de leigos e clérigos, desejosos de abraçarem a vida ascética. Faziam também parte da comunidade seus amigos: Bonose, Heliodoro e Rufino, grupo fervoroso e intelectual que mesclava a disciplina cenobítica com as atividades pastorais, exercidas pelos que pertenciam ao clero local.

Em 374, com a dispersão do "Coro dos bem-aventurados", ele deixa Aquileia e dirige-se para Jerusalém. Ao passar pela cidade de Antioquia, convive por algum tempo com um santo sacerdote, Evágrio, que traduzira para o latim a *Vida de Santo Antão*, escrita por Santo Atanásio. Como sua saúde estivesse um tanto abalada e se sentisse fraco e febril, Evágrio o acolhe em sua própria casa, descrita por ele como um "porto tranquilo, aberto ao náufrago" (Ep, III,3).

Nessa ocasião, durante o Tempo da Quaresma, Jerônimo tem um sonho relatado a Eustáquio:

> Pobre de mim! Eu jejuava, e isso para me preparar para ler Cícero; eu velava noites inteiras, derramava lágrimas que me arrancavam do fundo das entranhas a lembrança de minhas faltas passadas e estava para ler Plauto (poeta cômico latino, 254 a.C.), que eu tinha em minhas mãos. Assim, ao despertar, retomando minhas forças, eu me pus a ler um profeta; seu estilo sem elegância me desagradava. Meus olhos cegos me impediam de ver a luz. Eu não incriminava meus olhos, mas o sol.
>
> Repentinamente sou elevado em espírito e introduzido no tribunal do Juiz. Havia tal luz, tal brilho de glória, que, prosternado, eu não ousava elevar os olhos. Interrogado sobre minha condição, respondi que era cristão. Então, aquele que estava sentado me disse: "Tu mentes; tu és ciceroniano, e não um cristão". "Lá onde está teu tesouro, lá também está o teu coração" (Mt 6,21). Imediatamente eu me calei [...]. Minha consciência queimava assaz: que tortura! [...]. Porém, eu começava a gritar e a dizer, gemendo: "Tende piedade de mim, Senhor, tende piedade de mim!" (Sl 56,2) (*Carta* 22, 30. *In*: CSEL, 54, p. 189s.).

Após a cura e o tempo de convalescença, ele deixa a casa de Evágrio e se retira para o Deserto de Cálcis, onde se dedica aos estudos da língua hebraica, exercitando-se, no seu dizer, "em pronunciar as sibilantes e as guturais". As dificuldades não eram poucas. Por vezes sentia-se desesperado e com o desejo de tudo abandonar. Mas, decidido a vencer, retomava sempre o combate, até declarar-se, finalmente, vitorioso: "Minha consciência e a dos meus companheiros são testemunhas. Agradeço ao Senhor por ter obtido, nessa amargura, tão doces frutos, minha iniciação às letras" (*Carta* 22,30, 124,12. *In*: CSEL, 555, p. 395).

Na cidade de Antioquia, onde foi ordenado sacerdote pelo Bispo local, Paulino, teve a oportunidade de seguir algumas conferências de Apolinário de Laodiceia. Em 379, ao tomar conhecimento das pregações do grande teólogo e exegeta, Gregório de Nazianzo viaja para Constantinopla a fim de ouvi-lo. Em 381, ao participar do concílio ecumênico, encontra-se com Epifânio.

1.2 Atividades em Roma

Em 382, de volta a Roma, Jerônimo se torna colaborador e secretário do Papa Dâmaso, cativado por sua erudição, por suas qualidades de arqueólogo e de poeta, mas, sobretudo, por seu grande amor pela Bíblia.

Um cordial relacionamento uniu o douto secretário e o quase octogenário pontífice, que o incentivou a continuar seus estudos, confiando-lhe, principalmente, a tradução da Sagrada Escritura para o latim. O objetivo era estabelecer um texto que colocasse fim à desordem dos inúmeros manuscritos então existentes.

No breve período passado em Roma, seus esforços não foram além de uma simples revisão dos evangelhos. Mais tarde, retomará o árduo e magnífico trabalho, que culminará com o texto clássico e linguisticamente fiel ao original da Sagrada Escritura: a Vulgata, versão e revisão, livro a livro, primeiramente do Novo Testamento e, em seguida, de todo o Antigo Testamento, a partir do original hebraico.

A permanência em Roma proporcionou-lhe uma de suas grandes satisfações: descobrir que o ideal monástico não era, totalmente, desconhecido no Ocidente. Entusiasmado, tornou-se um dos mais zelosos teólogos da vida ascética, vindo a ser um grande incentivador e orientador dos que desejavam trilhar o ideal monástico.

Ainda em Roma, pôs-se à frente de um pequeno grupo de mulheres da alta sociedade, dirigido por uma viúva chamada Marcela, que se reunia na colina do Aventino, despertando nelas grande interesse pelo rigor das práticas religiosas do Oriente. Além de trazerem longos véus, elas levavam uma vida bastante austera, com constantes jejuns e assíduos atos de devoção e de piedade. Sob a orientação de Jerônimo, dedicavam-se aos estudos da língua grega e também da língua hebraica.

Apesar de já existir em Milão, na Gália e em outras regiões do Ocidente, em Roma, a vida ascética era ainda uma novidade, suscitando inveja e comentários maldosos. Muitos se levantaram contra seus membros, denominando-os de "o abominável povo de monges" ou "estes enganadores, estes gregos" ou ainda "estes que não estão de acordo com nada e com ninguém".

Em 11 de dezembro de 384, com a morte do Papa Dâmaso, a emoção é grande no alto do Aventino: as senhoras estavam persuadidas de que Jerônimo seria nomeado Papa. Dá-se, justamente, o contrário.

Diversos membros do conclave, provenientes de diferentes regiões, não se simpatizaram com ele, alguns tornando-se seus inimigos. Ademais, o novo Pontífice, Sirício, não demonstrou nenhum interesse por seus trabalhos científicos, e o colégio dos sacerdotes de Roma, ou como ele o denominava: "O senado dos fariseus", colocou-se contra ele.

Desiludido, Jerônimo abandona a cidade de Roma e, após passar por Antioquia, onde é acolhido por Evágrio e Paulino, retira-se para a Terra Santa.

1.3 Belém, o impossível da vida escondida

No mês de agosto de 385, Jerônimo retorna ao Oriente, acompanhado por seu jovem irmão Paulino. A eles se reúnem Paula e Eustáquio e alguns monges. Passando por Antioquia, ele se aloja na casa do amigo Evágrio, onde encontra-se com Epifânio. Daí parte para Belém.

Porém, antes de se estabelecer definitivamente em Belém, ele empreende uma viagem de peregrinação para o Egito, pátria dos monges. Aproveita a ocasião para consultar Dídimo, o cego, grande exegeta, profundo conhecedor dos métodos de Orígenes e dos capadócios. Com admiração e reconhecimento, ele o citará em seu livro sobre o Espírito Santo.

Na região da Tebaida teve a oportunidade de conhecer a obra realizada por Pacômio, pai do monaquismo cenobítico, que fundou, por volta de 320, o primeiro mosteiro de vida comunitária. Sua regra de vida elaborada e traduzida em latim por ele influenciará sobremaneira o monaquismo ocidental.

No verão de 386, Jerônimo chegou a Belém para uma nova etapa de sua vida, que se estenderá por 30 anos. Lá, viverá em uma comunidade como um monge e não como um eremita solitário, muito embora se recolhesse, assiduamente, em uma gruta, fato que dará origem a uma conhecida lenda que fala de uma permanência estável naquele tugúrio.

Logo após a sua instalação em Belém, cidade um pouco afastada de Jerusalém, foram erigidos dois mosteiros: um para Paula e suas seguidoras, que o acompanhavam, e outro para ele e seus discípulos. A este respeito, escrevem Paula e Eustáquio:

> Na cidade de Cristo, tudo é rústico; fora os salmos, reina só o silêncio. Para qualquer lado que te voltes, é o trabalhador, que, levando o arado, canta "Aleluia"; banhado em suor, o ceifador se distrai, salmodiando; o vinhateiro, que poda a vinha com sua foice, canta um poema davídico (*Carta* 22,30.54. *In*: CSEL, 54, p. 466).

Portanto, em uma vida simples e distante do burburinho das grandes cidades, ele se dedicará, principalmente, às atividades escriturísticas e à sua vasta correspondência.

Essa solidão, tão almejada, será rompida por força de uma série de acontecimentos, dos quais destacamos três:

1.4 Epifânio, o caçador de heresias

Em 393, Jerônimo recebeu das mãos de Atárbio uma lista de numerosas heresias, sobretudo oito proposições litigiosas, que tinham origem nos escritos de Orígenes.

Acatando a argumentação apresentada, ele assina a condenação de Orígenes, o que fora rejeitado por Rufino e por João, Bispo de Jerusalém. Levantou-se, então, uma grande polêmica, cujo resultado foi o rompimento de sua amizade com Rufino e a acusação de que o Bispo a quem ele estava ligado era origenista. A resposta foi imediata. Foi-lhe proibido, pelo Bispo João, o acesso à Igreja da Natividade.

Ao tomar conhecimento desse fato, Epifânio põe-se a caminho de Jerusalém e, lá chegando, em plena Catedral, procura persuadir os fiéis de que seu Bispo era herético. No entanto, incorre em um grave erro canônico: ordena como sacerdote Paulino, irmão de Jerônimo, sem o devido assentimento do Bispo local.

1.5 Relacionamento com Santo Agostinho

Por diversos anos, um jovem Bispo africano se obstina em escrever a Jerônimo, sem que ele lhe dê a mínima importância. Não responde às suas cartas. Finalmente, em 402, ele envia uma resposta a Agostinho, pois quem lhe escrevia era, justamente, o Bispo de Hipona.

A fim de evitar polêmicas que prejudicassem o bom relacionamento existente, ele escreve:

> Eu repito. Tu provocas um ancião, tu quebras meu silêncio, tu exaltas tua ciência. Mas não é próprio de minha idade passar por maldoso a respeito de uma pessoa interessante. Se nos evangelhos e nos profetas os homens perversos encontram reprimendas a fazer, por que me surpreenderia se em teus livros, e, sobretudo, na exegese das Escrituras – especialmente as mais obscuras – algo possa se distanciar do caminho certo?

Mas, se eu falo assim, não é porque eu encontre em tuas obras alguma coisa repreensível, pois eu não me dediquei, longamente, à leitura delas. Ademais, não temos à mão muitos exemplares, exceto os livros de teus solilóquios e alguns breves comentários sobre os salmos. Se eu quisesse discuti-los, confessaria que eles estão bem distanciados, eu não digo de mim, que nada sei, mas das interpretações dos antigos padres gregos. Adeus, meu amigo muito caro... (*Carta* 22,30.54. *In*: CSEL, 56).

Mais tarde, após uma luta de 10 anos movida por Agostinho contra o pelagianismo, que minimizava o papel da graça divina, Jerônimo lhe dirige uma carta, expressando alegria e admiração:

O universo proclamará em ti o herói cristão. Os católicos veneram e admiram em ti o restaurador de sua antiga fé. E o que é o sinal de uma maior glória, todos os heréticos te odeiam. Eles me perseguem com ódio semelhante; não podendo nos traspassar com a lança, eles nos matam em pensamento. Venerável senhor e pai bem-aventurado, que a clemência do Senhor Jesus Cristo te guarde são e salvo e me mantenha em tua lembrança (*Carta* 141. *In*: CSEL 56, p. 290).

1.6 Uma vida solitária

No ano 410, Jerônimo recebe a notícia de que Roma, sitiada por Alarico, tinha sucumbido. Um grande clamor ecoa por todo o Império. Agostinho, ao escrever *A Cidade de Deus*, valeu-se da ocasião para tratar de alguns temas que desde muito ele julgava importante: a abrangência da Igreja; a relação entre a Igreja atual e a Igreja escatológica; a relação, no mundo, entre a esfera espiritual e a realidade sensível; a relação entre a Igreja e a autoridade terrena.

No ano 420, Pelágio é banido da Palestina e, sem outras heresias para combater, Jerônimo encontra finalmente a tão desejada paz. Por isso, ao ser convidado a retomar a sua pluma para combater a heresia renascida na Europa com os panfletos de Juliano de Eclana, pelagianista, ele responde: "Exortar-me a escrever é impor um pesado fardo a um velho pequeno asno. A vivacidade de espírito e as forças do corpo abandonaram-me completamente" (Cavallera, p. 334).

1.7 Jerônimo, quem é ele?

Muito embora tenha passado grande parte de sua vida no Oriente, Jerônimo conservou-se sempre como um filho do Ocidente, representante da cultura latina.

Assenhorando-se magistralmente do grego e do hebraico, além do latim, teve seu nome registrado na história da Igreja como autoridade inconteste no campo dos estudos bíblicos. Traduziu para a língua latina numerosos textos gregos, entre os quais o Novo Testamento, mas especialmente a versão do Antigo Testamento a partir do hebraico.

Autodenominando-se "semibárbaro", ele é retratado por alguns autores como sendo duro e severo, um carrasco de si mesmo. No entanto, ao se ler sua correspondência, toma-se consciência de ele ter sido um mestre da vida ascética, assumida com equilíbrio e tranquilidade. Na verdade, aliada a uma grande irritabilidade, ele possuía uma sensibilidade muito viva.

Embora estivesse, no seu dizer, sempre na iminência de morrer, alcançou a idade de 73 anos, incentivando muitos cristãos a se colocarem a serviço da ciência e da exegese bíblica. Em seus últimos anos de vida, passava as noites em claro, no perseverante trabalho de tradução dos textos bíblicos, transmitidos com grande fidelidade e com críticas textuais enriquecedoras.

Muito a propósito, ele recebeu o título de fundador da filologia bíblica no Ocidente, pois após formar--se em língua grega, tornou-se profundo conhecedor do hebraico. Digno de louvor é o fato de ele, durante suas viagens, dedicar-se ao estudo da língua falada no local por onde passava, deixando uma riqueza de observações e trabalhos literários.

2 A obra de Jerônimo

A vida retirada de Jerônimo não o impediu de tomar parte nas diversas questões e polêmicas levantadas em Roma. Com seu caráter forte e impulsivo, respondia através de seus escritos não só de modo polêmico, mas buscava, em um estilo dialogal, despertar em seus interlocutores o desejo de uma busca sincera e perseverante da verdade.

2.1 O hagiógrafo

Além das orações e dos cuidados de sua comunidade, Jerônimo dedicava-se à tradução da Bíblia, aos escritos polêmicos e a uma numerosa correspondência. No desejo de mostrar aos pagãos que a Igreja tinha em seu seio sábios e letrados, apresenta um longo quadro de escritores eclesiásticos, desde o Apóstolo Simão Pedro até ele, Jerônimo, colocado no final de uma lista de 135 personagens.

2.1.1 *De viris illustris*

Na história dos escritores eclesiásticos, ele cita não só renomados autores cristãos, mas também alguns heréticos, um judeu, Flávio Josefo e o grande filósofo pagão, Sêneca.

Para o período que compreende das origens cristãs até o ano 325, Jerônimo utiliza, essencialmente, as informações do historiador Eusébio de Cesareia. Após 325, baseia-se em seu conhecimento direto, o que lhe permite ser mais original, mesmo que por vezes se manifeste um tanto parcial. Mais tarde, na Idade Média, suas informações servirão de base para diversos estudos cronográficos e históricos.

Se a parcialidade, a precipitação, e, eventualmente, a inexatidão estão presentes, a obra não deixa de ser um valioso testemunho do pensamento e da vida dos cristãos dos três primeiros séculos e meio da história da Igreja. Apesar das críticas recebidas, como as de Agostinho, ela é considerada um trabalho assaz importante pela unânime acolhida na Idade Média e, particularmente, como resposta às muitas acusações de Celso, Porfírio e Juliano que diziam ser o cristianismo uma religião indigna dos filósofos e dos grandes oradores (cf. Gottardi, 1969).

Escrita a pedido do amigo Dexter, prefeito do Pretório, ele não deixa de mencioná-lo, embora de uma maneira muito simples: "Dexter, filho de Paciano, sobre o qual já falamos, brilhava no século. Deu-se à fé. Dizem que ele compôs uma história universal que ainda não lemos".

O primeiro nome citado em seu extenso catálogo é o Apóstolo Simão Pedro: "Ele escreveu duas epístolas, todas as duas católicas. Critica-se a segunda, por causa do estilo, que difere da primeira. Atribui-se a ele o Evangelho segundo Marcos, que foi redigido por seu discípulo e intérprete".

Ao chegar aos Padres apostólicos, ele menciona, com entusiasmo, o Pastor de Hermas e as cartas de Inácio de Antioquia, a quem tributa grande admiração e sincero respeito. Ao se referir ao encontro de Policarpo com Marcião, com certa acidez ele comenta: "Tu não me reconheces?, pergunta Marcião o Herético. Como não reconheceria o primogênito de satanás?", responde Policarpo.

Após ter enumerado os apologistas e os primeiros hereges, ele aborda longamente Clemente de Alexandria, Tertuliano e Orígenes, "o imortal gênio", assim como Hipólito, Cipriano e Dionísio de Alexandria.

Sem se tornar pesada e repetitiva, a obra reflete grande erudição, com tiradas apimentadas, próprias do seu temperamento. Nesse sentido, ao se referir a Ambrósio, a quem não devotava grande estima, ele comenta: "Ainda hoje prefiro me calar, com receio de merecer as críticas de adulador ou ter de dizer a verdade!"

De inegável valor, ele deixa transparecer seus sentimentos de entusiasmo e admiração, mas também seu mau humor. De fato, Jerônimo integra o grupo de tantos outros autores que conseguiram imortalizar suas atitudes e reações de temperamento.

2.1.2 A vida de monges ilustres

Os monges viviam em cavernas à beira do deserto ou em lugares inóspitos, simbolizando o vazio da alma humana sem Deus, experiência angustiante e desafiadora.

Com efeito, tais lugares eram escolhidos por expressarem, espiritualmente, a existência de uma zona intermediária entre o mundo profano e a cidade celeste. Os próprios monges aí permaneciam para que se compreendesse a vida espiritual não como uma realidade proveniente do alto, mas nascida e cultivada a partir do autoconhecimento deles mesmos, como caminho espiritual e privilegiado para se aproximar mais e mais de Deus.

Nessa época, já se difundira a *Vida de Santo Antão*, escrita por Santo Atanásio. Verdadeiro código de ascese, apresentava-se como uma nova modalidade de vida cristã: a vida ascética, ideal descrito sem muitos detalhes, mas de modo simples, franco e direto (PL, 23, p. 17-28).

À luz deste ideal buscado e vivido por ele, Jerônimo descreve as grandes figuras ascéticas do cristianismo, considerando-as à luz do amor a Deus e ao próximo.

1) A vida de Paulo, o eremita

A vida de Paulo, homem culto, "perfeitamente instruído na literatura grega e nas ciências egípcias", é descrita de modo bastante sucinto. Através de algumas poucas páginas, visando edificar os leitores, ele tece a imagem desse primeiro eremita, exaltando sua pobreza em vivo contraste com as falsas alegrias do luxo mundano.

A obra se assemelha a um verdadeiro romance construído de tal modo que, por vezes, se põe em dúvida a real existência de Paulo.

2) A vida de Malco

A mais bela das três obras é a vida de Malco, escrita por volta do ano 390, em Belém, onde relata seu encontro com um ancião chamado Malco, que vivia junto à propriedade de Evágrio. Escreve ele:

> Sírio de nacionalidade e de língua, ele morava com uma anciã toda decrépita, que parecia já estar às portas da morte. Religiosos, eles frequentavam assiduamente a igreja. Então, movido pela curiosidade, perguntei aos vizinhos qual era o laço que os unia: o casamento, o sangue ou o espírito. Todos eles, unânimes, me responderam que eram almas que agradavam a Deus.

3) A vida de Hilarião, monge da Palestina (PL, 23,29-54)

Como Paulo e Antão foram os fundadores do monaquismo no Egito, Jerônimo apresenta Hilarião como o pai dos monges na Palestina.

Dedicado aos estudos, Hilarião vai à cidade de Alexandria com o intuito de aprofundar seus conhecimentos filosóficos e religiosos. Sensibilizado pelo estilo de vida dos monges, retira-se para o deserto, onde, acolhido por Antão, recebe orientações e instruções espirituais de vida ascética.

No regresso ao seu país, desejoso de prolongar a experiência de vida ascética, busca a solidão e se instala "nas vizinhanças de Gaza". Prestativo e abnegado, torna-se logo muito popular: "Atende a todos, aliviando, socorrendo a muitos e curando os enfermos". Sob a pena de Jerônimo, os milagres, realizados por ele, se multiplicam. Assim, além de curar um camelo enfurecido, ele persuade uma serpente a subir em uma pilha de lenha preparada pela multidão, para queimá-la.

Nesta história não há mais consistência do que nas duas outras. Fora alguns dados reais da pessoa de Malco, Jerônimo não cita as fontes de sua pesquisa, simplesmente envereda-se por um gênero original de biografia com o mero objetivo de exaltar a santidade dos monges e edificar os leitores.

2.2 O epistológrafo

Sua correspondência, bastante volumosa, compreende aproximadamente 120 cartas consideradas autênticas. Prevendo a divulgação de algumas delas, ele lhes conferiu a forma de um verdadeiro panfleto, razão pela qual guardava uma cópia consigo. O mesmo era feito por seus destinatários, desejosos de conservar suas preciosas considerações exegéticas e rápidas incursões teológicas.

Os assuntos tratados são muito diversos: reflexões bíblicas, conselhos sobre o estilo no escrever ou sobre a arte oratória e, mesmo, orientações espirituais. De espírito vivo e mordaz, Jerônimo não deixa de expressar sátiras e caricaturas, ligadas, por vezes, a magníficos arroubos de piedade e de amor a Deus.

Um objetivo, porém, predomina em suas cartas: a edificação espiritual dos leitores. Ao lê-las, entrevê-se sua vasta cultura, seu estilo ágil e ardoroso, sobretudo, seu ideal ascético e um magnífico conhecimento exegético.

2.3 Tradutor da Bíblia

Especialista em filologia e na exegese dos livros sagrados, seu título de glória foi ter descoberto e conservado a *veritas hebraica*; ou seja, a versão da Bíblia a partir do texto original hebraico.

Naquele tempo, a Bíblia utilizada na Igreja era, comumente, a versão grega dos LXX, a Septuaginta. Com exceção da Igreja de Alexandria que conservava o belíssimo trabalho realizado por Orígenes, nos inícios do século III, a Héxapla, dispondo o texto bíblico, palavra por palavra, em seis colunas: o texto hebraico da Bíblia, sua transcrição fonética e as quatro versões gregas, de Áquila, de Símaco, dos LXX e de Teodocião.

A grande inovação realizada por Jerônimo foi estabelecer, como referencial, o texto hebraico para o Antigo Testamento e, para o Novo Testamento, as antigas versões latinas, que tinham por base o texto grego revisado por ele. O próprio Agostinho lamentava o incontável número de tradutores que produziam dificuldades e mesmo confusão na compreensão do texto bíblico latino. Sem dúvida, urgia um trabalho mais acurado e crítico das muitas traduções existentes, particularmente do Novo Testamento e dos Salmos.

Preservando o caráter próprio de cada língua, mas sem deixar a fidelidade ao texto original, ele o traduz com leveza e harmonia. Com toda dedicação e zelo, ele assumiu essa atividade, convencido de que descuidar das Sagradas Escrituras significava não dar a devida atenção ao Filho de Deus, Jesus, único a nos conduzir ao mistério de Deus e, por conseguinte, ao profundo conhecimento da Palavra divina. Escreve ele:

> Cumpro o meu dever, obedecendo ao mandamento de Cristo: "Estudai as Escrituras" (Jo 5,39), e "Buscai e encontrareis" (Mt 7,7), para não me sentir como os judeus: "Estais enganados, porque não entendeis as Escrituras nem o poder de Deus" (Mt 22,29). Se, de fato, no dizer do Apóstolo Paulo, Cristo é poder de Deus e sabedoria de Deus, aquele que não conhece as Escrituras não conhece o poder de Deus nem a sua sabedoria. Ignorar as Escrituras significa ignorar Cristo (Prólogo do comentário do Profeta Isaías. *In*: *Liturgia das Horas*).

A versão e a tradução latina da Bíblia, conhecida como a Vulgata, exigiram dedicação e grande sacrifício de Jerônimo. Sua implantação foi lenta e permeada de dificuldades, pois o povo fiel, habituado ao antigo texto, sentia dificuldades em acolhê-la. Agostinho conta que um Bispo de sua região, ao ler o relato sobre o profeta Jonas, traduzido por Jerônimo, percebeu quão difícil era para o povo reconhecer o texto habitualmente lido na Igreja.

Apesar de tais reações, Jerônimo, com coragem e tenacidade, não deixou de traduzir para o latim toda a Bíblia. O volume de trabalho e a qualidade da tradução são notáveis, sobretudo, pela preocupação em ser fiel ao texto originário.

Embora procurasse ter um estilo despojado, simples e claro, em seus comentários, ele não se prendeu, como se poderia supor, a uma interpretação literal das passagens bíblicas. Refere-se ao sentido literal "histórico" como base sólida e indispensável para uma correta leitura dos textos sagrados, considerando-o, porém, tão só como a primeira etapa para se chegar à interpretação alegórica e mística, a modo de Orígenes.

No que concerne à tradução da Bíblia, longo e esmerado trabalho, ele a realizou em três épocas ou três etapas diferentes:

a) Início da tradução

Encontrando-se em Roma, Jerônimo atende a um pedido do Papa Dâmaso (366-384) para traduzir a Bíblia da língua original, hebraica e grega, para o latim, em benefício de toda a Igreja Ocidental.

Ele traduziu primeiramente os Salmos, melhor, o Saltério, cuja versão latina, baseada no texto grego da Septuaginta, infelizmente não chegou até nós. A seguir, sob a orientação do Papa, e tendo como base o texto grego, empreende uma cuidadosa revisão dos evangelhos, com o objetivo de conciliar as antigas versões latinas.

Em 383, após rever as versões existentes naquela época, corrigindo suas falhas e erros mais evidentes, confere-lhes um estilo mais fluente e fiel ao texto original, que se divulgou, sobremaneira, através da Vulgata, presente até nossos dias.

b) Segunda etapa

Será na Terra Santa, onde se fixou por volta dos anos 386 e 391, que Jerônimo dará prosseguimento à sua obra. Tomando consciência de que no Ocidente não existia algo correspondente à Septuaginta, ele assume a tarefa de elaborar um texto equivalente, observando o aparato crítico elaborado por Orígenes.

No que concerne à tradução do Antigo Testamento, ele escolheu como texto referencial, segundo seu dizer, a "verdade hebraica"; isto é, o texto hebraico original.

Um dos frutos desse ingente trabalho foi a nova versão do Saltério, cuja referência principal não era o texto comum da Septuaginta, mas o texto da Héxapla. Assim, seu grande mérito, reconhecido pela Igreja Ocidental, além de um conjunto de preces, foi a publicação dos salmos no ano de 387, traduzidos na língua que o povo falava e não no latim clássico como o de Cícero.

c) Terceira etapa

Depois do ano 391, ele retraduz o Saltério para ser utilizado não nas preces da Igreja, mas no estudo teológico e nas pesquisas bíblicas. Finalmente, ele verte para o latim, a partir do hebraico, todo o Antigo Testamento, salvo alguns livros que só podiam ser encontrados em grego: Macabeus, Sabedoria, Eclesiástico, Baruc e algumas passagens de Ester.

Esse conjunto todo compõe a Vulgata, a versão bíblica mais divulgada e, oficialmente, acolhida e utilizada pela Igreja latina, por séculos, praticamente até nossos dias. Sua utilização e emprego foram aprovados e regulamentados pelo Concílio de Trento, em seu decreto, publicado em 8 de abril de 1546:

> Entre todas as edições latinas em uso, seja escolhida a edição antiga e divulgada (Vulgata), comprovada pelo uso multissecular na Igreja, e tida como autêntica nas preleções públicas, nas discussões, nas pregações e conferências, de modo que a ninguém seja permitido, sob qualquer pretexto, rejeitá-la (Denzinger; Hünermann, 1506).

Não foram excluídas pelo concílio as outras versões da Bíblia. Ele simplesmente destacou a tradução que merecia maior confiança, seja para os estudos teológicos, seja para as celebrações litúrgicas na Igreja. Em 30 de setembro de 1943, o Papa Pio XII, na Encíclica *Divino Afflante Spiritu*, esclarece a questão, dissipando toda dúvida:

> Se quando o Concílio de Trento decretou que a Vulgata, entre todas as edições latinas, fosse aquela que seria autêntica, então todos sabem que o decreto visava tão somente a Igreja latina e ainda só para o uso oficial. De nenhum modo ficaram diminuídos a autoridade e o valor dos textos originais, nem se tratava destes, mas somente das edições lati-

nas em uso, entre as quais ela deveria gozar de precedência.

Não se proíbe recorrer sempre mais aos textos originais para descobrir e interpretar o sentido exato da Escritura Sagrada, nem impede o Concílio de Trento que, para o uso dos fiéis, sejam publicadas traduções nas línguas vernáculas decorrentes dos textos originais (Denzinger; Hünermann, 3825).

Após Orígenes, Jerônimo é reconhecido como um dos maiores mestres do estudo das Sagradas Escrituras, merecendo o título de fundador da exegese bíblica. Entre os Padres latinos, ele se destaca como uma presença ardente, facilmente irascível, devorado de zelo pelo saber, pois dispendeu boa parte de sua vida e de seus excelentes dotes intelectuais no estudo e na versão latina das Sagradas Escrituras.

Sua memória é preservada através de seus escritos e na existência de vários institutos e congregações de vida religiosa, cujos membros, a partir do século XIV, na Itália e na Espanha, buscam a santidade de vida para seus membros, inspirados na vida e nos ensinamentos de Jerônimo.

II

Santo Ambrósio de Milão

Durante séculos, os estudos a respeito de Santo Ambrósio, Bispo de Milão, mostraram pouco interesse por sua teologia, pois ocupavam-se, em grande parte, das questões provocadas por tensões internas da comunidade cristã e pela relação entre Igreja e Estado.

No entanto, principalmente após o Concílio Vaticano II, desenvolveram-se diversos estudos e reflexões a respeito de sua teologia eclesiológica, o que nos permitiu sentir o calor de um coração apostólico e evangélico. Suas palavras sobre a Igreja, Povo de Deus, mostram-na, graças ao Espírito Santo, não instalada, mas em marcha, tornando presente a Encarnação de Cristo, princípio único de sua unidade e universalidade que tem como garantia visível o Bispo da Igreja de Roma.

Ambrósio sucedeu Auxêncio, que por 20 anos fora Bispo de Milão, impondo a todos, como linha de fé, o semiarianismo, doutrina herética, segundo a qual o Filho de Deus é semelhante, mas não igual ao Pai. Porém ao longo desse período, uma boa parte da comunidade, talvez não muito numerosa, permaneceu fiel à fé de Niceia.

Neste contexto eclesiológico, à luz do testemunho de Paulino, autor da primeira biografia de Santo Ambrósio, escrita por volta do ano 442, destacam-se dois aspectos: sua vida e suas obras, escritas ao longo de suas atividades episcopais.

1 Santo Ambrósio visto por Paulino

Assim como o Diácono Pôncio escreveu a vida de São Cipriano, Paládio a vida de São João Crisóstomo e, mais tarde, Possídio a vida de Santo Agostinho, o acesso à vida de Santo Ambrósio nos foi facilitada por Paulino, clérigo e seu antigo secretário (Pellegrino, 1961).

Três referências históricas o influenciaram sensivelmente: a vida de Santo Antão divulgada por Santo Atanásio, que difundiu, sobretudo no Ocidente, o ideal de vida ascética; a apresentação de Paulo por São Jerônimo, como sendo o primeiro a ter uma vida eremítica e não Santo Antão; e a figura de São Martinho de Tours popularizada pelos escritos de Sulpício Severo.

Inspirando-se neles e a pedido de Santo Agostinho, Paulino assumiu a tarefa de tornar Santo Ambrósio conhecido em toda a Igreja.

1.1 Período anterior ao seu episcopado

Nascido em 339, membro de uma família cristã, Ambrósio era o filho mais jovem de três irmãos, Marcelino e Sátiro. Com a morte do seu pai, que pertencia a uma das mais ilustres famílias senatoriais de Roma, a família deixou Treves, onde ele era prefeito do Pretório, e retornou à capital do Império. A unidade do lar passou a ser mantida por sua mãe, mulher admirável, cristã de valor, uma grande educadora.

Destinado à carreira política, Ambrósio fará os estudos liberais e seguirá os cursos preparatórios que lhe dariam acesso aos encargos próprios de uma autoridade no Império. No final dos anos 360, já formado, ele atuará, com seu irmão Sátiro, também advogado, junto à corte central de justiça de Sirmium, uma das mais importantes metrópoles dos Bálcãs.

No ano 370, após sua formação retórica e jurídica, com a idade de 30 anos, foi escolhido como governador da Ligúria e da Emília, tendo Milão como residência. Trazia consigo uma recomendação dada pelo prefeito do Pretório da Itália, Probo, que nos foi transmitida por Paulino: "Vai e age não como juiz, mas como Bispo".

Nessa ocasião, Ambrósio era ainda um catecúmeno na Igreja; pois, conforme os costumes da época, os pais deixavam para conferir o batismo só quando seus filhos já tivessem atingido uma idade madura. Apresenta-se também um outro motivo para essa dilação: o fato de só poder ser admitido à prática penitencial uma única vez na vida.

Nomeado governador, provavelmente em 371, três anos depois foi aclamado pelo povo como Bispo de Milão. Pouco ou quase nada se conhece sobre o que se passou no período imediatamente anterior ao seu episcopado.

1.2 Eleição como Bispo de Milão

A sede episcopal de Milão fora ocupada por Auxêncio, ariano, que jamais atendeu às inúmeras tentativas de

Hilário de Poitiers, ansioso por reconduzi-lo à ortodoxia. Assim sendo, a Igreja de Milão, por ocasião de sua morte, encontrava-se dividida entre os arianos e os que professavam a fé de Niceia. A situação era tensa, com contendas afervoradas e manifestações populares bastante preocupantes. Corria-se o risco de um iminente tumulto.

Visando preservar a ordem, Ambrósio, como governador, se faz presente à escolha do novo Bispo. Mas algo inaudito acontece; em meio às muitas discussões e justamente no momento em que ele procurava acalmar a multidão, uma voz se eleva, a voz nítida e penetrante de uma criança, que brada: "Ambrósio Bispo!"

Embora não estivesse ausente a ideia mística, que valorizava a pureza e a inocência das crianças, era também comum, por terem uma voz clara e percuciente, que fizessem as leituras bíblicas nas grandes celebrações. Ademais, impressiona-nos o fato de um Bispo ser levado, por vezes, a fazer a sua pregação a partir de um texto não previsto na liturgia, pelo simples fato de a criança ter se enganado, lendo uma passagem diversa. É-nos bastante conhecido o respeito demonstrado por Santo Agostinho à voz de uma criança por ocasião de sua conversão: "Tolle, lege!" Aos seus ouvidos, ela soou como uma advertência de Deus, levando-o a tomar a Bíblia e lê-la.

Na Igreja de Milão, ao ouvirem a voz da criança, os ânimos arrefeceram e, em meio a uma admirável concórdia, a aclamação do nome de Ambrósio foi unânime. Até os que professavam a fé de Niceia ficaram admirados e mesmo inquietos, perguntando-se: "Como é possível que os arianos tenham mudado de opinião, tão repentina-mente?" Mais surpreso estava Ambrósio que tinha vindo à Catedral com um objetivo bem diferente.

Por isso, como relata Paulino, ele utilizará diversos meios para demover os fiéis:

1) Segundo a Lei Romana, em sendo o magistrado supremo da cidade, era-lhe facultado o direito estrito de torturar os acusados até que confessassem o crime perpetrado por eles. Relata Paulino:

> Logo após deixar a Igreja, Ambrósio, contra-riamente ao seu costume, mandou preparar o seu tribunal, submetendo os acusados à tortura. Apesar disso, o povo não deixava de aclamá-lo, dizendo: "Que teu pecado recaia sobre nós". Tinha-se em mente o fato de que ele, sendo catecúmeno, teria no batismo a re-missão de todos os seus pecados.

2) Diante da inutilidade de seus esforços, Ambrósio resolve anunciar que se dedicaria à vida filosófica, pois, sendo monge, não mais exerceria cargos públicos. Percebendo ser um subterfúgio para não aceitar o epis-copado, os milaneses comunicam, imediatamente, a sua eleição ao imperador.

3) Em uma tentativa desesperadora, ele permite a entrada de mulheres públicas em sua residência. Porém, a multidão não desiste e com mais força volta a gritar: "Que teu pecado recaia sobre nós".

4) Não obtendo sucesso e diante da pronta decisão do povo, Ambrósio termina por aceitar a sua eleição, confir-mada, logo após, pelo Imperador Valentiniano I.

Em uma de suas pregações, aludindo a esse fato, ele dirá, comentando o Evangelho de São Lucas: "Vós sois, diz ele, para mim, meus parentes, pois me conferiram o sacerdócio. Vós sois meus filhos e parentes. Considerados um por um, vós sois meus filhos; considerados todos juntos, vós sois meus parentes" (PL, 15).

1.3 Episcopado

Na semana seguinte ao seu Batismo, ordenado Bispo, possivelmente no dia 7 de dezembro de 374, por um Bispo católico, ele se coloca como defensor da fé cristológica professada pelo Concílio de Niceia.

A respeito do episcopado, alguns elementos importantes foram transmitidos por seu biógrafo Paulino:

1) Após ter-se preparado para a ordenação, através da Escola de Simpliciano, Ambrósio dedica-se à sua própria formação cristã, tendo como referência fundamental a Sagrada Escritura. Com dedicação e perseverança, estuda os diversos autores cristãos, latinos e gregos, aos quais acrescenta Fílon de Alexandria e o filósofo platônico Plotino.

2) Já como Bispo, não deixará de ser menos consciencioso de quando era governador. Agostinho se sentirá profundamente cativado por sua atitude respeitosa e equânime na prática da justiça, sobretudo por "ter o costume de não comentar com quem quer que fosse, a não ser com o Senhor, as causas e as faltas que os fiéis lhe confiavam".

Cioso dessa discrição, jamais impunha ao pecador, como era costume na época, uma penitência a ser cumprida diante da comunidade; procedimento que ele irá propor, mais tarde, aos sacerdotes, por considerá-los intercessores junto a Deus, e não juízes dos homens.

Outro aspecto destacado por Paulino era seu desejo de viver de modo pobre e simples. Com efeito, logo após a sua ordenação, Ambrósio distribui seus bens aos pobres, dos quais se torna protetor e defensor inconteste.

Move-o a firme convicção de que na origem de todos os males da humanidade encontram-se a cobiça e a inveja. Seu modo despojado e pobre de viver, nada conservando para si, levou-o a dizer: "Foi-me dado seguir Cristo como um simples soldado".

Apesar das muitas críticas maldosas, não hesitará em vender considerável número de vasos sagrados para libertar escravos prisioneiros e socorrer os pobres. Não deixa, porém, de dar algumas orientações a respeito dos objetos a serem vendidos:

> É necessário que o vaso sagrado, ao sair da Igreja, não conserve sua forma; caso contrário, corre-se o perigo de passar de um serviço sagrado a um uso ímpio. Primeiramente, que sejam vasos ainda não consagrados por um santo emprego; em seguida, antes de desfazê-los, sejam, finalmente, fundidos (*De Officiis Ministrorum*, 2, 28, 143. *In*: SCh, 25).

1.4 Ambrósio, juiz

Em sua época, toda causa não acolhida junto à justiça civil romana podia ser apresentada ao Bispo. São conhecidas as palavras de Santo Agostinho, que se lamentava de ter passado muitas manhãs no tribunal, dirimindo pequenas questões, como a pertença de algumas galinhas, reivindicadas por dois vizinhos.

Na qualidade de magistrados, intérpretes das leis, os Bispos colaboraram com a evolução do direito civil romano. O próprio Ambrósio, em carta à sua irmã Marcela, descreve as lides episcopais como um "encargo oficial", um serviço ao Império.

2 A obra de Ambrósio

Ao longo do episcopado, Ambrósio teve que ensinar, antes de aprender, ou aprender na medida em que ensinava.

Suas reflexões e escritos são, em grande parte, fruto de suas pregações e das leituras de textos dos Santos Padres, particularmente, dos Padres da Igreja do Oriente aos quais ele tributava grande respeito e admiração. Dentre eles, destacam-se Santo Atanásio, o grande defensor do Concílio de Niceia, e os Padres Capadócios que tinham à frente São Basílio Magno.

Encontram-se, também, em seus escritos, diversas alusões ao filósofo médio-platônico, Plotino, que fizera parte de sua formação inicial. Há referências a Orígenes, que o influenciou em seu pensamento teológico e, principalmente, no modo alegórico e espiritual de interpretar a Bíblia.

Nesse sentido, destacamos o fato de ele citar, literalmente, trechos inteiros dos comentários do grande exegeta alexandrino, que impressionaram vivamente Santo Agostinho, que o seguirá na interpretação espiritual dos textos bíblicos.

Impressionante foi a rapidez de sua aprendizagem; pois, além de sua grande capacidade de trabalho, colaboraram, em muito, suas convicções sobre a divindade de Cristo, que o levaram a se opor ostensiva e radicalmente aos arianos.

Dentre seus primeiros escritos, redigidos entre os anos 373 e 377, encontram-se dois tratados: um *Sobre as virgens* e outro *Sobre a virgindade*, importantes, por expressarem, de modo bastante claro, sua concepção sobre a virgindade e a vida matrimonial.

2.1 A vida feminina consagrada

No início do episcopado e de suas atividades pastorais, sem deixar de ressaltar o valor da comunhão esponsal de todos com Cristo, sua atenção volta-se para a virgindade feminina consagrada, a vida religiosa ainda não presente na cidade de Milão, onde também não era marcante a vida monacal masculina.

A vida consagrada é retratada como imagem da Igreja e as virgens consagradas a Deus como esposas de Cristo, fonte de vida espiritual para a humanidade toda inteira. Com ênfase, descreve a conduta moralmente digna das mulheres consagradas, apresentando-as como sinal profético de uma vida santa e irrepreensível, um autêntico e forte apelo evangélico para todos os cristãos.

Essa intuição teológica provocará grande impacto social, sobretudo pelo fato de ter sido proferida em um contexto de forte decadência do instituto matrimonial, marcado pela busca confusa do valor da mulher e da jovem católica na sociedade da época.

Tais palavras causaram espanto e mesmo escândalo no mundo pagão, que não via com bons olhos a autonomia feminina e a grandeza da vida matrimonial. No tratado *Sobre as virgens,* ele escreve:

> Eu não dissuado de se casar, mas eu alerto a respeito dos benefícios da virgindade. Eu não afasto do matrimônio, mas enumero as vantagens da santa virgindade. Ela é um dom feito a um pequeno número; o casamento é para todos. Ademais, a virgindade não poderia existir sem o matrimônio que dá nascimento à virgem. Eu comparo bens e bens, para fazer aparecer melhor o que é superior (1,7,35. *In*: PL, 16, 288s.).

Era comum, naquela época, referir-se ao pecado original, destacando, particularmente, a responsabilidade de Eva no pecado de Adão, e portanto no pecado de toda a humanidade. Ambrósio não só insiste na igualdade dos dois sexos, mas também exalta a dignidade e a missão da mulher:

> Depois de ter criado o homem e tê-lo posto no paraíso para que o cultivasse e o guardasse, disse: "Não é bom que o homem esteja só; vou fazer para ele uma auxiliar que lhe corresponda" (Gn 2,18). Pois, sem a mulher, o homem não foi louvado, mas o foi com a mulher. De fato, ao dizer que não é bom que o homem esteja só, evidentemente, confirma que o gênero humano é coisa boa, porque o sexo masculino se apoia no feminino.

Em outro momento, ele assevera: "Certamente, não podemos negar que a mulher tenha pecado. Mas porque te maravilhas pela queda do sexo frágil, quando também caiu o sexo forte?" (*Sobre a educação da virgem*, 3,16-18; 4,25).

2.2 O retrato da Virgem Maria

Para manter a integridade da fé, Ambrósio se opõe, radicalmente, ao arianismo que negava a divindade de Jesus Cristo, nascido de Maria.

À luz dos textos bíblicos, ao ressaltar a unidade interior entre a identidade pessoal do Cristo histórico com o *Logos* preexistente, o Filho de Deus, ele é levado a desenvolver uma rica e vigorosa reflexão teológica sobre Maria, em sua estreita comunhão com Jesus.

Justamente pelo fato de traçar, no interior do plano salvador do Filho, o retrato da Virgem Maria, foi ele reconhecido, muito a propósito, como o Pai da teologia mariana no Ocidente:

> Mas o que há de mais nobre que a mãe de Deus? Quem é mais esplêndida do que aquela que escolheu o Esplendor? [...] A Escritura nos transmite seu afetuoso devotamento por seus semelhantes. Mais humilde ainda por se saber escolhida por Deus, pôs-se logo a caminho pelas montanhas até a casa de sua parenta [...]. Lá, ela permanece três meses com sua prima. Tão longo espaço de tempo não é busca de fé; é testemunho de bondade.
>
> E enquanto se sucediam tantos sinais, uma estéril dá à luz, uma virgem concebe, um

mudo fala, o mago adora, Simeão está na expectativa. Perturbada na entrada do anjo, sem turvar-se diante do milagre, Maria conserva todas essas coisas em seu coração.

Tal é a imagem da virgindade, tal foi Maria, que sua vida seja um ensinamento para todos. Se alguém deseja recompensa, imite o seu exemplo. Quantas virtudes brilham nesta única Virgem: o segredo do pudor, o estandarte da fé, o amor da virtude; virgem em sua casa, companheira no serviço aos outros, mãe no Templo (*De Virginibus ad Marcellinam. In*: PL, 16, 208-210).

Sem jamais ser atingida pela imperfeição moral, Maria ocupa um lugar privilegiado na obra divina. Destacam-se, principalmente, três aspectos:

1) Ao acentuar que o nosso Salvador, o Filho de Deus, nasceu de Maria, Ambrósio estabelece uma relação íntima entre a maternidade divina de Maria e a fé de Niceia. Jesus, o Filho de Deus, é também verdadeiramente um de nós, pois nasceu de uma mulher, que é sua mãe e não um simples meio através do qual Ele teria vindo a nós. Maria é inseparável de sua pessoa e de sua obra: "Quando Deus quis redimir o mundo, começou sua obra com Maria, a primeira a receber do seu Filho o fruto da redenção que seria dispensado a todos" (*Com. S. Lucas 2,17. In*: PL, 15, 1559).

2) O mistério da concepção virginal preanuncia a própria ressurreição dos mortos:

No Livro de Isaías se lê: "Quem é este que vem de Edom, de Bosra, com as roupas avermelhadas?" (Is 63,1). E, sem dúvida, mesmo que um homem ressuscitasse seria menos do que uma virgem dar à luz. Porque, já em outros tempos, pelos rogos de Elias e pelas orações de Eliseu, mortos ressuscitaram: mas nunca, nem antes, nem depois, uma virgem tinha engendrado (*Sobre a formação da virgem*, 39. *In*: PL, 16, 316).

3) O parto virginal de Maria é reconhecido em diversos de seus escritos:

> Que porta é esta, senão Maria que permanece cerrada por ser virgem? Esta porta foi Maria, pela qual Cristo veio a este mundo, graças a um parto virginal, sem romper os claustros fecundos da pureza (*Sobre a formação da virgem*, 52-53. *In*: PL, 16, 320).

A Mãe de Jesus, pura e sem rugas, é modelo da Igreja glorificada, pois os que seguem o seu Filho, do qual ela tudo recebeu, são integrados em seu *fiat* e tornam-se participantes da obra redentora da salvação.

3 Resistência ao Imperador Valentiniano

Como todos os antigos Padres latinos, Ambrósio, uma vez escolhido Bispo, considerava-se o supremo pastor da comunidade cristã. Efetivamente, ao longo dos anos ele se tornará uma personalidade marcante e influente na corte de Milão, sobretudo ao assumir a proteção do jovem irmão do Imperador Graciano, após o seu assassinato. Missão política exercida sob a ótica do Direito, que, tradicionalmente, reconhecia aos Bispos o poder de interceder em favor dos fracos.

De fato, a partir de 384, a cada ano ele se verá envolvido em questões de cunho político. Embora jamais aceitasse ocupar funções próprias do poder civil, manteve sempre presente sua responsabilidade de mediador, emitindo julgamentos de âmbito moral e dando pareceres politicamente eficazes na busca de soluções para o bem da comunidade.

Ademais, no Ocidente, acreditava-se que o paganismo já não mais tivesse influência no mundo político. Convencido disso, o Imperador Graciano inicia uma luta aberta contra as expressões religiosas pagãs, como o cancelamento da pensão paga às vestais e aos sacerdotes pagãos. Em ato subsequente, manda retirar da sala de reuniões do Senado a estátua da Vitória e suprime entre as designações atribuídas ao imperador, a denominação *pontifex maximus*, supremo título do sacerdócio pagão.

Em 383, logo após a sua morte, a reação se faz sentir através de Quinto Aurélio Símaco, prefeito da cidade de Milão e um dos representantes mais distintos do partido pagão. Filósofo, de formação neoplatônica, reconhecido como um dos mais notáveis escritores, ele dirige ao Imperador Valentiniano II um pedido reivindicando a reintegração, na sala do Senado, da estátua da Vitória, descrita por ele como "um admirável monumento da dignidade romana". Em sua petição, ele apresenta argumentos comuns a todas as religiões:

> Não importa o modo segundo o qual tomamos este ou aquele caminho para se chegar à verdade! Pois não se pode afirmar que haja um único caminho para atingir o grande Mistério. Motivo de reflexão para todos os

que têm espírito livre. Para o momento, nós apresentamos, tão somente, um pedido, sem a pretensão de iniciar uma discussão.

Ao ouvi-lo, o imperador vacila. O Conselho da Coroa, formado por cristãos e pagãos, desejoso de agradar os dirigentes da cidade de Roma, manifesta-se favorável ao seu pedido. Ambrósio, para quem só Cristo contava, reage e, com firmeza, escreve: "Todos os homens submetidos à dominação romana estão prontos a obedecê-los, a vós imperadores e príncipes da terra; mas vós mesmos deveis servir ao Deus todo-poderoso e à santa fé". E mais adiante, de modo incisivo, declara: "Se tu reintroduzes esta estátua no Senado, eu não te aceito na Igreja. Tu poderás ir à igreja, mas não encontrarás aí nenhum sacerdote, ou se encontrares um, ele te resistirá!" (Ep 17ss.).

No início de sua missiva, Ambrósio parece ser partidário da separação de Igreja e Estado, porém na conclusão revela-se defensor da laicidade, pois julga inaceitável o fato de apelar ao Estado para proteger a religião. Segundo ele, atender ao pedido do prefeito de Milão seria atribuir um caráter não religioso ao culto divino que se impõe por si mesmo e não por força da autoridade civil.

Em outro momento, severamente crítico em relação aos pagãos, ele fala do fato de os seus sacerdotes receberem pagamento, como se fossem funcionários públicos: "Que religião é esta, que tem necessidade do Estado para subsistir e não se desfazer?"

Após a firme intervenção de Ambrósio, o Imperador Valentiniano decide não reintroduzir a estátua da Vitória no Senado, decisão não acolhida por todos, particularmente, pela Imperatriz Justina, mãe do imperador, que pertencia ao grupo herético dos arianos. Indignada, ela toma a iniciativa de promover uma ofensiva contra Ambrósio.

Em 385, para que seus amigos arianos não fossem obrigados a participar do culto católico, ela pede ao seu filho que coloque à disposição deles uma igreja situada nos arredores da cidade.

Ergue-se uma verdadeira querela entre Ambrósio e o imperador:

a) Pela primeira vez, um imperador romano encontra-se diante de uma autoridade eclesiástica que, por ter mais influência do que ele sobre as tropas militares, o impede de impor a sua vontade.

b) Até então, jamais alguém ousara afirmar: "O que pertence a Deus não está sujeito ao poder imperial. Ao imperador, os palácios; ao Bispo, as igrejas".

A bem da verdade, esta asserção contrariava o direito romano em vigor que assegurava ao imperador a propriedade de todos os bens públicos. Porém, Santo Ambrósio fundamenta suas palavras na conhecida passagem bíblica: "Dai a César o que é de César e a Deus o que é de Deus".

Irredutível, a Imperatriz Justina rejeita o parecer de Ambrósio e reage, provocando uma cena, diríamos dramática. Justamente, no transcurso das celebrações da Semana Santa, em plena função litúrgica e com a igreja repleta de fiéis, por ordem da imperatriz, a basílica é cercada por soldados que, temendo serem censurados ou mesmo excomungados, não a invadem. Permanecem imóveis, não obedecem às ordens recebidas.

Com laivos de vaidade, Ambrósio escreve à sua irmã Marcela:

> Quase todas vossas cartas testemunham uma solicitude especial para com a Igreja. Mas eis o que se passou aqui. Os chefes do exército e membros do Conselho de Estado, com medo de um movimento popular, vieram a mim para que eu entregasse a basílica, transferindo-a pessoalmente. Respondi, de acordo com o que é próprio de quem exerce a função sacerdotal: "O templo é de Deus e não pode ser entregue por um simples sacerdote".
>
> Apesar de os tribunos insistirem para que eu entregasse a basílica, alegando o direito do imperador do qual emana todo poder, respondi-lhes: "Se me pedissem o que é meu, terra ou dinheiro, não colocaria nenhum obstáculo, embora o que é meu, não pertença a mim, mas sim aos pobres. Mas o que é de Deus não está sujeito ao poder imperial. Se o imperador exigisse meu patrimônio, ei-lo! Mas se me ordena: 'Entregue a basílica!' Eu respondo: 'A mim, não me é permitido entregá-la. E a vós, senhores, não vos é permitido recebê-la'".
>
> Ao que eles retrucaram: 'Tudo é permitido ao imperador, pois tudo lhe pertence'. Respondi: "Não creiais, senhores, ter o imperador direito sobre o que é de Deus, pois está escrito: A Deus o que é de Deus, a César o que é de César. Ao imperador, os palácios, ao Bispo, as igrejas'" (Ep 4,2.8. *In*: PL, 16, 927-950).

Ao tomar conhecimento do que estava ocorrendo, o povo católico da cidade se levanta e, revoltado, invade o palácio imperial. Impressionado com a imediata reação de Ambrósio e temendo a multidão, o imperador, temeroso, renuncia à sua exigência.

No ano seguinte, em janeiro de 386, o imperador, por sugestão da Imperatriz Justina, desejosa de uma desforra, publica um edito, conferindo a todos os seguidores da fé homeana, contrários à fé de Niceia, o direito de terem reuniões públicas. Para assisti-los, designa Mercurino, ordenado Bispo com o nome de Auxêncio, em memória do predecessor de Ambrósio.

Aos 23 de janeiro, Valentiniano ordena que Ambrósio entregue uma das igrejas para os homeanos. Mais uma vez, ei-lo no centro de resistência ao imperador. Mas, diferentemente do que ocorrera antes, ele permanece em silêncio, deixando que a iniciativa fosse tomada pela "comunidade": "O imperador é livre de fazer o que lhe cabe, habitualmente, de acordo com o poder real; de minha parte, estou pronto a submeter-me ao que, desde sempre, foi a missão do sacerdote" (*Sermão contra Auxêncio*, 1).

Sua atitude serena e a decisão de permanecer no âmbito espiritual evitaram reações extremadas com consequências, possivelmente, desastrosas. No entanto, mais tarde, em meio às injunções desleais e contrárias à fé do poder imperial, ele se sente levado a promover a "resistência pacífica", que se deu pouco antes do Domingo de Ramos.

Inesperadamente, apresenta-se Dalmácio, tribuno imperial, que ele considerava, há muito tempo banido da intimidade do imperador. Em nome do qual, Dalmácio o convida a comparecer a um tribunal, cujo objetivo era encerrar a questão levantada pela imperatriz.

Por meio de uma carta, Ambrósio se nega a atender à solicitação do imperador. E aproveita a ocasião para destacar os limites da ação do imperador:

> No que toca à fé e à constituição da Igreja, o julgamento não cabe senão àqueles cujo encargo foi dado por vocação. Portanto, em matéria de fé, quem julga os imperadores cristãos são os Bispos, e estes, por sua vez, só podem ser julgados por outros Bispos... O imperador está na Igreja e não acima da Igreja" (Ep, 21,2. *In*: 16, 1045s.).

Da sua parte, o imperador deixa claro que ninguém tem o direito de convocar, com exclusividade, tais assembleias, mesmo que fossem religiosas. Quem o fizesse seria acusado de provocar revolta, de perturbar a paz e de ter cometido crime de lesa-majestade, tornando-se passível da pena de morte. Seu objetivo era intimidar Ambrósio e proporcionar o reconhecimento público de Auxêncio como Bispo da Igreja.

Mais uma vez, na festividade da Páscoa, os delegados do imperador se apresentam a Ambrósio, exigindo que ele entregasse a recém-construída basílica a Auxêncio. No entanto, convencido da legitimidade de sua decisão, Ambrósio resiste.

Finalmente, no início da Semana Santa de 386, as autoridades imperiais decidem apoderar-se da basílica.

Mas, para grande surpresa deles, ao penetrarem na basílica eles se deparam com a presença de Ambrósio e de uma multidão de fiéis, que se tinha colocado ao seu redor.

Foram dias de tensão e de grande entusiasmo, em que todos se dispunham a lutar e a sofrer. Com firmeza, Ambrósio declara: "Nós pagamos a César o que é de César, a Deus o que é de Deus. O tributo é de César, ninguém o nega. A Igreja é de Deus, e não pode ser julgada por César, pois o templo de Deus não pertence, por direito, a César".

Em sinal de respeito e de veneração, os soldados se limitam a cercar a basílica. Enquanto isso, no seu interior, para que os fiéis se mantivessem firmes, relata Paulino, Ambrósio compõe hinos e antífonas, cantos alternados, entoados por todos. O jovem Agostinho, ao se referir a esse episódio, lembra o fato de sua mãe, Mônica, "ter ido à basílica, a fim de protegê-la, pois ela faria tudo o que Ambrósio lhe dissesse" (*Conf.*, 9, 7, 15).

No dizer de Paulino, os hinos e os cânticos eram verdadeiras sínteses das expressões religiosas e da devoção do povo. Aliás, a iniciativa de Ambrósio foi muito bem acolhida pelos liturgistas, artistas e catequistas, por constituir excelente meio de evangelização, principalmente das crianças e dos jovens.

Como ninguém arredasse o pé da basílica, na Quinta-feira Santa o governo imperial se convenceu de estar movendo um combate inexecutável, sem esperança; e, silenciosamente, sem tambor, nem trombetas, ordena que os soldados retirem as bandeiras imperiais da basílica e voltem aos quartéis. As declarações imperiais, por vezes ameaçadoras, são anuladas e os prisioneiros postos em liberdade. Os próprios soldados, apostrofados por Ambrósio em seus sermões, já tinham, há tempo, abandonado seus postos e se colocado ao lado do povo fiel.

4 Novos horizontes com o Imperador Teodósio

Neste mesmo ano de 386, Ambrósio compõe a obra *De officiis ministrorum*, um verdadeiro tratado moral, no qual aborda os deveres dos ministros na Igreja. Ao lê-lo, sente-se a influência de Cícero, que escreveu *de officiis*, no qual apresentava os deveres do homem político consagrado à vida pública. O intuito de Ambrósio não era muito diferente: ressaltar os deveres dos ministros da Igreja, comparáveis às obrigações de um homem público.

Precisamente nessa mesma ocasião advém uma grande descoberta que irá reforçar sua popularidade junto ao povo.

Os restos mortais dos santos mártires Gervásio e Protásio, desde muito infrutiferamente buscados, são, finalmente, encontrados. O fato é atribuído a uma revelação do céu. Após a exumação, os corpos dos mártires tornam-se fonte de milagres e de grande fervor religioso.

Apenas dois dias após a descoberta, em meio a cânticos, louvores e grande júbilo, uma multidão de fiéis em procissão leva as relíquias para a nova basílica. Ambrósio proclama: "Que estas vítimas triunfais acedam ao lugar onde Cristo é hóstia; Ele sobre o altar, pois sofreu por todos; eles sob o altar, pois sofreram por Ele".

O período de tensões entre Ambrósio e o poder imperial chega ao seu final. Em sua luta contra Máximo, que pretendia ocupar seu lugar, Valentiniano vê-se forçado a recorrer a Teodósio, que logo após a batalha e vitorioso, afasta-o do poder. Ao cair doente, sendo ainda catecúmeno, Valentiniano pede para ser batizado por Ambrósio, que, infelizmente, não o alcança com vida.

Seus despojos, trazidos para Milão, são recebidos por Ambrósio, que pronuncia seu elogio fúnebre, referindo--se a ele como um amigo, mesmo que em meio a muitas e constantes lutas.

Em 387, ano em que Agostinho foi batizado, Ambrósio escreve duas obras: *De sacramentis* e *De mysteriis*, reflexões catequéticas sobre o mistério celebrado na noite de Páscoa, destinadas à formação dos neófitos. Nelas, ele aborda os sacramentos da iniciação cristã: Batismo, Confirmação ou Consignação, e Eucaristia, que constituem ótimos subsídios de preparação para a celebração eucarística "no oitavo dia"; ou seja, no domingo seguinte à Páscoa.

O *De sacramentis* é o mais antigo testemunho da anáfora ou do cânon romano, próprio da tradição da Igreja de Roma, em que a prece do Pai-nosso é recitada, imediatamente, após a oração eucarística. Há também indicações sobre os lugares próprios para a celebração; algumas instruções a respeito do conteúdo das orações e um comentário particularizado do Pai-nosso, em seus diversos artigos.

5 Teodósio, imperador do Oriente

Teodósio, que se tornara imperador em 19 de janeiro de 379, conseguiu instaurar no Oriente o ideal de uma Igreja oficial, dogmaticamente estabelecida. Em 388, mudou-se para a cidade de Milão, onde instalou a sua residência preferida.

Nessa mesma época, Teodósio toma conhecimento das graves desordens ocorridas às margens do Eufrates, no extremo oriental do Império.

Por instigação do Bispo local, Calínico, a sinagoga da cidade tinha sido incendiada e a igreja dos gnósticos valentinianos destruída. Em represália, o grupo de monges que se encontrava à frente das manifestações fora agredido.

Teodósio, o novo senhor do Império, homem de caráter, cristão sincero, bem diferente do jovem Valentiniano, ordena que os culpados sejam castigados e pede aos Bispos locais que reconstruam a sinagoga com seus próprios recursos.

Ao tomar conhecimento da decisão do Imperador, Ambrósio lhe escreve, pedindo que perdoe os perturbadores cristãos, argumentando que a religião antecede a ordem pública. E aproveita a missiva para lembrá-lo que não cabe a um Bispo católico reconstruir uma sinagoga judaica, e nem mesmo ao imperador utilizar do erário público para construir um edifício não cristão.

Como o imperador hesitasse, Ambrósio resolve causar-lhe impacto. Por ocasião de uma celebração, com a presença de toda a comunidade, do alto de sua cátedra, ele recorda ao imperador as responsabilidades que lhe eram próprias. E exortando-o a proteger o Corpo de Cristo, a Igreja, ele assegura que o próprio Cristo, caso assim ele o fizesse, certamente, estaria protegendo o seu reino.

Após o sermão, passando ao lado do imperador, este lhe pergunta: "Foi para mim que falastes?" Na carta à sua irmã Marcela, o próprio Ambrósio relata seu diálogo com o imperador:

> Eu respondi que tinha falado o que julgava ser útil para ele. O imperador me replicou: "A ordem que eu dei para que o Bispo reparasse a sinagoga foi muito dura, mas eu já a amenizei. De fato, os monges se excedem!" Eu [continua Ambrósio] permaneci de pé, e, após algum tempo, disse ao imperador: "Fazei de tal modo que eu ofereça por vós o santo sacrifício, com uma consciência tranquila. Aliviai a minha alma". Assentado, o imperador fez um sinal de assentimento, mas sem nada prometer formalmente. Continuei plantado diante dele. Então, ele me prometeu corrigir seu rescrito. Pedi-lhe para sustar, imediatamente, a instrução. Diante de sua promessa, perguntei-lhe: "Tenho a vossa palavra?" E insisti: "Tenho a vossa palavra?" "Vós a tendes!" Só, então, subi ao altar, do qual não me aproximaria, se ele não me tivesse feito uma promessa positiva (*Carta* 41, 27-28. *In*: PL, 16,1168s.).

No ano seguinte, ao saber que em Tessalônica fora assassinado o comandante da cidade, Teodósio reage e ordena um grande massacre, do qual, mais tarde, irá se arrepender.

Com afeto, severidade e firmeza, Ambrósio o repreende. Através de uma carta, ele o obriga a se submeter a uma penitência pública de oito meses e a confessar sua falta perante a comunidade. Nesse longo período que se estendeu até o Natal de 390, a catedral permaneceu sempre repleta de fiéis, desejosos de ver o imperador fazendo penitência.

6 Ambrósio e as Escrituras

Em 389, Ambrósio publica uma de suas obras, se não é a mais importante pelo conteúdo, certamente a mais significativa no que concerne à sua exegese teológica: os *Comentários do Evangelho de Lucas*. A interpretação dos textos bíblicos obterá grande sucesso e contribuirá, de forma significativa, para a conversão de Santo Agostinho, que encontrará em suas exposições respostas para muitas de suas inquietudes e dúvidas.

No livro II, Ambrósio apresenta dois princípios fundamentais para uma reta interpretação da Sagrada Escritura. O primeiro traduz seu esforço para mostrar que a Bíblia não pode ser considerada, simplesmente, como uma fonte de revelações doutrinais, nem limitada à descrição de fatos históricos.

Não os nega, mas vai além. Para compreendê-lo basta ler um dos textos comentados por ele. Ele não se restringe a descrever o personagem principal em seus aspectos históricos; mas, sem desconsiderá-los, retrata-o como expressão de uma virtude ou de um tema específico: a morte, a fuga do mundo ou a felicidade. Daí, sua célebre frase: "Na Escritura devo compreender não sei que algo mais, além do que nela leio" (*Hom. sobre S. Lucas. In*: Sch, 45, p. 112).

O segundo princípio corresponde à intenção essencial da Sagrada Escritura: ser caminho, força espiritual, de identificação a Cristo. Portanto, mais do que uma sequência de acontecimentos ou um conjunto de tradições e ensinamentos, ela efetiva a salvação realizada por Deus em favor da humanidade.

Daí a razão de ele declarar ser "a Palavra de Deus mais do que nela leio". Pois, para além do sentido literal, ela revela seu sentido espiritual-místico – ou seja, sua compreensão alegórica ou espiritual – a modo de Orígenes, o grande teólogo e exegeta da Escola de Alexandria e de onde vem o fato de ele convocar, com vigor, seus ouvintes a alcançarem, através da Palavra proclamada, a serenidade, estado de verdadeira paz em Deus.

Um verdadeiro itinerário espiritual é traçado por ele. O ponto de partida é o sentido literal do texto bíblico, que, analisado e refletido, permite ao cristão chegar ao sentido moral, sem nele se fixar, para alcançar, finalmente, o sentido espiritual, ponto culminante de paz e de comunhão com Deus.

Nesse sentido, ao comentar a criação do mundo, Ambrósio volta a afirmar a necessidade de se ir além do sentido literal das palavras. Sob o influxo da escola alexandrina, ele observa com admiração que, ao descrever a criação do mundo material, o autor do Gênesis, com ares de filósofo, considera como sendo uma única realidade tanto a vontade como a palavra eficaz de Deus: "O que é desejado é criado por Ele, imediatamente".

Igualmente, ao falar da criação do homem e da mulher, na qual Deus é descrito qual um simples artesão, fabricando o homem da argila e a mulher, desde uma de suas costelas, ele comenta: "Neste texto, eu leio algo mais, pois o sentido literal pode conduzir ao absurdo, inadmissível para mim".

Tais palavras pronunciadas durante uma de suas pregações, causaram grande impacto em Santo Agostinho, que confessara não ter acolhido a Bíblia, justamente por tê-la interpretado em seu sentido literal. Era-lhe impossível conceber um Deus, movido por sentimentos humanos e com traços inaceitáveis de vingança e de rancor.

Agora, ao ouvir Ambrósio, ele confessa: "O que eu lia na Bíblia não era o que lá estava, pois permanecia na letra, não ia além".

O dilema predominante nos dois primeiros séculos, entre leitura literal e alegórica ou espiritual, é ultrapassado por Ambrósio. Para ele, o anúncio da Palavra de Deus (*sermo Christi*) proclamada pelo pregador não é um texto que fala de Cristo, mas é o próprio Filho de Deus (*Verbum Dei*), que vem, pessoalmente, aos que a acolhem: "O serviço dos apóstolos, o anúncio da Palavra, é antecipação do Corpo e do Sangue do Senhor".

Antes de finalizar essas breves reflexões é necessário reconhecer que Santo Ambrósio não tinha por objetivo elaborar tratados teológicos, mas oferecer aos fiéis, em uma perspectiva pastoral, uma leitura meditada da Bíblia, a *lectio divina*. Ele visava exortar e edificar seus ouvintes.

Autêntico pastor de almas, Ambrósio se esforçava para que os fiéis se reconhecessem no resplendor da imagem de Cristo e pudessem transmiti-la de modo límpido e puro, qual força de pacificação e de unidade, para um mundo turbulento e cheio de contradições.

III

Santo Agostinho

Em Tagaste, na Numídia, hoje Argélia, aos 13 de novembro de 354 nasceu Santo Agostinho, denominado, mais tarde, "Doutor da Graça", por discorrer longamente sobre a graça divina. É considerado o Padre da Igreja ocidental mais importante e mais influente, sobretudo pelo fulgor do seu espírito, presente em sua criatividade literária, expressão brilhante de uma vasta cultura humanística.

Sua forte personalidade e linguagem fascinante e arrebatadora foram transmitidas pelo amigo Possídio, Bispo de Calama, e por seus numerosos escritos que enriquecem a vida da Igreja até nossos dias.

Tagaste era um dos numerosos orgulhos cívicos dos romanos, que criaram no norte da África diversos centros de difusão política e cultural. No final do século I a.C., ela já se tornara ponto de convergência para todas as povoações daquela ampla região. Agostinho refere-se aos vastos campos de trigo, que em seus dias abrigavam inúmeros olivais, fonte de riqueza para a população local.

1 Encontro com a Igreja

As confissões compostas por Agostinho sob a forma de uma prece a Deus, desvelam seus sentimentos passados, ainda presentes em sua vida de Bispo. Um exemplo bastante emocionante é o relato da morte de sua mãe, Mônica, na cidade portuária de Óstia, perto de Roma, pouco antes de ele e seu irmão retornarem à África.

1.1 Sua mãe Mônica

Mônica é descrita como uma mulher firme e reta de personalidade, que devia ter 23 anos de idade quando do nascimento de Agostinho. Pertencente a uma família cristã, "parte sadia da tua Igreja" (*Conf.*, IX,13, 37), da qual hauriu uma fé viva e sincera, com práticas de piedade e devoção próprias da época: intensa vida de oração, jejuns semanais e o costume de tomar refeições sobre os túmulos de seus entes falecidos.

Zelosa, sempre preocupada com a formação religiosa do filho, transmitiu-lhe uma consciência reta e justa, presente em suas atitudes e decisões futuras. Contra a vontade do pai, Patrício, tipo autoritário e colérico, embora afetuoso, foi ela quem administrou a Agostinho as primeiras instruções cristãs (*Conf.*, IX,9, 19).

De sua bondade, generosidade e virtudes cristãs nascem o respeito e a admiração que Agostinho manifesta em seu louvor a Deus:

> Assim era minha Mãe, graças às lições que tu, seu mestre espiritual, lhe ensinaste. E ao final, nos últimos anos de vida do marido, ela o conquistou para ti. Depois de sua conversão, não mais se lamentou do que sofrera antes de ele se converter. Era verdadeiramente a serva dos vossos servos! (*Conf.*, IX,9, 22).

A presença de Mônica, particularmente quando de sua estada em Milão, foi marcante. Com dedicação e empenho, manteve-se junto ao filho, como interlocutora ativa e sábia: "Minha mãe, forte na piedade, já havia vindo ao meu encontro, seguindo-me por terra e por mar, com a segurança posta em Vós, no meio de todos os perigos" (*Conf.*, VI,1).

Por ocasião da defesa da Basílica de Milão, contra os arianos, lá estava ela, cristã militante, ao lado de Ambrósio e seus amigos. Também em Cassiciaco ela participa das discussões e das reflexões do seu filho, que a quer presente em seus colóquios.

Às vésperas do retorno à África, não muito tempo após ter sido batizado por Ambrósio, Agostinho encontra-se em Óstia à espera do embarque. Ele e sua mãe, acomodados em uma pequena varanda diante de um jardim, distante do vozerio dos compradores e vendedores portuários, sem se aperceberem, são agraciados por Deus com um belo presente:

> Sim, abriram-se os lábios do nosso coração à corrente impetuosa da tua fonte, fonte de vida que está em ti, para que, aspergidos por ela, nossa inteligência pudesse meditar sobre assunto tão transcendente. [...] Elevando-nos com o mais ardente amor ao próprio Bem, percorremos gradualmente todas as coisas corporais até o próprio céu. [...] Atingimos a região da inesgotável abundância, onde nutres eternamente Israel com o alimento da verdade, e onde a vida é a própria Sabedoria (*Conf.*, IX,10, 23.24).

Sentem-se impelidos por Deus, que os conduz ao interior da alma, onde Ele habita, mergulhando-os em sua luz, em sua paz e em seu amor. Mônica e Agostinho não apenas pensam em Deus, mas unem-se a Ele e eles se elevam acima de toda representação e imagem. Tornam-se espelho de Deus. Êxtase espiritual, elevação mística que os torna morada de Deus.

Passados alguns dias, ainda em 387, ela adoece e vem a falecer com a idade de 56 anos. Embora em Tagaste houvesse um túmulo construído para ela ao lado de seu marido, sentindo chegar sua hora, ela diz aos filhos: "Enterrai este corpo em qualquer parte e não vos preocupeis com ele. Só vos peço que vos lembreis de mim diante do altar do Senhor, onde quer que estejais" (*Conf.*, IX,11, 27).

1.2 Início da vida pública

Estudante pobre, "bolsista", nascido de pais pobres, Agostinho aninhava em seu coração a esperança de ter muitos bens materiais e ser merecedor de honrarias humanas. Almejava não só a aquisição de medalhas ou a satisfação humana de ser adulado pelas multidões, mas também alcançar cargos e posições importantes no interior do Império Romano, como o cargo de retor.

Patrício Aurélio, seu pai, permaneceu pagão até às vésperas de sua morte; a mãe, Mônica, cristã fervorosa, tudo faz para converter o filho, que em suas inquietudes religiosas se ligara ao maniqueísmo, onde permaneceu, como ouvinte, por nove anos. Não obstante as muitas solicitações dos amigos maniqueus, ele não aceita fazer parte dos "eleitos", pois mantinha uma relação amorosa, da qual nascera um filho, Adeodato.

Sua insaciável paixão pela Verdade ou, segundo ele, pela Sabedoria, o conduzirá através de um retorno sobre si mesmo, a uma autêntica reorientação moral. Porém, seus sonhos levaram-no para além da função de um simples professor de Retórica. Possuidor de uma inteligência privilegiada e de uma cultura insofismável, ele sonhava alcançar cargos superiores aos que podiam ser oferecidos em Cartago.

Nesse período, graças ao amigo Alípio, o Prefeito Símaco oferece-lhe a possibilidade de ocupar a cátedra de eloquência do estudo público de Milão. Cargo bem remunerado, era ambicionado por muitos. Seria o orador oficial da corte, devendo tomar a palavra em todas as cerimônias mais importantes e, por ocasião do aniversário do imperador, proferir o seu panegírico.

No outono do ano 384, após passar algum tempo em Roma, Agostinho transfere-se para Milão, naquela época sede do Império Romano. Animava-o a firme convicção de que o ideal da Sabedoria, tão almejado por ele, exigia uma constante e perseverante busca, verdadeiro e árduo caminho, que pressupunha, segundo suas palavras, o apoio de alguém (cf. *De util. cred.*, 8,20).

1.3 *Inquietude intelectual e espiritual*

Um dos momentos mais importantes de sua evolução intelectual e espiritual se deu ao ler *Hortensius*, obra de Cícero, hoje desaparecida.

Ao lê-lo, Agostinho se transforma; seu estado de espírito é outro. Voltando-se para si mesmo, interrogando-se sobre o sentido da vida, ele se pergunta: "Para onde vou? O que é um homem bom?":

> A meus olhos se tornaram vis as vãs esperanças. Com incrível ardor do coração, ambicionava a Sabedoria imortal; principiava a levantar-me para voltar para Vós... Não era o estilo, mas sim o assunto tratado que me persuadia a lê-lo (*Conf.*, III,4, 7).

Desde muito, longe de permanecer na posse tranquila das experiências anteriores e em um ritmo de constante busca interior, ele se aventura a ir ao encontro de perspectivas mais amplas e novas. À luz do platonismo, busca alcançar a sabedoria, sempre mantendo como pressupostos a liberdade interior e a reta orientação moral e ética.

Nesse afã espiritual e filosófico vinha-lhe constantemente à mente a afirmação de Cícero, em *Hortensius*, de que só é sábio aquele que se eleva das ilusões da vida cotidiana ao eterno e divino: "Como ardia, Deus meu, como ardia em desejos de voar das coisas terrenas para Vós, sem saber como procedíeis comigo? Em Vós está, verdadeiramente, a sabedoria" (*Conf.*, III,4).

1.4 A conversão

No auge de sua carreira profissional como retor na cidade de Milão, ele experimenta um grande vazio e vivencia a esperança, não como uma evasão ou fuga, mas como admiração ou maravilhamento diante do sagrado. É o início de uma longa caminhada espiritual.

Mais tarde, na África, distante dos grandes "espirituais", os amigos da Itália, aos quais ainda permanecia ligado, sentindo a necessidade de reinterpretar o seu passado, ele então redigirá a sua principal obra autobiográfica: *As confissões*.

Com reflexões pessoais e íntimas, Agostinho transmite as aspirações, as paixões e as decepções de sua existência, em abordagens concretas, atribuindo crédito ilimitado e confiança total ao Deus revelado por Cristo.

O novo gênero de vida, sacerdotal e episcopal, é descrito por ele de modo sucinto e em rápidas pinceladas. Sem se deter em pormenores, ele destaca os acontecimentos ocorridos em sua vida, desde sua infância, que o convocaram a abrir-se sempre mais à misericórdia divina: "Permiti-me, peço-vos, e concedei-me que eu percorra, com memória fiel, os desvios passados dos meus erros, 'imolando-vos uma vítima de louvor'" (*Conf.*, IV,1).

Como muitos outros Padres do IV século, Agostinho não é exatamente um pagão convertido, mas um batizado tardio. A cada instante e em cada página de sua obra, ele reflete a tensão existente entre o jovem inquieto do passado e o agora ponderado e dinâmico Bispo de Hipona. Mesmo com seus 74 anos de idade, com palavras profundamente enternecedoras ele se refere aos treze livros das *Confissões* que transmitem essa sua insaciável busca interior de Deus: "Quanto a mim, eles me comovem, ainda agora, quando os leio, assim como quando os escrevi" (*Retract.*, II,6, 33).

2 O ideal religioso

Principalmente por duas razões, Agostinho se distanciou da Igreja: por não encontrar resposta satisfatória à questão do mal e por considerar os escritos bíblicos, particularmente, os do Antigo Testamento, pouco respeitosos em relação a Deus, descrevendo-o de maneira bastante antropomórfica. Acrescia a descrição rude e impolida do comportamento de Abraão, Isaac, Jacó e Moisés, distante do elevado conceito de sabedoria, que ele encontrara em Cícero.

Em meio a essa tensão interior, ele ouve alguns partidários de Mani ou Manes, nascido na Pérsia pelo ano 216, que afirmavam "ser necessário purificar a Bíblia". Em detrimento do Antigo Testamento, eles privilegiavam o Novo Testamento, ostentando uma doutrina dualista, fundamentada em dois princípios: um, essencialmente bom, que é Deus; o outro, essencialmente mau, que é a matéria ou as trevas. No *Saltério maniqueu*, lê-se: "Quando veio o Espírito Santo, Ele nos revelou a vereda para a verdade, ensinando-nos que existem duas naturezas – a natureza da luz e a natureza das trevas –, separadas uma da outra desde o princípio" (CCXXIII).

Os dois princípios, considerados coeternos, gozavam de uma existência completamente independente. Quanto ao ser humano, afirmavam que as almas humanas eram partículas da luz divina, desterradas para os corpos visíveis, tidos como um estorvo, dos quais se deviam libertar.

Atraído por essa proposta místico-ascética, Agostinho permanecerá entre eles, por longos nove anos na qualidade de simples "ouvinte", sem jamais se tornar membro efetivo. Nesse período afastou-se da carreira de advogado e se dedicou ao estudo do sistema maniqueu, no qual parecia-lhe encontrar resposta à questão que tanto o atormentava: "Por que praticamos o mal?"

Mas ele não se sentia tranquilo. Embora estivesse persuadido de poder, através deles estabelecer as bases fundamentais da religião, unicamente por meio da razão, no correr do tempo ele começou a questionar o que era essencial no sistema maniqueu: a luta contra o mal.

Ainda que a alma, fragmento da substância divina, fosse considerada perfeitamente boa, o fato de se ligar ao corpo ou à matéria era visto como se ela ainda estivesse sujeita ao domínio das trevas. Ademais, os maniqueus, embora se julgassem pertencentes "à natureza luminosa, que os restabelecia em seu estado de total pureza", ignoravam de forma deliberada os conflitos existentes na vida concreta do ser humano: seus erros, dúvidas e fraquezas. Em suma, enfraqueciam a ideia do Bem, chegando praticamente a diluí-la.

Em um desabafo, diz Agostinho: "Enquanto querem ser luz, em si mesmos e não no Senhor, julgando que a natureza da alma é a mesma que a de Deus, eles se tornam trevas cada vez mais densas" (*Conf.*, VIII,10).

Ademais, julgavam-se membros privilegiados da raça humana, instrumentos da luz, participantes de uma Igreja só de puros. Se a parte má da natureza humana permanecia separada e isolada, o Bem era concebido como totalmente passivo e ineficaz.

Ora, Agostinho reage justamente contra tal ideia, pois não admitia de que o Bem fosse condenado a uma função meramente passiva. Em uma crítica bastante áspera, afirma não serem nossas almas fragmentos de Deus, mas seres espirituais criados por Ele, capazes de errar e de pecar. E acentua que, embora santos, jamais deixamos de ser pecadores, na incessante busca de sempre mais crescer no bem, na verdade e no amor.

Mostra-se indignado por não ter encontrado junto aos maniqueus, seja no plano religioso, seja no plano intelectual, nenhum conceito ou palavra para designar os fenômenos de "crescimento", de "cura", de renovação. Daí sua desilusão a respeito dos maniqueus que se assemelhavam a um grupo esotérico, incapaz de oferecer um caminho seguro na busca da verdade.

Desiludido, mas não desencorajado, o desejo de encontrar uma resposta satisfatória à questão do mal não o abandonou. Dedica-se, então, à leitura de um grande estudioso neoplatônico, Plotino, de família romana, que se estabeleceu no Egito por volta do ano 205. Ele o influenciará, sensivelmente.

3 O ideal intelectual

Em Milão, por volta de 386, Agostinho entra em contato com alguns estudiosos dedicados à filosofia, que escreviam versos clássicos em um ambiente de elevada cultura, como Mânlio Teodoro, eleito, mais tarde, cônsul romano. Durante um ano, participou, com grande entusiasmo, das apresentações e debates sobre a filosofia platônica.

Foi nesse ambiente intelectual que se deu uma grande transformação: progressivamente, ele se aproxima da fé cristã, pois em Milão, ao sustentar a necessidade de ultrapassar o sensível para se achegar à verdade, o platonismo assumira uma conotação visivelmente cristã.

Eis que seu amigo Mânlio Teodoro o presenteia com alguns livros de Plotino (205-270), que frequentara, em Alexandria, as aulas de Amônio Sacca, e em Roma ensinava filosofia, mais especificamente a filosofia neoplatônica. Por se julgarem herdeiros diretos de Platão, os seus seguidores se diziam "platônicos". Alguns, mais ardorosos, chegavam a afirmar que a "a alma deles era tão próxima do antigo mestre Platão que ele parecia reviver neles".

A obra de Plotino, traduzida para o latim por Porfírio (232-303), filósofo de renome, considerado por Agostinho como *doctissimus*, foi editada sob uma forma bastante acessível e sistemática. Porfírio a dividiu por argumentos de seis grupos de nove: as Enéades, sob uma forma coerente e de intensa aspiração religiosa.

No tocante à criação do mundo, Plotino descreve a origem das criaturas como fruto da difusão do Uno supremo para fora de si mesmo. Mas por permanecerem em contínua tensão, elas alimentam o perpétuo desejo de retornar à fonte originária; ou seja, ao Uno, ideia central que caracteriza a totalidade do seu sistema filosófico.

Nessa ocasião, mais precisamente, na segunda metade do ano 386, dá-se uma decisiva transformação na vida de Agostinho: ele se inscreve como membro do catecumenato, período preparatório para o batismo, que ele receberá das mãos de Ambrósio na Páscoa seguinte.

Se no campo filosófico ele assume o neoplatonismo, no campo religioso ele o interpreta com grande originalidade e independência, pois a partir daquele momento a força inspiradora de sua vida passa a ser a fé em Cristo.

Algo importante se dá nesse seu encontro com o neoplatonismo, apresentado por Plotino. Desde então ele não mais conceberá o mal como uma entidade própria, independente, o que causava dificuldades e profunda inquietação. Para sua tranquilidade, ele se apresenta como o abandono ou o desvio do sentido último dado pelo Criador a todas as coisas criadas; seria a não correspondência ao plano do Criador inscrito em cada criatura.

De imediato, Agostinho opõe-se à concepção maniqueia, dualista, que propunha dois princípios, o do bem e do mal, iguais em poder, eternos e totalmente distintos. E reconhece que a ordem original da criação desejada pelo Criador era sua orientação para o bem, graças ao qual todas as criaturas expressam a marca indelével da bondade de Deus, presente em cada uma delas.

Por outro lado, ao negar ser o mal um princípio absoluto e agressivo, ele o concebe como resultante de um ato livre e responsável do ser humano. Ele não é mais do que um aspecto particular, embora negativo, do rico e diferenciado universo, cuja orientação fundamental são os misteriosos desígnios benfazejos e amorosos do Bem supremo:

> Em absoluto, o mal não existe nem para Vós nem para vossas criaturas, pois nenhuma coisa há fora de Vós que se revolte ou que desmanche a ordem que lhe estabelecestes. Mas

porque, em algumas das suas partes, certos elementos não se harmonizam com outros, são considerados maus. Mas estes se unem com outros, e por isso são bons (no conjunto) e bons em si mesmos... (*Conf.*, VII,13).

Agostinho está convencido de que mesmo se a lei divina fosse transgredida, existe no ser humano a certeza de que a ordem originária, anterior à prática do mal, será restaurada. Anseio existencial que nos permite superar a oposição entre o eu e o não eu.

4 O ideal cristão

No ano 384, Agostinho se transfere para a cidade de Milão, cuja população acompanhava, com grande interesse, os sermões de Ambrósio, baseados nos escritos de Cícero e em autores gregos, que refletiam forte influência dos representantes da filosofia platônica.

Justamente na época, inspirado na leitura de Cícero, Agostinho se opusera à doutrina dos estoicos, que apregoavam a possibilidade de o homem dominar suas paixões e dores, simplesmente mediante uma ação sábia e segura. Daí seu entusiasmo em abraçar a filosofia neoplatônica, comum ao círculo cultural dos filósofos cristãos de Milão.

Em uma de suas *Cartas*, ele os caracteriza como membros da "aristocracia do pensamento" (cf. Ep, 34,1; PL, 33). O mentor do grupo, Simpliciano, sacerdote católico, o incentivará a participar das celebrações de Ambrósio sobre o qual sua mãe, Mônica, se referia constantemente.

Com grande admiração, ele confessa o clima de fraternidade e amizade, o cultivo da Palavra e da liturgia e os cânticos, que lhe trazem à alma "íntima e doce consolação".

Porém, ainda no verão de 386, em meio a uma crise moral e religiosa na constante busca da Verdade e da Sabedoria, mantinha-se distante da Igreja. Nutria a ideia de alcançar por seus próprios meios, como dirá mais tarde, a contemplação de Deus.

O encontro com Ambrósio, há onze anos Bispo daquela cidade, foi decisivo. O próprio Agostinho foi procurá-lo. Segundo seu costume, após estar com o povo ou com as autoridades, Ambrósio se retirava para uma leitura silenciosa ou para alguns momentos de interiorização, aos quais "a ninguém era proibida a entrada". Agostinho o encontra, lendo, silenciosamente: "Quando lia, os olhos divagavam pelas páginas e o coração penetrava-lhes o sentido, enquanto a voz e a língua descansavam... Sempre o via ler em silêncio e nunca de outro modo" (*Conf.*, VI,3).

Mais tarde, na igreja e durante um sermão, não foi menor sua admiração ao ver "aquele pequeno homem" com o texto bíblico nas mãos, falando entusiasticamente. Sua face melancólica, seus olhos muito vivazes transmitiam paz e um grande amor por Cristo.

Entremeadas de cânticos, as palavras envolviam os ouvintes e os encantavam. Com brilhantismo referia-se ora aos autores gregos, pois lia correntemente o grego, ora aos sábios escritores latinos. Comovido, Agostinho confessa:

Com sua grande eloquência servia ao vosso povo "o alimento de vosso trigo", "a alegria de vosso óleo" e "a sóbria embriaguez" do vinho. Vós me levastes a ele, sem eu o saber, para ser por ele, conscientemente, levado a Vós" (*Conf.*, V, 13).

As palavras de Ambrósio ecoavam profundamente no coração daquele jovem intelectual. Atraído de início pela forma literária, pouco a pouco sentiu-se arrebatado pelo conteúdo de suas pregações:

Nos Livros Santos, o que antes me parecia absurdo, era interpretado de um modo diferente e bem mais aceitável. Então fixei os pés naquele degrau em que meus pais me colocaram quando criança, até encontrar, finalmente, a verdade manifesta (*Conf.*, VI,11).

Nessa tormentosa viagem espiritual algo o encantou: o fato de vislumbrar, por meio dos diálogos e sermões de Ambrósio, a tão desejada "estrela polar". Com alegria e consolo interior, via-se diante da realidade espiritual do cristianismo qual porta de acesso às profundezas inacessíveis de sua alma.

Por outro lado, sentia-se não menos surpreso com a constatação imposta por sua condição corporal: por intermédio de imagens materiais ele remetia seus ouvintes às realidades espirituais. A própria linguagem, haurida da leitura de autores gregos e latinos, tornava-se instrumento de uma realidade superior e espiritual, prelúdio do *otium liberale*, entrada no país da paz; ou seja, na contemplação de Deus: *Christianae vitae otium*.

Momentos significativos de sua conversão. Ele passa a vislumbrar o sentido divino, presente no ato do conhecimento das Escrituras, e a confrontar-se com a verdade de sua vida. Sentia Deus falar-lhe ao coração.

E eis que, em uma dia de agosto de 386, seu amigo de anos Ponticiano, ao entrar em seu escritório, começa a folhear o único livro, que estava sobre a mesa. Emociona-se ao reconhecer que se tratava das cartas de São Paulo. Cristão fervoroso, sua alegria ainda foi maior ao tomar conhecimento de que Agostinho as estava lendo, desde muito.

Desenrolou-se entre eles um suave diálogo, não só a respeito das cartas do Apóstolo, como também sobre outros assuntos religiosos, dentre os quais a conhecida vida de Santo Antão, o eremita. O interesse de Agostinho era manifesto e seu coração pulsava forte. Deus era uma presença em seu ser e em seu conhecer. Sentia-se chamado a cultivar uma vida comunitária, dedicada ao recolhimento e à contemplação filosófica.

Dias após, caminhando fora das muralhas de Milão com seu amigo Alípio, depara com uma pequena cabana habitada por alguns monges. Ao entrarem, percebem que eles tinham como leitura espiritual a vida de Santo Antão. Puseram-se ambos a lê-la. Seus corações batiam aceleradamente. Um forte e inebriante desejo os envolveu: colocarem-se de modo mais radical a serviço de Deus. Com palavras enternecedoras, exclamou Agostinho:

> "Rompi com todas as nossas esperanças; decidi servir a Deus; entro para o seu serviço, nesta hora e neste lugar. Se tu não tens força para

me imitares, não me sejas contrário." Respondeu o outro que também queria se juntar a ele como companheiro de tão grande prêmio, em tão grande combate. E ambos, já vossos, edificavam com capital suficiente uma torre de salvação, deixando tudo o que possuíam para vos seguir (*Conf.*, VIII,6).

Uma verdadeira tempestade desencadeia-se no interior do seu coração. Buscando estar a sós e entre soluços afasta-se do amigo Alípio. De repente, uma voz, a voz de um menino, "cantava e repetia frequentes vezes: *Tolle et lege, tolle et lege* [toma e lê]" (*Conf.*, VIII,12).

Agostinho não titubeia. Toma o livro das cartas de São Paulo e depara-se, ao acaso, com o texto: "Procedamos com decência, como de dia; não em comilanças e bebedeiras, não em orgias e contendas. Revesti-vos do Senhor Jesus Cristo e não satisfaçais os desejos do instinto" (Rm 13,13).

Então, com lágrimas nos olhos, ele confessa: "Apenas tinha acabado de ler, penetrou-me no coração uma espécie de luz serena e todas as trevas da dúvida fugiram" (*Conf.*, VIII,12).

Vendo-o louvar ao Senhor, surpreso, Alípio toma o livro de suas mãos e lê a passagem indicada por ele. Ambos, impressionados, quais destinatários daquele texto, correm ao encontro de Mônica para partilhar com ela a alegria e o enlevo espiritual que experimentavam: Deus não é só a causa de toda a criação, é também o objetivo para o qual tudo converge.

4.1 Batismo por Santo Ambrósio

Na noite do Sábado Santo, dia 24 de abril de 387, no belo batistério octogonal San Giovanni alle Fonti, estando lado a lado Agostinho, Adeodato e Alípio, Ambrósio os batiza. Relata Agostinho:

> Recebemos o batismo e abandonou-nos a preocupação da vida passada. Não me saciava, nesses primeiros dias, de considerar com inefável doçura a profundeza de vossos planos sobre a salvação da humanidade. Fortemente comovido, quanto não chorei ao escutar os hinos e cânticos ressoando maviosamente na vossa Igreja! Essas vozes se insinuavam nos meus ouvidos, orvalhando de verdade o meu coração; ardia em afetos piedosos e corriam-me dos olhos as lágrimas; porém, sentia-me consolado (*Conf.*, IX,6).

Após sair das águas batismais onde Ambrósio mantivera por três vezes seus ombros sob a fonte borbulhante, Agostinho, trajando uma roupa branca, entrou na basílica toda iluminada. Em meio às aclamações da comunidade, colocou-se entre os demais neófitos, sobre um degrau levemente elevado, ao lado do altar. Revestido do "novo homem", ele ouvia o cântico pascal, anunciando a ressurreição do Senhor.

Com alegria e sincera emoção religiosa, ele rememora esses momentos: os encontros com Ambrósio, as celebrações litúrgicas, as palestras sobre os sacramentos e a *Explanatio Symboli*, comentário detalhado do Credo, artigo por artigo.

4.2 Realidade espiritual do cristianismo

Se nos primeiros anos em Milão o horizonte se ampliou, se em Cassiciaco ele ainda permanecia ligado aos quadros de uma cultura mundana, agora, em Hipona, o cristianismo é profundamente vivido por ele. Ao compreender que a Sabedoria, diferentemente dos maniqueus, incluía a ideia de um crescimento espiritual e de uma mudança moral, ele acolhe a fé cristã, e, com a alma unificada, doa-se totalmente a Deus: *Totum exigit te, qui fecit te!*

Convertido, Agostinho procura modelar sua vida à luz do "ideal filosófico" que lhe permite progredir no conhecimento e na contemplação da verdade eterna: "Doravante, encontro-me com sentimentos que me levam a desejar, ardentemente, apreender a verdade não só pela fé, mas também pela inteligência" (*Controversia Accademica*, III,20, 43. *In*: PL, 32).

Então, com muito ardor, ele assume uma atividade intelectual de grande envergadura: dedicar-se ao aprofundamento da fé cristã, na busca incessante de sua inteligibilidade.

Ao esforço para alcançar a verdade, ele une a necessidade de uma compreensão sempre maior do mistério de Cristo. Para ele não há incompatibilidade entre a encarnação de Cristo e a criação do mundo. Embora distintas, elas estão intimamente ligadas pela ação benevolente e amorosa de Deus. O Criador não é, a modo dos filósofos, um Deus abstrato; Ele é um Deus de amor; de um amor intenso e permanente para com todas as criaturas.

Ele é guiado pelo princípio fundamental de que o objeto da luz da fé e o objeto da luz natural do espírito humano são o mesmo ato espiritual: a Verdade, cuja revelação plena é Cristo. E sua reflexão jamais será mera especulação, pois ela nasce da experiência de uma alma profundamente religiosa que vive algo absolutamente positivo: a união, a mais íntima, com Deus.

Eis uma das razões pelas quais ele é reconhecido como um dos grandes doutores da Igreja latina; um dos pilares de sua tradição teológica e mística. Não olvidemos que foi graças a Ambrósio que Agostinho assumiu a herança cultural cristã em seus profundos vínculos com o mundo grego, particularmente com o grande teólogo exegeta alexandrino, Orígenes.

No ano seguinte ao batismo, em sua incansável busca interior, ele vislumbra um novo modo de viver. Para além da "conversão à filosofia" e da ruptura com as formas de cultura profana, suas reflexões a respeito do silêncio e do indizível levavam-no a almejar um lugar solitário, onde pudesse, com um grupo praticamente monástico, manter um estilo de vida próprio e austero, a exemplo do seu amigo Alípio:

> Nessa mesma ocasião, em que recebia o batismo, pus-me a redigir alguns livros sobre as artes liberais. Interrogava os que estavam comigo e que não tinham se distanciado desses estudos, pois desejava me servir das coisas corporais como degraus para alcançar as coisas incorporais, conduzindo-os comigo (*Retract.*, I,6).

Esse ideal, ardentemente buscado, é sintetizado por ele no lema: *In otio deificari*, tradução dos sonhos que o animavam nos primeiros anos vividos na África, em sua cidade natal. E foi justamente para lá que ele, sua mãe, falecida antes de lá chegar, e seus amigos resolveram partir.

5 O ideal contemplativo: *In otio deificari*

No final do IV século, o termo *otium* designava uma vida renovada, serena, fruto da meditação e do estudo. Na época, chegou-se a criar, na Sicília uma residência rural denominada: "Domínio do filósofo", para abrigar, como propusera Plotino, uma cidade de filósofos, a Platonópolis.

Agostinho não mais visava compreender o mal, nem mesmo a vida organizada da Igreja e muito menos negar a realidade humana. Aspirava experimentar Deus não como algo sensível, mas como Luz da "estrela polar", "para atingir, em uma iluminação de pensamento, a eterna sabedoria que está acima de todas as coisas" (*Conf.*, IX,10).

Através do caminho do encontro consigo mesmo, na escuta silenciosa da voz de Deus, em sua ação gratuita e misericordiosa, ele se volta para si mesmo, no desejo de que seu espírito jamais hesite em acolher a moção interior da Verdade.

Sem dúvida eram-lhe necessárias a audácia e a fé. Por isso, ao lema "*in otium*", ele acrescenta o verbo *deificari*, ser deificado, para exprimir a acolhida espiritual de Deus e, principalmente, o fato de deixar ser por Ele diretamente iluminado, até que resplandeça a imagem de Jesus Cristo em sua vida, ou melhor, que resplandeça em Cristo sua própria imagem.

Movido por essas intenções, ele se retira com o amigo Alípio para Tagaste, sua cidade natal. Distante das seduções mundanas, ele encontra um lugar privilegiado para gozar, em profundo recolhimento, da intimidade da presença de Deus. Relata Possídio: "Viviam no jejum, na oração e na meditação, como também na prática das boas obras. Ele partilhava aos presentes e aos ausentes, ensinando-os com palavras e com livros, aquilo que Deus lhe inspirava" (*Vita* III. *In*: PL, 46).

A experiência vivida com sua mãe, de um Deus bem próximo, não a modo de uma reminiscência, no dizer dos platônicos, marcou-o indelevelmente. Com efeito, agora em Hipona, fruto de uma ação divina gratuita, ele descobre que Deus não só é a causa, mas o objeto para o qual converge a sua vida: "Enquanto falávamos, voamos para atingir, numa iluminação de pensamento, a eterna Sabedoria, que está acima de todas as coisas. Suspiramos e deixamos lá agarradas 'as primícias do nosso espírito'" (*Conf.*, IX,10).

Em verdadeira harmonia interior, *ab interioribus ad superiora*, num processo de interiorização, Agostinho pensa, medita e se eleva até Deus. Eis a nova criação, objetivo final da vida espiritual, estado de profunda paz, obra mais de Deus do que dele mesmo; caminho interior, espiritual, para identificar-se sempre mais a Cristo, assemelhando-se a Ele: *In otium deificari*. "Porque nos criastes para Vós e o nosso coração vive inquieto enquanto não repousa em Vós" (*Conf.*, I,1).

No ano 387, aspirando trilhar o caminho de uma sempre maior identificação a Cristo, e na certeza de que a união a Ele não compreende jamais a desintegração da pessoa humana, mas sim sua realização plena e livre, Agostinho, juntamente com seus amigos de fé, buscará viver o evangelho em toda a sua radicalidade, em uma vida pobre, casta, longe do convívio social.

6 O ideal monacal

Com esse firme propósito, consequência do "homem novo", nascido da imersão batismal, Agostinho dedica-se, totalmente, à oração e à contemplação: "Nada é mais belo, nada é mais doce do que perscrutar o divino, no silêncio. Mas pregar, repreender, corrigir, edificar, inquietar-se por alguém, que compromisso e que fadiga!" (*Serm.* CCCXXXIX,3, 4. *In*: PL, 39).

Se a iniciativa é de Deus, a cooperação do homem e a sua livre-adesão são imprescindíveis. Para designar este processo, os gregos utilizavam o termo *synergeia* (sinergia); ou seja, sendo ação do homem, pois Deus sempre respeita a liberdade do ser humano, ela é totalmente de Deus.

Imbuído deste modo de pensar, Agostinho, nos dois anos em que esteve em Tagaste, viveu como um contemplativo, esforçando-se para que o seu agir fosse caminho seguro para viver e expressar sua vida em Deus. Na realidade, ele e seus amigos abraçaram um estilo de vida religiosa descrito como partilha de bens, comunhão espiritual, com práticas de austeridade inspiradas nos monges do Egito:

Como não admirar, como não louvar esses homens que, desprezando as seduções do mundo e delas "desertando", se reúnem numa vida casta, santa, para passar o tempo orando, lendo e trocando ideias. O orgulho não os atinge, nenhuma preocupação os agita, nenhum trabalho os perturba; mas, modestos, reservados, pacíficos, levam uma vida de perfeita concórdia e de perpétua contemplação, que oferecem, espontaneamente, a Deus como prova de supremo reconhecimento por tudo o que Ele lhes concedeu. Ninguém possui o que quer que seja; trabalham para alimentar seus corpos, sem que o espírito se afaste de Deus (*De opere monachorum*, XXX. *In*: PL, 40).

Eis que nascia, no norte da África, uma fraternidade monástica que sobreviverá até os nossos dias.

Mais tarde, em meio às incumbências de uma vida pastoral e às exigências administrativas de uma diocese, ele unirá o *otium* ao *negotium*, sem deixar jamais de nutrir uma vida dedicada à leitura e à reflexão.

7 Ordenação sacerdotal: *Necessitas caritatis*

Esse período vivido em Tagaste foi marcado por mudanças bem significativas. Primeiramente, o ideal dos ermitães, acolhido por ele e seus amigos, levou-os ao desprendimento total dos bens materiais:

Eles são capazes de gozar não só de uma alegria extrema no convívio com Deus, ao qual permanecem unidos pela pureza de alma, mas também de provar uma felicidade suprema na contemplação da beleza divina (*De moribus ecclesiae catholicae*, XXXI,66. *In*: PL, 32).

Nessa ocasião, Valério, já idoso, Bispo de Hipona, oferece a Agostinho um verdadeiro jardim, belo espaço para que ele pudesse estabelecer aí o seu tão sonhado mosteiro:

> Minha ideia era viver num mosteiro com os irmãos. Tomando conhecimento do meu projeto e de meu desejo, o idoso Valério, de santa memória, me deu o jardim no qual está atualmente o mosteiro. Pus-me a reunir os irmãos bem-intencionados, que, semelhantes a mim, nada tinham e adotavam igual conduta. Eu tinha vendido meus poucos bens e distribuído o resultado aos pobres. Os que queriam partilhar meu ideal faziam o mesmo: era a condição exigida para a vida em comum. E o que tínhamos em comum era um bem imenso e infinitamente rico: "o próprio Deus" (*Sermo* CCCLV,1. *In*: PL, 39).

Não muito tempo depois, Agostinho se dirige a Hipona, distante 80 km de Tagaste, para encontrar-se com um "agente de negócios" que manifestara o desejo de fazer parte do grupo de monges que o seguiam. Ele próprio relata a sua chegada:

> Eu temia tanto o cargo episcopal que, desde que a minha reputação começou a ser considerada pelos servidores de Deus, eu

procurava não ir onde estavam em busca de um Bispo. Eu estava atento e tudo fazia para alcançar a salvação numa posição humilde e não arriscava a me perder num nível elevado.

Mas, como já disse anteriormente, um servidor não pode se opor ao seu mestre. Eu vim a esta cidade ver um amigo para convidá-lo a partilhar de nossa vida no mosteiro. Estava tranquilo, pois Hipona estava provida de um Bispo. Eu fui preso, feito sacerdote, e, finalmente, fui conduzido ao episcopado (*Sermo* CCCLV,1. *In*: PL, 1).

Foi exatamente o que aconteceu. Ao encontrá-lo, o jovem convida-o para ir à catedral, a fim de eles orarem e meditarem. Ela estava repleta de fiéis. Na abside, iluminada por tochas, o velho Bispo Valério, grego de nascimento, sabendo, possivelmente, da chegada de Agostinho na cidade, expressa aos fiéis a necessidade de ter junto a si um padre jovem, zeloso, que o ajudasse em suas atividades episcopais.

A surpresa de Agostinho foi enorme, pois mal entrara na catedral ouve seu nome repetido por todos. Assustado, com os olhos marejados de lágrimas, ele reage. Os que o conduziam ao presbitério, não compreendendo a razão das lágrimas, diziam para confortá-lo:

Tem paciência! Sabemos que o sacerdócio é pouco para ti, que mereces o episcopado... Mas em breve tu serás também nosso Bispo, Valério já está idoso. Ele é muito bom, mas não consegue mais dar conta do recado. Tem paciência!

Em uma carta, Agostinho dirá:

> Disto provinham as lágrimas que alguns irmãos me viram derramar na época da minha ordenação. E não conhecendo as razões da minha angústia, procuravam consolar-me, repletos de boas intenções, com argumentos que não correspondiam absolutamente à minha angústia (Ep, XXI,2. *In*: PL, 33).

Uma vez ordenado sacerdote, seu modo de vida se transforma. Porém, ele jamais abandona o *otium*, pois a contemplação e a busca de maior conhecimento são essenciais para reabastecer-se espiritualmente nas lides sacerdotais (*nec-otium*): "O servo não deve contradizer ao seu Senhor".

Mas algo notável, logo no início da vida sacerdotal, causa-lhe admiração e uma agradável surpresa: o desprendimento e, particularmente, o zelo pastoral de muitos membros da hierarquia da Igreja. De fato, ao constatar que a missão pastoral exigia considerável sacrifício, ele passa a vê-los como seres excepcionais, integrantes do "pequeno número daqueles a quem Deus quis confiar o governo das igrejas".

Todavia, o ideal monacal o acompanhará sempre. De um modo bastante empírico, suas atitudes refletirão a vida de um monge-sacerdote e, mais tarde, após a morte de Valério, a vida de um monge-bispo. Aliás, seu episcopado será sinal de esperança para os que, na ordem do conhecimento, se colocam em estado de progresso, visando atingir a contemplação da Sabedoria, experiência e degustação do Amado:

Com efeito, ninguém deve entregar-se de tal maneira ao ócio, que se esqueça de ser útil ao próximo, nem de tal maneira à ação, que se esqueça da contemplação de Deus [...].

Após citar São Paulo, que afirma: "Quem deseja o episcopado aspira um bom trabalho", ele recorda que "a palavra episcopado em grego não quer designar dignidade, mas sim trabalho, pois indica alguém que é superintendente, colocado à frente de seus subordinados para olhar por eles".

Portanto, não é Bispo quem gosta de presidir, mas quem ama ser útil. E, para tanto, é necessário aplicar-se ao estudo e à busca da verdade, elementos essenciais da dignidade do ócio [...].

Por isso, o amor à verdade supõe a busca do ócio santo, e a necessidade da caridade (*necessitas caritatis*) exige devotar-se às obras de justiça. Se ninguém nos impõe semelhante peso, devemos entregar-nos à busca e à contemplação da verdade. Se alguém impõe, devemos aceitá-lo por necessidade da caridade. Mesmo em tal caso, não se deve abandonar de todo os encantos da verdade, para não acontecer que, privados desse doce apoio, a necessidade nos oprima (Ep, XIX, 19. *In*: PL, 33).

Tais palavras confirmam a resposta dada a Valério que lhe perguntou, logo após a ordenação sacerdotal, se ele desejaria viver em sua casa ou permanecer no mosteiro. Sua resposta foi imediata: "Pai santo, prefiro o mosteiro!" Mais tarde, essa decisão é confirmada em uma carta dirigida a Valério, na qual descreve a "violência", sofrida na Catedral, quando, levantado ao ar pela multidão, fora conduzido ao altar para ser ordenado padre: "Violência por causa de meus pecados, porque não saberia a que outra coisa atribuir o fato de destinar-me ao segundo posto de timoneiro, quando não sei segurar na mão nem mesmo um remo" (Ep, XXI,1. *In*: PL, 33).

O ardente desejo de se identificar a Cristo não arrefece. Presente ao longo de toda a sua vida, leva-o, logo após sua ordenação sacerdotal, a suplicar ao Bispo Valério algum tempo livre para se retirar e estudar a Bíblia (Ep, XXI,3). Alimentada pela oração e pela meditação da Palavra de Deus, a comunhão com Cristo permanecerá de importância vital para sua missão apostólica.

Um sinal ou testemunho dessa serena e perseverante comunhão com Cristo é o modo simples e despretensioso de ele se relacionar com todos, particularmente com os pecadores e os pobres da cidade de Hipona. Ele o faz não movido por um sentimento moral, mas por uma força espiritual que o anima e fortalece em sua ação evangelizadora. E isso, a tal ponto, de ele, outrora cuidadoso nas expressões e na observância da gramática, exclamar do alto da cátedra: "É melhor incorrer na crítica dos gramáticos do que não ser compreendido pelo povo".

Ardoroso orientador, ele aconselhará semelhante procedimento a todos os ministros da Igreja, como bem atesta sua carta dirigida a Aurélio de Cartago. Nela ele concita todos os ministros, mediante seu agir e falar, a serem testemunhas da Igreja, definida por ele como presença do *Christus humilis*.

Aliás, não poucas vezes a palavra "humildade" é empregada como elemento constitutivo da Encarnação de Cristo, descrita não como "mistério do Deus que se fez homem", mas como "mistério do Deus que se fez humilde".

A partir de 391, arrancado da vida contemplativa e colocado a serviço do evangelho, ele se empenha para que o lema: "*Necessitas caritatis*", cunhado por ele, se tornasse coextensivo a todos os cristãos, mediante a transformação e aperfeiçoamento dos laços humanos existentes entre eles.

Ao longo de quarenta anos, sua voz ecoará por toda a costa africana, anunciando o evangelho e vulgarizando argumentos teológicos, por vezes de modo polêmico, porém jamais faltando à caridade. Sua palavra era direta, imediata, a ponto de interromper a leitura do texto bíblico para comentá-lo, sempre de modo fraterno e persuasivo.

Sua vida sacerdotal ele a realiza em total dependência do povo, ao qual se sente profundamente ligado. Reconhecendo na ação da Igreja a vontade de Deus, ele se coloca totalmente a serviço do evangelho, consciente de que pôr-se a caminho do Senhor é ir ao encontro dos irmãos para levá-los a Deus.

Uma fonte interior e espiritual o impulsionava: a presença de Cristo, que, na barca de sua alma, ao despertar trazia-lhe paz e serenidade (cf. Sl 147,3. *In*: SANTO AGOSTINHO, 1997, p. 3s.).

8 *As confissões*

Agostinho lembra-se do amigo Ponticiano, que lhe tinha falado da existência de alguns personagens, os eremitas, que viviam no deserto do Egito, dedicados à vida de oração e ao recolhimento. Tratava-se de Santo Antão e de Santo Antônio, o eremita, que tiveram grande influência na vida de numerosos cristãos e mesmo de diversos funcionários imperiais.

Foi com admiração e devoção que ele leu a vida de Santo Antão, que narrava, como as demais biografias da época, seus últimos anos de vida, já como eremita no deserto. Uma vida de prece e de oração, entregue ao trabalho manual e ao estudo da Sagrada Escritura, caminho espiritual para ascender a Deus e encontrar-se com sua própria verdade.

Sensível e apostólico, ele decide escrever, em linhas gerais, o itinerário de sua vida, desde a decisão de se tornar cristão batizado até o início da sua vida monacal. É o mestre espiritual que transmite a experiência de uma alma religiosa em seu encontro com Cristo através de um relato original e autêntico endereçado aos que aspiram uma união mais íntima com Deus.

Assim, logo após assegurar que a verdade da Escritura se funda no fato de ela ter como autor principal o próprio Deus, ele a percorre e reconhece em cada passagem a assinatura do seu Autor divino. Certeza que lhe permitirá relacionar a especulação intelectual com o sentido do texto bíblico e a ascese filosófica com a compreensão da fé.

a) A questão do título "Confissões"

A relação estabelecida entre pensamento e vida, razão e fé, graça divina e liberdade, revela o drama intelectual e espiritual que caracteriza sua vida. Embora só bem mais tarde tivesse recebido o batismo, ele não deixa jamais de ser um homem cristão, educado e orientado em seus primeiros anos pela mãe Mônica, mulher de fé e de oração, que contrastava com a indiferença religiosa do marido.

Na contínua busca da Verdade, o coração inquieto de Agostinho leva-o a passar de um a outro movimento filosófico, sem se fixar em nenhum deles. Aninha-se no seu interior uma verdadeira luta espiritual, descrita por ele a Mânlio Teodoro no *Diálogo sobre a felicidade*, como se fora um mar turbulento. É a *Alegoria da tempestade*, em que o navegante, em meio à fúria das ondas, procura por um farol, por uma estrela, por uma luz, que lhe indique um porto seguro.

Real conflito espiritual, no seu dizer "carnal até o espírito, ou espiritual até a carne", relatado principalmente nas *Confissões*, obra espiritual autobiográfica, redigida por volta dos anos 397-400, imediatamente após ter sido escolhido Bispo em Hipona e na qual ele se reporta ao passado, concebido como uma preparação para a sua atual missão:

> Admirava-me muito, ao recordar diligentemente quão longo fora o período de tempo decorrido após os 19 anos, idade em que eu começara a arder no desejo da Sabedoria, propondo-me depois de obtê-la abandonar todas as esperanças frívolas e todas as loucuras enganosas das vãs paixões. Porém, chegado aos 30 anos, continuava ainda debatendo-me no mesmo lodo, ávido de gozar dos bens presentes que fugiam e me dissipavam (*Conf.*, VI,11).

Ao dar o título *Confissões*, o próprio Agostinho declara que seu desejo não é oferecer uma exposição de pecados, muito menos um exame de consciência, mas apresentar a síntese do drama interior de alguém que "caminha longe do próprio coração" na tentativa de reconhecer em Deus sua verdadeira identidade: "Criado todo inteiro pelo meu Deus, cheio de doçura" (*Conf.*, VII,3).

O verbo confessar, *confiteri*, já empregado em uma de suas homilias sobre São João, exprime mais do que um itinerário filosófico percorrido por ele ao ler Cícero. De fato, o próprio Agostinho confessa que a leitura de *Hortensius* transformou suas ideias e, de modo significativo, o impulso íntimo, interior, de sua alma: *Mutavit affectum meum* (*Conf.*, III,4).

Agora, já não mais como um retor, mas como um cristão, ele busca a sabedoria, guiado por seu famoso princípio teológico: *Fides quaerens intellectum*. A fé não exclui a razão; pois, se assim fosse, a vida espiritual, definida como busca da Verdade, perderia sua força. Ambas são igualmente imprescindíveis. Daí o axioma: "Creio para entender, entendo para crer [*Credo ut intelligam, intelligo ut credam*] em resposta ao moto programático: Creia para poder entender [*Crede ut intelligas*] (*Disc.*, 43,4. *In*: PL, 39).

Se ele evita o perigo de apequenar a razão, tornando-se sempre mais unilateral, também nega o risco de fechar-se aos amplos horizontes da fé. Nesse sentido, ao reagir à concepção sustentada pelos maniqueus, ele afirma que a razão, Iluminada pela fé, leva-o a uma busca ininterrupta de Deus, mediante um ato consciente de interiorização, não por meio de uma recordação ou reminiscência de tipo platônico.

Norteado por tais diretrizes, Agostinho trilha os caminhos do estudo, do diálogo e da reflexão, fiel aos matizes platônicos, hauridos de Plotino e Porfírio, corrigidos e cristianizados por Ambrósio, que também não desprezava Fílon de Alexandria e Macróbio.

No *De doctrina christiana*, ao se referir ao anúncio do evangelho e à catequese cristã, ele reconhece claramente o valor e a importância da cultura profana. Para ele, como também para Santo Irineu, a diversidade não prejudica; pelo contrário, confirma e consolida a unidade na fé.

b) A irredutível originalidade das *Confissões*

Escritas por volta de 397-400, alguns anos após a sua ordenação episcopal, elas constituem autêntico hino de louvor a Deus, atestando uma vida, ardente, vibrante, mergulhada no eterno presente da eternidade de Deus. As *Confissões*, verdadeiro tratado de uma existência temporal, narram detalhadamente fatos exteriores que se unem a motivações interiores, para expressar, quais suspiros da alma, preces de súplica e de louvor: "Queremos ver Deus, buscamos vê-lo, ardentemente o desejamos" (*Serm.*, 53,6. *In*: PL, 39).

No entanto, longe de ser um escrito de piedade redigido em forma de oração, elas testemunham a genial criação de um Bispo-monge, que em meio às suas atividades entrega-se à contemplação silenciosa de Deus. O próprio verbo *confiteri*, empregado por Agostinho, em seu sentido bíblico expressa um querer definido, claro, unificador, que atribui a Deus os dons e as dádivas, como também as penas e os sofrimentos; ou seja, sua vida inteira, desde sua infância: "Louvarão ao Senhor aqueles que o procuram. Quem o procura o encontrará, e quem o encontra o louvará" (*Conf.*, I,1). Pouco mais adiante, ele exclama: "Eu vos glorifico, Senhor do céu e da terra, e vos louvo pelos alvores da vida e pela infância de que não mais me lembro" (*Conf.*, VI,10).

As *Confissões* não falam do Deus abstrato dos filósofos, mas do Deus vivo e inefável o qual Agostinho louva mediante um diálogo afetuoso por todos os fatos de sua vida, desde o tempo que passou distante da Igreja, até sua conversão: "'*Magnus es, Domine, et laudabilis valde!* [Sois grande, Senhor, e infinitamente digno de ser louvado]' (Sl 95,4). O homem, pequena parte de vossa criação, quer louvar-vos" (*Conf.*, I,1).

O louvor a Deus, toque de clarineta, é o núcleo principal de sua obra, centro mesmo de sua vida. Ao mesmo tempo que nos conduz ao conhecimento da intimidade amorosa de Deus, transporta-nos ao seu amor misericordioso e absorvente.

O intuito de Agostinho não é descrever fatos e sentimentos de sua vida; caso assim fosse, ele estaria diluindo sua primeira e verdadeira inspiração. Ele almeja que as *Confissões*, para além de toda proposição lógica, sejam um cântico de agradecimento ao divino Mediador, que por sua ação benevolente e amorosa fez de sua vida um livro aberto de louvor a Deus: "'*Magnus es, Domine!*

[Grande és Tu, ó Senhor!]' E eu, 'porção de tua criatura!', quero louvar-te: '*Laudare te vult homo*'" (*Conf.*, I,1).

Ainda que suas palavras estejam centradas em questões filosóficas, éticas e religiosas em cada página, elas externam o itinerário de um coração inquieto, que busca a Deus sem cessar, cuja infinita bondade misericordiosa é testemunhada em cada fase de sua vida.

Em um autêntico louvor ao Senhor, tendo sempre presente a Encarnação redentora do Senhor, Agostinho narra sua vida sem reinterpretar o passado, o que tornaria as *Confissões* um diário de lembranças, matizado de tons de angústia e de ansiedade: "Concedei-me que percorra, com memória fiel, os desvios passados dos meus erros, imolando-vos uma vítima de louvor" (*Conf.*, IV,1).

Nessa referência ao Senhor, ele reflete em cada página sua busca incessante pela Verdade, aventura de dimensões extraordinárias, em que a dualidade é superada pela graça divina e o temor pela certeza de que a face misericordiosa de Deus o acompanha.

O objetivo almejado, o porto seguro é encontrado, após um longo processo de comunhão mística ou sobrenatural com Deus, em que a Verdade do amor divino toma conta de sua vida: "Sois Vós que o incitais a procurar sua alegria em vossos louvores, pois Vós nos fizestes para Vós e nosso coração está inquieto até que repouse em Vós" (*Conf.*, IV,1).

Por conseguinte, ultrapassando os denominados escritos de piedade, as *Confissões* são um sublime discurso dialético no qual o Bispo de Hipona estabelece verdadeiro diálogo entre sua vida, caracterizada como espaço de dualidade e limites, e Deus, reconhecido na plena simplicidade do seu amor misericordioso.

9 Algumas linhas mestras de sua obra

Agostinho marcou profundamente os séculos posteriores. Alguns o reivindicam como inspirador de uma filosofia existencialista, muito presente em nossos tempos; outros, os teólogos franciscanos, como São Boaventura e João Duns Scotus, julgam ser ele continuador do pensamento cristão, principalmente, dos primeiros Santos Padres de língua grega. Nesse sentido destacam o fato de ele oferecer, com perspectivas originais, uma visão dinâmica e profundamente humana, muito presente junto a tais escritores.

Diante desta complexidade, na tentativa de uma visão sintética, procuraremos indicar algumas linhas mestras que consideramos as mais significativas do período posterior à sua conversão.

9.1 Agostinho e a sua obra

Em seu itinerário religioso, Agostinho reavalia seus próprios escritos, mas diferentemente de outros, que talvez o façam levados por uma mudança de sentimento, ou pela falta de maleabilidade em suas atitudes passadas, ou ainda por enganos cometidos em suas exposições anteriores.

Ao contrário, Agostinho retoma suas antigas reflexões, como se fora um jovem inquiridor, que, de coração inquieto, guiado pela estrela polar, se colocasse na insaciável busca do porto seguro, morada da perene paz.

No final da vida, antes de legá-la à posteridade, ele o faz, relendo a sua obra. Nas *Retractationes* emite seu derradeiro parecer enunciando 232 obras classificadas em diversas categorias, como homilias, cartas ou livros, com uma indicação precisa a respeito daquelas que ele deseja rever (*reprehensiones*) ou explicar (*defensiones*), destacando as etapas percorridas em sua busca pela verdade, e corrigindo o que ele julgava não muito correto.

Por outro lado, ao sistematizar os dados revelados em vista da defesa da fé contra as heresias então reinantes, ele estabelece uma estreita relação entre teologia e filosofia, com proposições demonstrativas fundadas na razão humana. É admirável a maneira sintética com que ele inclui, para uma melhor compreensão da fé (*sapientia*), as novas técnicas e as diferentes perspectivas, próprias do seu tempo, resultantes do esforço da razão humana (*scientia*): "Esforça-te para ter fé, para compreender minha palavra, como pregador; tenha fé, a fim de obter a compreensão da Palavra de Deus: *Intellige ut credas verbum meum, crede ut intelligas Verbum Dei*" (*Serm.*, 43,7. *In*: PL, 38, 258).

Tal esforço de ler as manifestações da inteligência sob a dependência da fé estará mais fortemente presente no período subsequente, denominado Idade Média. Porém, o objetivo de Agostinho não é só ensinar a pensar, mas é ensinar a viver pensando, para que, como homem de Deus, cada cristão possa reconhecer, sempre mais, a sua vida em Cristo.

Em suas reflexões sobressai um pressuposto: a convicção de que em todo ser humano, graças à encarnação do Verbo de Deus, cintilam lampejos da Verdade, o que permite reconhecer, no seu modo de pensar, não só uma matriz neoplatônica, mas principalmente uma tradição patrística que em sua unidade orgânica será desenvolvida nos séculos posteriores.

9.2 Agostinho e a Sagrada Escritura

Mesmo após sua conversão, Agostinho continua ligado às correntes filosóficas às quais se dedicara na juventude, com entusiasmo e dedicação. O empenho pela busca da Verdade faz dele um inspirador e animador para todos os que trilham os caminhos da personalização e da maturação interior. Aliás, seu esforço pela busca da Verdade jamais se arrefecerá.

Uma de suas obras, *Doctrina Christiana*, retrata o imenso trabalho exegético e hermenêutico que ele desenvolveu ao longo da vida, sempre fiel ao princípio fundamental: "Em cada passagem bíblica, Cristo é, enquanto Deus, a meta última; e, enquanto homem, Cristo é o caminho a ser percorrido, através do texto bíblico".

Por ser Palavra de Deus, ele sustenta, presente em cada livro bíblico, não só a homogeneidade de sentido, como também uma única intenção: a ação salvadora de Deus. Mas, para uma leitura mais eficaz da Bíblia ele sugere, sempre na *Doctrina christiana*, a necessidade de considerar o texto bíblico sob três aspectos: como um enigma ou sinal; como um problema e finalmente como um mistério.

9.2.1 O enigma da Sagrada Escritura

A Palavra de Deus, por sua própria natureza, não se circunscreve ao sentido cientificamente descritivo ou explicativo, mas expressa, por ser uma forma específica de Sabedoria, um enigma. Seu verdadeiro e mais radical significado, ainda que acessível a todos, não aflora de modo espontâneo e imediato. Sem dispensar o sentido literal e direto do texto, é por etapas interdependentes que se alcança seu sentido último e pleno: ao *fiat* divino.

Daí procede o parecer crítico de Agostinho a respeito das várias versões da Bíblia latina: "Ora, entre estas versões é necessário preferir a Ítala, pois ela (*illa quae*) segue de perto as palavras e transmite claramente os pensamentos" (*Doctrina Christiana*, 2, 15, 22. *In*: PL, 40).

Mas o fato de em seus sermões recorrer ao texto grego, ele deixa transparecer uma certa desconfiança a respeito das diversas traduções bíblicas, mesmo que a tradução latina fosse aquela de São Jerônimo.

Por isso, alguns estudiosos propõem que as palavras: "*illa quae*" não fossem traduzidas por Ítala, o que permitiria estar ele dizendo que "entre as diversas versões, é necessário preferir a mais literal e a que melhor manifesta o pensamento enunciado". No entanto, conhecendo a prática exegética de Agostinho, perguntamos: Não seria tal versão um tanto arbitrária?

9.2.2 O problema fundamental

Embora sinta certa resistência em interpretar o Antigo Testamento em razão da controvérsia com os maniqueus, que o negavam, Agostinho não deixa de valorizá-lo mais do que qualquer outro gênero de literatura:

> A Sagrada Escritura, toda ela, está logicamente conexa, como que constituindo uma única leitura, enquanto procede de um Único Autor que fala. Muitas são as bocas dos que proclamam o mistério da Palavra, mas uma única é a boca que sacia todas elas (*Disc.*, 170,1. *In*: PL, 39)

Ora, se o autor de ambos os testamentos é o mesmo, os ensinamentos fundamentais, hauridos de ambos, só podem também estar em perfeita consonância. O mesmo se pode dizer das celebrações litúrgicas, frisando a importância de serem proclamadas as leituras do Antigo e do Novo testamentos, justamente por exprimirem o mesmo e único mistério de Cristo.

Entre os dois testamentos não há oposição; há sim uma unidade intrínseca, expressa no axioma: "Se o Antigo Testamento é o velamento do Novo Testamento, este é a revelação do Antigo Testamento" (*Disc.*, 300,3, 3. *In*: PL, 39).

9.2.3 O mistério da Sagrada Escritura

Com certas nuanças, Agostinho traça um paralelismo entre o "mistério de Deus" e o "mistério da Escritura". Para além do sentido literal do texto, a Sagrada Escritura encerra uma riqueza inesgotável, com diversos graus de profundidade que nos levam ao insondável e eternamente buscado: "Oh! que admirável profundidade a das vossas palavras. Sua face nos acaricia como a crianças! Oh! que admirável profundidade; ó meu Deus, que admirável profundidade!" (*Conf.*, XII,14).

Para explicitar essas belas palavras, ele utiliza a imagem do maná dos céus, que no deserto saciava a todos, com seus diversos tipos de sabores. Agora, é a Palavra da Escritura que sacia a fome de todos os homens de boa vontade.

No entanto, para evitar o radicalismo literalista presente entre os maniqueus, ele destaca com ênfase o sentido pleno do texto bíblico manifestado para além da própria intenção imediata e consciente do hagiógrafo. Daí seu constante apelo para que todos cheguem, pela oração, aos segredos das Escrituras; passem da tenda provisória que é a Igreja, para a morada definitiva em Deus: "Deus, que habita no segredo de uma alta morada, tem também uma tenda sobre a terra: a Igreja peregrinante. Nela o cristão que busca Deus encontra o caminho para chegar à morada definitiva".

E, mais adiante, destaca: "Que a alma o diga, e que ela diga com toda segurança: 'Tu és meu Deus'; que nossa alma diga isso a quem lhe declara: 'Eu sou a tua salvação'" (Sl 32; *Com. aos Salmos*, p. 408ss.).

9.2.4 Leitura em diversos níveis

No desejo de "dar um fundamento racional à fé", após interpretar o sentido literal em sua realidade social e comunitária, Agostinho, em um segundo momento, toma partido pelo sentido teológico-espiritual do texto bíblico.

Assim, ao comentar o Sl 32,17, após sublinhar a linguagem da economia divina – isto é, o plano divino relativo à salvação – expressa nas palavras: "Eu sou a tua salvação", ele retoma a linguagem teológica, presente na resposta do salmista: "Tu és o meu Deus", para deixar emergir o sentido espiritual.

Por uma iluminação interior, o impensável em seu espírito, e o impossível em seu coração, tornam-se pensável e possível em Deus: "Deus os pensa por Ele e os torna possíveis a Ele".

Por outro lado, ao considerar nossa caminhada para Deus inseparável da nossa realidade terrena, Agostinho nos impede de qualificá-lo como um quietista, que compreenderia a perfeição cristã como resultante do amor a Deus e da inação da alma. Ao conhecimento da verdade e, igualmente, ao crescimento na Sabedoria, ele une, como imprescindíveis, a observância dos mandamentos e a constante resposta ética, pessoal e responsável.

9.2.5 Fé e compreensão da Palavra

Para se deixar penetrar por esse sentido espiritual-teológico da Palavra de Deus, Agostinho traça um caminho vinculado à linguagem sacramental ou simbólica do texto bíblico.

É bom recordarmos que o termo *sacramentum*, muito utilizado nas antigas versões latinas da Bíblia, designava o conceito grego de *mysterion*: o desígnio salvador de Deus, plenamente revelado e realizado em Cristo.

Tendo presente a indicação grega do termo *sacramentum* e a visão platônica do mundo material, entende-se porque Agostinho o emprega para indicar a passagem da realidade visível, material, à realidade invisível, espiritual. Caminho não só moral, mas sobretudo místico, para se chegar à compreensão da mensagem evangélica que, ao revelar, ao mesmo tempo vela a presença atuante de Deus na história da nossa salvação: "Foram instituídos alguns sinais sagrados (*sacramenta*), muito salutares, que mantiveram unidos os membros da comunidade do povo cristão; ou seja, a multidão livremente submissa ao único Deus" (Santo Agostinho, 1987).

Nas celebrações litúrgicas fundamentais da Igreja, o termo *sacramentum* passará a designar além do Batismo, da Eucaristia e dos demais sacramentos, tidos como emblemáticos, também todas as demais atividades de caráter litúrgico e mesmo da vida pública da Igreja: a Páscoa, Pentecostes, o sinal da cruz, os costumes penitenciais e os diversos ritos: "Porque do Cristo, adormecido na cruz, nasceu a Igreja, quando de seu lado, pendido da cruz, golpeado pela lança, fluíram os sacramentos da Igreja" (*Com. Ev. Jo, 15,8. In*: PL, 35).

Daí sua resposta aos donatistas, de que, mesmo impropriamente administrados, os sacramentos não deixam de ser ação de Cristo e da Igreja:

> Os sacramentos não deixam de ser de Cristo e da Igreja, embora os usem, ilicitamente, não só os hereges, mas também os maus e os ímpios. Por isso, corrigidos e punidos, os sacramentos serão reconhecidos e venerados (*Bapt.*, 3,10,13. *In*: PL, 43).

A vida de comunhão com Deus, alimentada por uma espiritualidade sacramental, não é uma música consoladora para tranquilizar, mas é a inscrição da Verdade de Deus na vida do cristão. Verdade não pronta e definitiva, pois, qual raio da luz divina, ela o torna um personagem inquieto e de grande sensibilidade. É o toque divino em sua alma, que o eleva a Deus (*anagogias*), em meio a dúvidas e contradições: "Tu nos fizeste para ti, Senhor, e nosso coração está inquieto até que repouse em ti" (*Conf.*, I,2).

Em outras palavras, embora acentue a diferença essencial entre o Criador e a criatura, Agostinho não abole a correspondência ontológica que existe entre a Verdade de Deus, dom e comunicação perfeita, e a verdade inscrita no coração do homem. Nossa tarefa é perfazer essa unidade, buscando a plena harmonia interior só perfeitamente efetivada em Cristo, o homem Jesus: "Eu entendo, eu entro em mim mesmo, eu começo a me reconhecer" (*Conf.*, I,2).

A reflexão sobre a Verdade, tão familiar a Agostinho, caminha de par com a questão da liberdade humana, descrita como a infinita possibilidade de crescer no bem. Abertura originária do ser humano, ela se efetiva na medida em que ele corresponde à Verdade (*alétheia*), ao Bem supremo, experienciado como presença do Deus Trino, "vestígio da Verdade", no dizer de São Boaventura, que, presente nele, o impulsiona à sua plena realização: "Dispondo-se sempre mais para Deus, a alma se modela à imagem divina, sua verdadeira e própria natureza" (*De Trin.*, 14,15-18. *In*: PL, 42).

9.2.6 A pregação da Palavra

Se grande é a preocupação de Agostinho a respeito do texto bíblico e seu sentido literal, não menor é o desejo de ser compreendido pelo povo simples, que o escuta. Daí o fato de ele destacar na pregação três aspectos determinantes: o pressuposto daquele que anuncia a Palavra, os seus riscos e a dialética da razão e da fé.

a) O que se pressupõe ao anunciar a Palavra

Em seu pequeno livro *Doctrina Christiana*, muito bem acolhido na Idade Média, e considerado como um complemento à obra de São Jerônimo, Agostinho explica, longamente, alguns pressupostos básicos para a leitura da Bíblia.

Embora considere útil a retórica haurida dos autores pagãos, ele comenta, com temor, o que lhe sucedeu em Cesareia da Mauritânia, por julgar que as multidões estivessem ligadas mais à sua palavra do que à Palavra de Deus. Fato que o leva a estabelecer uma distinção entre o *ministerium*, serviço próprio do homem e a *potestas*, poder que provém de Deus: "A condição humana seria aviltada, caso Deus fosse impedido de dirigir sua Palavra aos homens, por causa do ministério dos homens".

Urge ao pregador colocar-se a serviço do evangelho, precioso alimento, *spiritalis cibus*, necessário para fortalecer e nutrir os ouvintes em sua peregrinação terrena. Para tanto é indispensável que, para além da compreensão literal e espiritual dos textos bíblicos, o pregador acolha, em sua intimidade, a Verdade, "diretamente, administrada por Deus", fruto da sua condescendência.

b) Os riscos do anunciador da Palavra

Se a Palavra de Deus, de modo extraordinário, nutre o pregador, no entanto, existem dificuldades e limitações. Em suas Cartas e Homilias, particularmente na *Doctrina Christiana* 1,35, ele salienta ao menos quatro principais riscos que podem ocorrer ao ministro, no anúncio da Palavra:

1) A palavra humana não só é deficiente para exprimir nossos pensamentos, como também a Palavra suscitada pelo Verbo Divino no interior do nosso coração.

Apesar das dificuldades, o pregador jamais deverá deixar de anunciar o evangelho, mesmo correndo o risco de não ser bem compreendido:

> A mim também, meu discurso desagrada quase sempre... Aflijo-me ao constatar que minha língua não corresponde ao meu coração... Meu discurso é lento, longo... O ouvinte nem sempre apreende o meu pensamento.

2) Uma de suas grandes preocupações é a de não corresponder à Verdade.

Por repetidas vezes ele suplica aos fiéis: "Orai para que não vos engane aquele que não vos quer mentir". Em outra ocasião exclama: "Vou vos dizer algo, embora eu possa me enganar".

3) Consciente de ser um grande orador, ele percebe que muitos vão à igreja, não movidos pela Palavra, mas só para escutá-lo. Por isso, contrariado, ele recrimina os que o aplaudem:

"Eu estou em perigo se presto atenção aos vossos louvores... Tenho medo de ser atraído pelo vazio e não estar em terra firme".

4) O objetivo principal do pregador é levar os ouvintes a interiorizar a Palavra de Deus em suas vidas. Porém, nem todos os fiéis o reconhecem como um homem de Deus, mas simplesmente como um grande orador e representante do Império.

Com ênfase, ele declara: "Quem julga ter compreendido o texto, mas se a sua compreensão não o leva ao amor a Deus e ao próximo, não compreendeu ainda nada (*nondum intellexit*)".

10 A título de conclusão: *A Cidade de Deus*

A época de Santo Agostinho pode ser considerada como o início de uma nova etapa na história da Antiguidade. Se o final do século IV e início do V marcam um tempo de decadência e de sombras, no entanto, com Santo Agostinho se vislumbra o nascer de uma nova era.

No ano 412, segundo suas palavras, ele assume a "árdua empresa" de redigir a obra *A Cidade de Deus*. Em seus cinco primeiros livros ele aborda os que adoravam os deuses propícios à felicidade terrestre; nos doze últimos desenvolve temas específicos: quatro sobre as origens das duas cidades, "a de Deus e a do mundo"; quatro sobre o desenvolvimento delas no passado e, finalmente, quatro a respeito do destino final das duas cidades.

Monumento da cultura literária do Baixo Império, a obra traduz a contradição pressentida por Agostinho, entre um tempo cíclico, concepção antiga e platônica, e um tempo irreversível, situado entre o indefinido do tempo pagão e o infinito do tempo cristão.

Sem identificar a "Igreja", instituição da comunidade cristã neste mundo, com a "Cidade de Deus", ele deixa transluzir a convicção de que também os pagãos, por suas qualidades morais, éticas e culturais, atuam beneficamente na "cidade terrena". Mas são principalmente os cristãos os depositários de uma riqueza cultural inesgotável; os verdadeiros artífices da "Cidade de Deus", que engloba tanto o céu como a terra:

> Eles estavam ávidos de louvor, eram desprendidos do dinheiro e queriam glória imensa e riquezas honestas. Amaram-na com ardentíssimo amor, por ela quiseram viver e não vacilaram em morrer por ela. A cobiça imensa da glória constituiu o freio de todas as demais paixões (*De Civ. Dei*, V, XII,1. *In*: Santo Agostinho, 1964, p. 271).

No século V, a sociedade romana se definha e se identifica sempre mais à "cidade terrena", por seus cultos politeístas e pela decadência dos costumes. Se na cidade terrena o homem pode amar a si mesmo a ponto de desprezar a Deus, na Cidade de Deus ele é capaz de amar a Deus a ponto de negar a si mesmo. O amor, a *caritas veritatis*, que constitui a base firme da concórdia, é o amálgama essencial para a edificação de ambas as cidades, segundo prevaleça "a glória de Deus" ou, tão só, "os bens do corpo" (*De Civ. Dei*, XIV, XXVIII. *In*: Santo Agostinho, 1964, p. 285s.).

Os Padres da Igreja anteriores a Agostinho, por estarem mergulhados na civilização antiga ou presos à realidade política do Império Romano, não se colocaram diante da necessidade de uma nova cultura. Apesar de muitos deles terem manifestado uma visão crítica, o objetivo era antes corrigir, mas não criar uma nova ordem.

Embora sensível à decrepitude da cultura antiga, Agostinho zela pela unidade da razão humana, da qual era profundamente cioso. No entanto, sem prejudicá-la, ele é impelido a propor uma nova ordem.

E ele o faz de uma maneira simples, claramente lógica, distinguindo duas funções no interior da sabedoria: uma voltada para os dados da experiência sensível, denominada *scientia*; outra, considerada superior, eminente, a *sapientia*, propriamente dita, voltada à contemplação das verdades eternas, cerne da cultura cristã, fundamento sólido para o edifício do saber.

Caso essas considerações fossem julgadas como puramente intelectuais ou filosóficas, estaríamos negando a principal intenção perseguida por ele: a busca do sentido da vida em Deus:

> O sábio está unido a Deus pelo laço do espírito, pois entre a Verdade e Deus nada se interpõe. Aliás, ninguém pode ser "sábio" a não ser tendo contato, pelo espírito, com a Verdade. A consequência inegável é a diferença entre o estado do homem estulto (*stultitiam hominis*) e a Verdade absoluta de Deus (*sincerissimam Dei veritatem*), cuja mediação é a sabedoria do homem. Na medida em que isso se dá, o sábio se torna um imitador de Deus: "*Sapiens enim, quantum datum est, imitatur Deum*" (*De utilitate credendi*, XV,33. *In*: PL, 42).

Em sua visão do mundo, a relação das criaturas, sobretudo do ser humano, com Deus é inseparável: Ele é a *causa essendi, ratio intelligendi, ordo vivendi* de todas as criaturas, em seu ser, em seu conhecer e também em sua vida moral. Assim, o ser humano, criado à imagem de Deus, sem dispensar jamais sua decisão livre e pessoal, é convocado a crescer, na força do poder divino, em todas as dimensões do seu ser.

Eis o caminho espiritual concebido por Agostinho: assimilação à dignidade divina, resposta à sua busca insaciável de Deus.

Nesse sentido, ao reconhecer a grandeza da unidade entre a fé e o saber humano, ele afirma que a Verdade, onde quer que ela esteja, é sempre do Senhor. Afirmação que o leva a postular uma nova cultura, possível, legítima e necessária, síntese da cultura profana e da doutrina cristã.

Terceira parte
Cultura e ideal cristão

I
Cultura cristã em Santo Agostinho

Em Santo Agostinho, a decomposição progressiva da civilização antiga aparece ligada a um novo florescimento de vida intelectual e espiritual. Mais do que término de uma civilização, trata-se de uma retomada ou de uma evolução, especialmente, quando se atenta para as fontes que alimentam o pensamento agostiniano: a Antiguidade clássica e os autores como Cícero e Plotino.

Em sua juventude, além dos primeiros ensinamentos escolares, Agostinho se dedicou aos estudos liberais, em especial à arte da gramática representada por Donato Elio, Diomede, Servius e outros. Nesse período preparatório ele sonhava com uma vida intelectual mais plena e madura, pensando em alcançar posições e cargos de destaque na sociedade.

Fala-se então de uma "cultura preparatória", que lhe proporcionou conhecimentos e experiências a serem retomados em suas atividades literárias e intelectuais. Mas, com o passar do tempo, "o peregrino da Cidade de Deus" passará a privilegiar uma vida interior, a vida do espírito, mais do que o conteúdo de conhecimento ou a bagagem intelectual armazenada. Pouco a pouco, ele se distancia de uma cultura unicamente literária, própria para satisfazer "os diletantes da frase", para enveredar-se, juntamente com um grupo de amigos, pelo caminho de um conhecimento sempre mais intenso da filosofia tradicional.

Em Cassiciaco, após rebater os antigos conceitos de Deus que, como "fantasmas da imaginação", lhe faziam dar preferência às realidades humanas, orientado pela busca incessante da sabedoria, ele é atraído por uma cultura efetivamente filosófica.

Essa mudança decisiva se deu no ano 386. Não só por causa de sua entrada na vida católica, mas principalmente por sua adesão ao pensamento neoplatônico.

O filósofo neoplatônico, Plotino, através da doutrina do ser Uno, leva-o a planos intelectuais mais altos, despertando-o para uma atitude de caráter "místico" e reflexivo. Abre-se para ele uma nova compreensão abrangendo suas convicções filosóficas, e a própria organização de sua vida, trazendo-lhe paz interior e um desejo ardente pela beleza eterna: "Aconselhado a voltar a mim mesmo, recolhi-me ao coração, conduzido por Vós" (*Conf.*, VII,10).

Se na solidão de Cassiciaco Agostinho desejava ser cristão, em Hipona ele o é realmente. De imediato ele pede demissão do cargo de retor e renuncia às ambições outrora tão desejadas, ligadas à administração imperial.

Uma única intenção, extraordinariamente pura, toma conta de sua vida: expressar ao Pai a máxima resposta de amor, só possível, reconhece ele, tornando-se filho no Filho único, graças ao Espírito divino.

Verdadeira intuição mística expressa posteriormente pelo filósofo franciscano Duns Scotus ao afirmar que, independente do pecado, a Encarnação do Filho Jesus seria necessária para nos conferir a graça da adoção filial.

Por isso, sem negar a necessidade da cultura pagã para anunciar a Palavra de Deus, Agostinho não lhe tributará maior atenção e importância. No entanto, grande será seu entusiasmo pela cultura cristã, denominada no *De doctrina christiana* como *doctrina, scientia*, exercício da inteligência que se eleva, à luz dos dados da revelação, progressivamente, das verdades racionais, à sabedoria, à contemplação do Bem supremo. Deus é a causa, mas também o objeto para o qual toda a criação se orienta. Verdadeiro itinerário espiritual, sintetizado na dinâmica dialética: "Das coisas exteriores ao interior e do interior ao superior".

Experiência vital que tem por pressuposto o conhecimento de si mesmo, caminho interior que, unido à prece, força espiritual, leva-o a progredir na crescente consciência de que toda a criação remonta a Deus, causa e razão do seu ser. Agostinho coloca-se à escuta da voz do Mestre, mais íntimo a ele do que ele a si mesmo.

Com toda propriedade, pode-se dizer que calou-se a voz do filósofo, confundida com a voz do teólogo; ressoa agora a prece do místico, nascida de uma luz interior: "Entrei, e, com aquela vista da minha alma, vi, acima dos meus olhos interiores e acima do meu espírito, a luz imutável" (*Conf.*, VII,10).

Em suave esplendor, a Luz divina o envolve e lhe é permitido entender, saber e perceber, mais do que lhe é dado compreender e imaginar por si mesmo. Eis que, na alegria de espírito e no ardor do amor, ele vislumbra a verdade de sua vida em Deus, arroubo espiritual que o leva a compendiar na obra *De doctrina christiana,* as manifestações de sua vida intelectual, harmonizando-as com a Verdade de Deus, a quem ele consagra belíssimas expressões do seu espírito: "Sois grande, Senhor, e infinitamente digno de ser louvado... O homem, porção de vossa criatura, quer louvar-vos" (*Conf.,* 1,1).

A força que o atrai já não mais é a opção por um tipo de vida intelectual, mas a aquisição de uma cultura, que ligada à fé cristã, pudesse abranger integralmente o seu ser. Consolida-se um verdadeiro caminho espiritual, mistagógico, autêntico conhecimento sapiencial, um novo nascimento, uma suprema unidade que supera o dualismo do conhecimento e do amor.

Se em Cassiciaco ele reconhece a utilidade do "estudo da sabedoria"; em Hipona, como Bispo e dedicando-se ao estudo e à meditação mística, ele vislumbra em suas atividades eclesiásticas, a celsitude beleza do filosofar. Porém, não dispensará jamais a busca da inteligibilidade da sua fé, compreendida como abertura da razão para contemplar em todos os acontecimentos, graças ao esplendor da luz divina, a verdade de sua vida no Deus que ele tanto ama.

Com insistência, ele volta a dizer que os filósofos, embora chegassem ao conhecimento de Deus, jamais puderam alcançá-lo, pois mantiveram-se "fora de si"; ou seja, cegos à luz interior da fé.

Nesse sentido ele descreve sua conversão como fruto da luz divina, presente no seu interior, *in intimo* (*Conf.,* V,2), pois a salvação começa desde quando o homem se torna reto e digno de Deus. Encontro não anônimo, não unicamente capaz de alimentar sua mente, mas encontro com um Deus que se tornou presente em seu Filho Jesus.

Assim, ao ler a caminhada espiritual de Israel que em Abraão se estende a todos os povos, ele concebe a fé cristã como fundamento de uma cultura, que, gravitando ao redor da Sagrada Escritura, caracteriza o plano divino da comunhão de todos os povos unidos em uma mesma fé, acima de toda opressão ideológica ou social, que se elevam ao único Deus, fonte do verdadeiro conhecimento e que ultrapassa todo o conhecer.

Por outro lado, não se pode olvidar que no *Solilóquio* Agostinho ressalta a grandeza espiritual de uma fé simples, como aquela de sua mãe Mônica. Ao falar da cultura, embora acentue a *sapientia* como preponderante, ele não deixa de destacar a fé simples, adquirida através da razão e da inteligência, que impulsionou sua mãe no caminho para o Santuário do Espírito:

> Pois aquele que possui ocultamente uma excelsa Morada, tem igualmente na terra uma tenda. Sua tenda sobre a terra é a sua Igreja, ainda peregrina. Mas é aqui que se há de procurá-la, porque é nesta tenda que se descobre o caminho para chegar à Morada" (Sl XLI,9. *In*: *Comentário aos Salmos*, 1997, p. 699).

II

Doutrina social dos Padres

Pela ação do Espírito Santo, os seguidores de Cristo vivendo em comunidade, *koivwnia*, termo grego proveniente de *tò koivóv* significa ter tudo em comum, tornaram-se testemunhas da ação salvadora de Deus, designada por São Paulo pela palavra *filantropia*, em latim *humanitas*: "amor compassivo pelo ser humano".

Segundo os Atos dos Apóstolos, sublime ideal de vida concretizado pela primeira comunidade de Jerusalém, "os fiéis estavam todos unidos e possuíam tudo em comum; vendiam bens e posses, e os repartiam segundo a necessidade de cada um" (At 2,44-45).

1 A partilha e o uso social dos bens materiais

Além de grandes oradores, os Santos Padres foram exímios advogados e defensores dos pobres. Notável é o exemplo de São João Crisóstomo aproveitando todas as ocasiões para recordar aos fiéis o valor sobrenatural da esmola e a dignidade dos pobres na Igreja.

Os Padres apostólicos São Clemente de Roma, Santo Inácio de Antioquia, São Policarpo, no período imediatamente subsequente ao tempo dos apóstolos, assinalavam a caridade cristã como uma característica fundamental da missão evangelizadora dos seguidores de Cristo, homens e mulheres.

A vida comunitária dos primeiros cristãos consolidada pela luz e pela força do Espírito Santo, estendeu-se para além das fronteiras de Israel. O mundo pagão greco-romano mostrou-se fascinado por ela, justamente por ser constituída de pessoas conscientes e livres que se serviam de seus próprios bens para socorrer, especialmente, os necessitados e enfermos.

No IV século, os Padres serão incisivos no tocante ao uso social dos bens materiais. Fazendo eco às palavras de São Basílio e São Jerônimo, São João Crisóstomo, se, por um lado, admitia claramente a posse legítima de bens obtida pelo trabalho, reverberava enfaticamente contra a posse desonesta praticada pelos ricos cidadãos de Antioquia, lembrando-os que a terra fora destinada a todos.

Se era frequente a asserção de que Deus é o único senhor de todas as coisas, vigoroso era também o apelo para que todos, por mandato divino, se considerassem não mais do que administradores dos bens materiais e fiéis defensores da natureza, dom inefável da bondade do Criador.

Humanizava-se, assim, a posse dos bens materiais, propondo uma gestão equitativa que pudesse atender a todos, pobres e ricos, humildes e grandes, chamados a viver como filhos e filhas de Deus na concórdia e na caridade fraterna.

São Basílio Magno, um dos Santos Padres com grande influência no Império Romano, de modo direto e claro declara serem "ladrões da sociedade" os que, guiados pela "odiosa insaciabilidade do avaro e do usurário", apoderavam-se dos bens da terra, ignorando a responsabilidade de utilizá-los em benefício dos que carecem de tudo (*Hexaemeron*. Hom. VII,3).

Por ocasião de um período de grande carestia, o mesmo Basílio confessa serem sacrílegos e homicidas aqueles que não socorrem os que morrem de fome: "Em verdade [...] quem pode remediar o mal dos famintos e, por avareza, não oferece o seu socorro, com justiça pode ser condenado como homicida" (*Hexaemeron. Hom. in fame*, n. 7. *In*: PG, 31).

Em sua Homilia sobre São Lucas, ele exclama: "Ó homem, tu és um ministro da bondade de Deus, és administrador dos teus irmãos. Não creias que tudo foi destinado ao teu ventre. Considera pertencente a outros o que tens em tuas mãos" (12,18).

Santo Ambrósio, Bispo de Milão, afirma que na criação do mundo, a terra foi criada para todos, ricos e pobres, e explicita um duplo princípio racional para a sociedade cristã:

> A razão ou o fundamento da sociedade é duplo: a justiça e a caridade comunicativa, também denominada liberalidade e benignidade. A justiça me parece mais excelsa; a liberalidade mais amável, pois uma contém o julgamento; a outra, a bondade. Na verdade, a misericórdia é parte da justiça (*De officiis ministrorum*, I,1, c. XXVIII, n. 132. *In*: PL, 16).

À luz da Palavra de Deus, esses primeiros cristãos instavam os fiéis a se revestirem de misericórdia, reconhecendo nos pobres o Filho de Deus que a eles se identificou.

2 Identificação dos pobres a Cristo

Desde os primeiros anos do cristianismo, os Santos Padres descrevem com cores bastante vivas, a realidade dos empobrecidos acolhidos e assistidos pelos representantes da Igreja: "Os Bispos, com seu ministério, continuamente protegeram os necessitados e as viúvas e sempre levaram vida pura" (*Pastor de Hermas*, IX,27).

Relembramos a passagem da *Didaqué*, primeiro catecismo da Igreja, escrita por volta dos anos 60-80. Nela se delineia uma preciosa regra social lembrada nos séculos seguintes: o ser humano não é dono, mas tão só usuário dos bens materiais. Cabe-lhe administrá-los, sem se eximir jamais do dever de socorrer os que pouco ou nada têm: "Não repelirás o indigente, mas antes repartirás tudo com teu irmão, não considerando nada como teu, pois se divides os bens da imortalidade, quanto mais o deves fazer com os corruptíveis" (*Didaché...* IV,8, 1970, p. 27).

Não menos incisivo, São Policarpo destaca que os ministros da comunidade têm por ofício o dever de promover, em sua comunhão com o Bispo, a prática da caridade de Cristo, assistindo aos indigentes da comunidade em suas necessidades religiosas e econômicas: "Que os presbíteros visitem todos os enfermos, não descuidem a viúva, o órfão e o pobre, mas sejam sempre solícitos no bem diante de Deus e dos homens" (*Aos Fil.*, VI,1. *In*: *Padres apostólicos*, 1995, p. 142s.).

Com efeito, é constante o desempenho da Igreja para criar uma consciência de solidariedade humana e caridade cristã, verdadeira exortação em favor da justiça e do direito dos pobres, contra o supérfluo e o esbanjamento de alguns poucos.

No século IV, não menos claro e vigoroso, Basílio se dirige aos ricos, expondo as exigências que os vinculam, sobretudo, aos pobres:

> Aquele que despoja um homem de sua roupa é um ladrão. Quem não veste a nudez do indigente, quando pode fazê-lo, merecerá outro nome? O pão que guardas em tua despensa pertence ao faminto, como pertence ao nu o agasalho que escondes em teus armários. O sapato que apodrece em tuas gavetas pertence ao descalço. Ao miserável pertence a prata que ocultas (*Hom. contra a riqueza*, 7. *In*: PG, 31,277).

Seu irmão, São Gregório de Nissa, utilizando a mesma figura literária, alude a existência de uma multidão de "Lázaros" junto à porta de cada cidadão.

Na época, enquanto nas cidades era oferecido pão à população, no interior os camponeses perdiam suas propriedades e bens, cedidos aos senhores do Império, que deveriam manter protegidas as suas fronteiras. A consequência era a presença de multidões estendendo as mãos em busca de auxílio.

Diante desses problemas, o posicionamento dos Santos Padres é exemplar. Em consonância com os ensinamentos do Apóstolo Paulo, eles defendem que todo ser humano tem direito aos bens necessários para a sua real subsistência, sem jamais descurar da obrigação de atender aos que realmente deles têm necessidade.

Nessas circunstâncias, torna-se atual a recomendação da *Didaqué*: "Repartirás tudo com teu irmão, não considerando nada como teu" (1,8).

Essa ação em favor dos desfavorecidos adquire força evangelizadora pelo fato de Jesus se identificar com os pequeninos, a ponto de dizer: "Quem os recebe, a mim recebe". Os cristãos, testemunhas de Cristo, são impelidos a viver a caridade e a despertar na sociedade as forças morais necessárias para a organização de estruturas justas e caritativas.

Ao receberem o Sacramento da Eucaristia eles compreendem que o serviço aos seus semelhantes não é fruto de uma estratégia humana, é a atualização do amor gratuito e dadivoso do Senhor pela humanidade. Nesse sentido, São João Crisóstomo assume as palavras do Apóstolo Paulo: "Um é o pão e um é o corpo que formamos, apesar de muitos, pois todos nós partilhamos o único pão" (1Cor 10,17). E, com vigor, afirma que ninguém se volta para Deus sem que o seu coração esteja a serviço dos irmãos, especialmente dos mais pobres:

> A palavra do Senhor é formal: "Quem vos recebe, a mim recebe". Receber um pobre é receber Jesus Cristo; consolar um pobre é consolar Jesus Cristo. Ah! Não o desprezemos ao vê-lo nu, afligido pelo frio: Ele se apresenta sem cessar aos nossos olhos, em nossas praças, em nossas vias públicas, à entrada de nossas igrejas, em nossas casas, por toda parte (20,14,9 *in Rom. In*: PG, 59).

Por isso, ao mesmo tempo que nos encanta ouvir o insistente apelo dos primeiros cristãos para respeitar a "dignidade do pobre", espanta-nos o comportamento dos que "não admitem os fins universais dos bens materiais", e não se reconhecendo autênticos administradores, ignoram a solicitude pelo bem-estar de todos.

3 Os proventos da comunidade

Instituída por Cristo, a Igreja é comunhão dos que acolhem o evangelho e vivem unidos "numa só alma e num só coração" (*At* 4,1); ela é presença de uma nova forma de comunidade, na qual não prevalecem, entre seus membros, diferenças de classes sociais e a distinção de pobres e ricos.

Apesar de origens diferentes, com características próprias e variados enfoques do mundo e da vida, todos acolhem igualmente a Palavra da Boa-nova proclamada pelos apóstolos e seus sucessores e se sentem irmanados na prática da caridade solidária e assistencial.

Em breve espaço de tempo, assídua aos ensinamentos dos apóstolos e fiel à fração do pão, a Igreja de Jerusalém tornou-se referência para muitos outros núcleos e comunidades, tanto no Oriente Médio como na África, Egito e Líbia e na Europa, centro do Império Romano, principalmente na cidade de Roma, após o martírio de Pedro e Paulo.

À frente de cada uma delas e indicado pelos apóstolos encontrava-se um Bispo, cuja missão era ser sinal de unidade na diversidade. Presidindo a Eucaristia e o Sacramento da Reconciliação, ele tinha também por missão estimular e coordenar a prática da caridade, sobretudo em relação aos mais carentes e necessitados.

Sua ação assistencial e promocional tinha por objetivo atender cada membro em suas necessidades espirituais e materiais, razão pela qual, em sua carta a Policarpo, Bispo de Esmirna, Santo Inácio de Antioquia chega a denominá--lo "Procurador" ou "Curador": "Não deixes de atender às viúvas; depois do Senhor és tu que deves cuidar (*phrontistés*) delas" (*Ad Polic*. IV. *In: Padres apostólicos*, 1995, p. 122).

No exercício desse serviço comunitário, inclusive na comunidade de Jerusalém, o Bispo contava com a colaboração dos diáconos, "homens cheios do Espírito Santo e de sabedoria" (At 6,1-6); função que era considerada como uma atividade pastoral, pois atendiam não só aos irmãos em suas dificuldades materiais, como também em suas necessidades espirituais.

Tertuliano designa essa ajuda humanitária pelo termo arca; São Cipriano, pela expressão veterotestamentária *corban*, que expressa não só a solicitude pelo irmão da própria comunidade, mas também a solidariedade devida às demais comunidades cristãs, especialmente em tempo de penúria, como foi o caso, anos mais tarde, em relação à Igreja de Jerusalém.

Era essencial a corresponsabilidade que todos sentiam pelo bem-estar de cada irmão, particularmente dos órfãos, das viúvas, dos anciãos, dos náufragos e dos condenados às minas. Para esse fim, supriam a caixa comum com entradas periódicas, por vezes extraordinárias, que advinham, normalmente, das doações dos recém-convertidos ou dos mártires, que deixavam em testamento seus bens em benefício da comunidade.

Porém, de acordo com as constituições apostólicas, era vedado aceitar ofertas "sujas"; isto é, ofertas provenientes de pessoas desonestas e corruptas. E, muito embora não se negasse a possibilidade de os ricos contribuírem com uma soma maior, alertava-se contra o perigo de a comunidade se tornar "cliente" de alguém ou de um determinado grupo.

A Igreja, presença na história da unidade perfeita de Deus, não deixa jamais de ser um forte apelo à comunhão fraterna e solidária, destacando como critérios básicos de pertença a ela, a fidelidade à fé e a participação na vida comunitária. A propósito, observa Tertuliano:

> Mesmo se existe entre nós uma espécie de caixa comum, ela não é formada por uma "soma honorária", versada pelos eleitos, como se a religião fosse colocada em leilão. Cada qual paga uma cotização módica, num dia fixo do mês ou quando achar melhor, se quiser e puder. Pois ninguém é forçado; sua contribuição é livre" (*Apologeticum*, XXXIX. *In*: CSEL, p. 69).

Portanto, além das doações e das coletas dominicais, havia uma contribuição mensal, denominada dízimo. A própria *Didaqué* recomendava aos membros da comunidade que juntamente com a oferta das primícias, fizessem uma oferta livre e espontânea: "Tomarás as primícias de todos os produtos da vindima e da eira, dos bois e das ovelhas, e darás aos profetas, pois estes são os vossos grandes sacerdotes" (Did., 13. *In*: CSEL, p. 38).

Não são diferentes as palavras de São Justino mártir, que, ao descrever a participação dos fiéis na vida comunitária, salientava: "Os que estão na abundância e querem dar, deem livremente, cada um o que quiser" (*I Apol.*, 67. *In*: BAC, 116, p. 258).

No IV século, como sinal concreto da caridade cristã, João Crisóstomo exorta os fiéis a se unirem no esforço de acudir os que jaziam na miséria ou em uma vida de escravidão desumana: "Quem dentre vós, de fato, após estas palavras se tornou mais generoso em dar esmola? Quem se libertou das próprias riquezas? Da metade dos seus bens? Da terça parte? Ninguém" (*De Mat. Hom.*, LXXXVIII. *In*: PG, 58).

Desde os seus primórdios, através das obras assistenciais e promocionais, a Igreja jamais se descurou da prática comunitária da caridade. Vigoroso e exigente, o imperativo do amor era vivido pelos Santos Padres como um dever, merecendo-lhes, muito a propósito, o título de "advogados e defensores dos pobres".

A hospitalidade, uma das mais belas expressões de vida fraterna, assumiu em Basílio Magno a forma de uma verdadeira organização: a Basileia, destinada a acolher os membros da hierarquia e demais irmãos, que porventura passassem por Cesareia da Capadócia. Aos ricos, João Crisóstomo apresenta o exemplo dos monges, sempre prontos a acolher os irmãos, principalmente, os peregrinos e viajantes. A própria Regra beneditina prescreve:

> Todos os hóspedes que chegarem ao mosteiro sejam recebidos como o Cristo, pois Ele próprio irá dizer: "Fui hóspede e me recebestes". E a todos se dispense a devida honra, principalmente aos irmãos na fé e aos peregrinos" (cap. 53).

4 Dimensão social do cristão

Sociedade organizada e visível, enquanto comunidade de fé, a Igreja participa de todas as realidades da vida social, concebida como uma extensão da ordem moral, cujo objetivo primordial é a paz e a concórdia.

Diante das questões sociais surgidas no IV século, os Santos Padres não deixarão de alçar as vozes para instaurar a reta distribuição de bens entre as pessoas ou para corrigir, no dizer de Santo Ambrósio, a forte diferença existente entre ricos e pobres: "Os pecadores, na abundância e nos cargos de honra, com uma prole sadia; o justo, na pobreza e sem cargos, com uma prole fraca no corpo, uma classe frequentemente na penúria" (*De Officiis Ministrorum* 1,12, 40. *In*: PL, 16).

Os Padres capadócios, contemporâneos de Santo Ambrósio, não deixaram de exortar os que eram ricos às suas responsabilidades sociais. Defendiam o pobre e o mendigo, vítimas muitas vezes da fraude, da violência ou da opressão.

São Gregório de Nazianzo fala da ganância de muitos ricos, cujo desejo era acrescentar às suas propriedades mais casas ou terras, o que os levava a pilhar seus vizinhos no frenesi de eliminá-los e se apoderarem de tudo.

São Basílio Magno reverbera contra a compreensão errônea da posse e da utilização dos bens:

> Se ouves estas palavras: "Vende o que tens e dá-o aos pobres, a fim de conseguires um passaporte para a felicidade eterna", afastas-te entristecido. Se, pelo contrário, ouves o seguinte: "Dá de tuas riquezas às mulheres

que gostam do luxo e dos prazeres, dá as tuas riquezas aos cortadores de pedras, aos marceneiros, aos mosaístas, aos pintores", então te alegrarias como se tivesses conseguido algo mais precioso do que o dinheiro (*Hom* VII. *In*: PG, 31).

A reação de Santo Agostinho não é diferente. Para além da realidade religiosa considerada essencial, a dimensão social não deixava de ser para ele menos importante.

4.1 Em Santo Agostinho

"Fizeste-nos para ti, Senhor, e o nosso coração está inquieto até que repouse em ti." Nessas primeiras palavras das *Confissões*, Agostinho reconhece ter sido criado para Deus, não porque Deus necessitasse dele, mas para que ele fosse até Deus e nele repousasse.

Nesse período em que se afastou dos maniqueus, seu coração desejava alcançar a Verdade. E foi justamente nessa ocasião, liberto das concepções do ceticismo ciceroniano, que ele se encontrou com Ambrósio. Suas palavras sobre o sentido espiritual das Escrituras, destacando a fé como caminho seguro para se chegar à Verdade, penetraram-me profundamente e me levaram a uma experiência vital: a descoberta do sentido espiritual do cristianismo.

Após ouvir as palavras vivas, diretas e inspiradoras de Santo Ambrósio, comentando o texto bíblico em seu sentido espiritual, Agostinho confessa jamais ter perdido a fé na existência de Deus e em sua Providência.

Descortinava-se para ele um novo horizonte: a gratuidade do amor divino como fonte de toda a criação. O mal que tanto o preocupara deixava de ser um princípio coexistente e eterno ao lado do bem e era concebido como um ato livre da criatura racional; ou seja, a não correspondência ao bem.

Grande também foi a sua surpresa ao ler a descrição de Jesus sobre o sentido da sua missão: "Eu vim, não para ser servido, mas para servir". Fascinado, Agostinho exclama: "Este é o meu Deus! A quem os soberbos resistem, e os humildes acolhem. Por ti suspiro! Que eu possa trilhar o caminho da humildade, e conhecer-te sempre mais!"

Não menos surpreendente foi também o fato de ele reconhecer a Encarnação como *mistério de humildade*, sentindo-se convocado a acolher sua condição humana, a *humilitas*, pois o Filho, sem deixar de ser igual ao Pai, assumiu a nossa natureza, revelando-se tão profundamente humano a ponto de não poder ser senão Deus.

Nesse sentido, Agostinho declara que, quanto mais formos humanos, mais estaremos unidos a todos, quaisquer que sejam, e reconheceremos que a paz resulta da "unidade de coração" (*concordia*). De fato, a paz é fruto do amor-amizade, força interior que não permite a dispersão causada pelo pecado: "Como nos consola, nesta humana sociedade, plena de enganos e tribulações, a confiança sincera e o mútuo amor dos verdadeiros e bons amigos" (*De Civ. Dei* 19,8).

Agostinho foi o primeiro autor cristão a elaborar uma teoria sobre a amizade, considerada por Cícero como uma virtude política, própria dos grandes estadistas (Cícero. *Lael.*, 6,20, *apud* Agostinho. *Acad.* 3,613).

Desejoso de que seus amigos cultivassem a amizade, Agostinho ressalta a importância da comunicação mútua:

> Se dois homens de língua diversa devessem viver juntos, *e não pudessem se comunicar entre si*, permaneceriam incompreensíveis um ao outro, mais do que dois animais da mesma espécie, pois nada vale a semelhança de natureza; a tal ponto que o homem prefere estar com o seu cão a viver com alguém com o qual não consiga se comunicar (Cícero. *Lael.*, 19,7. *In*: PL, 33).

Por outro lado, diante de sua experiência pastoral, ele constata que os moradores de uma casa, embora devessem ser mais amigos, alguns alimentam bem outros sentimentos: "A paz é um bem incerto porque não conhecemos o coração daqueles com os quais queremos conservá-la, e se hoje pensamos conhecê-lo, não sabemos, certamente, como será amanhã" (Cícero. *Lael.*, 19,5. *In*: PL, 33).

Daí a fórmula consagrada por ele: *Pax omnium rerum tranquillitas ordinis* (Cícero. *Lael.*, 19,13). A paz de todas as coisas é a tranquilidade nascida da ordem; ou seja, do preceito de não fazer mal a ninguém, solidarizando-se com todos, quaisquer que sejam.

Princípio singelo e envolvente, precioso indicativo para uma convivência alicerçada no amor a Deus:

> Não se funda e não se protege uma cidade como convém, a não ser que ela tenha como fundamento e como vínculo a fé e a concórdia; mas estas inexistirão caso não se ame o bem comum, que é o sumo e verdadeiro Deus, e os homens não se amem, sinceramente, uns aos

outros, em Deus, pois eles só poderão se amar caso se amem com sinceridade por causa daquele a quem não se pode ocultar o sentimento com que amam (Ep, 127,17. *In*: PL, 33).

Nota-se que, para Agostinho, o corpo se move no tempo e no espaço; a alma só no tempo, reunindo o presente e o futuro. A força aglutinadora é a amizade, *motus affectum*, cujos frutos são a paz e a unidade.

4.2 As duas cidades ou estados

Em sua obra *A Cidade de Deus*, nos cinco primeiros capítulos, Agostinho refuta a acusação de que a queda de Roma tenha sido causada pelo fato de não se cultuar mais os deuses venerados pelos pagãos e que a multiplicação dos males que caíram sobre a cidade teria como causa a proibição de tal culto.

Na primeira parte, ele assinala que tais males do presente já existiam no passado e não deixarão de existir no futuro; na segunda parte, que compreende doze livros, ele discorre sobre o nascimento das duas cidades, a de Deus e a do lobo ou do diabo; os últimos quatro livros tratam dos objetivos de cada uma delas.

Se a primeira parte se apresenta sob uma forma apologética, a segunda constitui uma das melhores exposições de sua visão da história humana.

Na Cidade de Deus, graças à presença do amor de Deus, prevalece a fé na realização das promessas da vida eterna; na cidade terrena, embora existam pessoas que se distanciem de Deus e não busquem a paz, provocando divisões e guerras, há aqueles que, penetrados pela ação de Deus, são conduzidos à comunhão e à unidade, presença antecipada da eterna e divina paz. No livro XIV, cap. 28, lê-se:

> Dois amores fundaram, pois, duas cidades, a saber: a terrena, em que o amor de si é levado até ao desprezo de Deus; e a celestial, em que o amor a Deus é levado até ao desprezo de si mesmo. Gloria-se a primeira em si mesma e a segunda em Deus, porque aquela busca a glória dos homens e esta tem, por máxima, a glória de Deus, testemunha de sua consciência.

Define-se assim, de um modo singelo e direto, o campo de valores, segundo a respectiva procedência: de Cristo ou do mal. Decisivo é o momento atual, pois ele é o tempo de discernimento, em que cada pessoa é chamada a optar por um ou por outro, remetendo-nos, através de tais considerações, ao julgamento final. De acordo com o Quarto Evangelho, não é Deus quem finalmente condena, mas somos nós mesmos, através de nossas escolhas e decisões.

A pertença à Cidade de Deus depende, em sentido próprio, do relacionamento que se tem com a realidade material: frui-se dela, ou simplesmente dela se utiliza, conceitos definidos por Agostinho no livro *De doctrina christiana*.

De fato, fruir de uma coisa é afeiçoar-se a ela a partir dela mesma e não por outra razão. Daí a fórmula clássica de Santo Agostinho de que só Deus pode ser fruído: *Solo Deo fruendum est* (*De doctr. Christ.*, 22,20; 26). *Uti* é usar, utilizar-se de algo para a obtenção do que se ama, supondo, evidentemente, que seja digno de ser amado: *Si tamen amandum est.*

Assim, por um ato livre da vontade deve-se evitar um *uti* enganoso e mau; ou seja, o uso ilícito que caracteriza o abuso da liberdade de amar. Nesse sentido, ao citar a passagem bíblica sobre o jovem rico, Agostinho comenta a ordem dada por Deus: "Não roubarás!":

> Diante do tribunal do Juiz supremo, eu te considero não só um ladrão, mas também um assaltante. Poupa a ti mesmo, tem misericórdia de ti! Esta vida ainda te oferece uma possibilidade, não recuses a correção. Foste ladrão ontem; não o sejas também hoje. Talvez já o foste hoje; não sejas amanhã. Põe fim, de uma vez por todas, ao mal e, como recompensa, procura o bem. Queres possuir coisas boas, mas tu mesmo não queres ser bom: a tua conduta contradiz os teus desejos. Se ter uma boa propriedade é uma coisa boa, ter uma alma má não é porventura um grande mal? (*Serm.* 85).

Mediante os dados empíricos narrados nesta história, Agostinho retrata a vida cristã presente nas duas cidades em que o amor a Deus é sentido e vivido diferentemente. O mesmo se dá em relação à conduta negativa daqueles que se fecham ao amor e se afastam da Casa de Deus. Porém, uma certeza acompanha o cristão, comunicando-lhe paz e conforto: "A salvação que ainda não temos, haveremos de tê-la; se a realidade ainda não veio, a esperança é segura" (cf. Sl 50,19. *In: Serm.*, 85).

III

A vida monástica

Solidão, ascese e a busca de união com o transcendente são aspirações que, enraizadas na natureza humana, permitem surgir, ao longo do Mediterrâneo, variados grupos de "monges": os pitagóricos, os essênios, os terapeutas, os maniqueus e tantos outros.

Grupos "místicos" presentes em diversas culturas, com uma estrutura própria, independente do influxo helenístico ou judaico, sugerem a possibilidade de o monaquismo ser fruto da própria religiosidade do espírito humano, em sua ânsia de unir-se ao Transcendente. Daí a importância de se refletir, com maiores detalhes, sobre sua origem cristã.

1 As origens da vida monacal

No início do cristianismo, guiados pelo desejo de testemunhar Cristo e os seus ensinamentos, alguns discípulos abraçaram um estilo próprio e livre de vida.

No correr do tempo, por volta do III século, esse modo de viver transformou-se em um verdadeiro movimento denominado monástico, formado por cristãos que optaram por um seguimento mais explícito e radical do evangelho.

As raízes desse movimento são múltiplas. Alguns autores as situam no mundo judaico, sobretudo após a descoberta dos escritos dos essênios. De fato, em 1947, das grutas de Qumrân vieram a lume importantes dados de um grupo religioso-cultural judaico que existia por volta da metade do II século a.C.

Tais escritos, além de aludirem a diversos livros canônicos do Antigo Testamento, continham preciosos documentos normativos, como a "Regra da Comunidade", uma das principais expressões da organização dos assim denominados essênios. Com intenções claras e definidas, seus membros tinham-se retirado da vida social para constituir um movimento religioso cujo principal objetivo era a renovação do sacerdócio judaico e a revitalização do culto realizado no Templo de Jerusalém, para o qual propunham a adoção de um ritual seguido por eles e puramente espiritual.

Autodenominavam-se "servos de Deus" (*therapeutaì tou Theou*), ou "verdadeiros adoradores de Deus", por suas ideias, dignas de pessoas consagradas.

O estilo de vida previsto pela "Regra" prescrevia o celibato, embora também houvesse essênios casados, e a colocação dos bens em comum, o que suscitou a ideia de eles serem uma primeira manifestação da futura comunidade monástica.

Porém, o que os unia não era propriamente o ideal monástico, mas antes o fato de se considerarem "autênticos sacerdotes do Templo", o que os levava a propor disposições cultuais e sacerdotais ligadas a questões de observância e de crença.

Ora, diferentemente, desde as suas primeiras expressões, o monaquismo se caracterizou pelo desejo de seguir a Cristo, imitando-o na renúncia aos bens terrenos e em uma vida totalmente orientada para Deus.

O ideal do monge era viver em radicalidade o evangelho, tornando-se uma antena infinitamente sensível à beleza do gesto criador de Deus, no louvor de sua sabedoria e bondade presentes em todas as criaturas.

Outros autores, baseados no fato de os monges se colocarem no seguimento de Cristo e serem uma viva expressão da comunhão e da unidade, propõem como origem inspiradora do monaquismo a primeira comunidade de Jerusalém. De fato, os próprios pagãos sentiam-se impactados com a união dos seus membros e a disposição de colocarem seus próprios bens em comum.

De acordo com o texto dos Atos dos Apóstolos, o fato de "colocar seus bens em comum" não era uma exigência ou condição necessária para pertencer à comunidade. Resultava de uma recomendação vigorosa e geral, para permanecerem unidos a Cristo, "num só coração e numa só alma" (4,32).

A comunidade de Jerusalém não deixará jamais de ser um modelo determinante para o monaquismo, porém a primeira referência explícita que a relaciona diretamente com a vida monacal só ocorrerá por volta do IV século, época em que foram elaboradas diversas regras de vida comum, como a de São Pacômio (*c.* 320-346), São Basílio Magno (*c.* 361-378) e Santo Agostinho (*c.* 394-397). Ainda assim, o intuito não era apresentá-la como modelo da vida monacal, mas destacar o preceito do amor a Deus e ao próximo.

Por outro lado, não faltam vozes que atribuam a origem da vida monacal ao término das perseguições aos cristãos. Os monges seriam, em continuidade aos mártires, uma nova expressão do heroísmo na Igreja; verdadeiras testemunhas de Cristo, principalmente em sua profissão de fé e na irrestrita e total adesão ao evangelho, até em suas últimas consequências.

Os monges, mediante os votos religiosos, a exemplo dos mártires proclamavam a liberdade evangélica, declarando estarem no mundo, mas não pertencerem a ele. Sem dúvida prolongavam e enriqueciam o testemunho dos mártires e dos confessores da fé, mas a vida monacal, bem antes do término das perseguições, já era uma realidade florescente no Egito, nos arredores de Constantinopla, na Palestina e na Mesopotâmia.

Não se pode negar que após o término das perseguições, no século IV, a real convivência pacífica entre a Igreja e o mundo pagão tenha gerado uma tendência de acomodamento e, evidentemente, a correspondente reação dos que, optando pelo estado de proscritos, passaram a viver no deserto. Belo sinal de renúncia e principalmente legítimo ato de repúdio às práticas da sociedade romana: os jogos no circo que muitas vezes terminavam em bacanais, ou a existência de cabarés com a presença, por vezes, de cristãos, o que era execrado por Clemente de Alexandria e São João Crisóstomo.

Tais atitudes contrastavam com as palavras do escritor romano do século II, Celso, que acusava os cristãos de pertencerem a uma terceira raça, justamente por não participarem, integralmente, das manifestações da vida social do seu tempo.

Se em tais considerações, acima arroladas, existem elementos que incidiram na formação da vida monástica, julgamos que eles correspondem mais a aspectos secundários e não a fatos devidamente consistentes, relativos ao dado primário e objetivo do ideal monacal. Para consolidar a iniciativa de um novo modelo de vida, exige-se algo mais essencial, dinâmico e estruturante.

Se nos inícios da evangelização, embora ainda não haja uma organização propriamente dita, constata-se uma realidade "institucional", presente na Igreja nascente, que pode ser vista como expressão, em germe, da vida monástica.

Segundo meu parecer, creio que a vida monacal, sem se render à lógica das instituições, com suas regras e normas, emergiu, por inspiração divina, sob a forma da assim denominada hierarquia itinerante, atestada entre os anos 60-80 pela *Didaqué*.

Após descrever a Igreja em sua hierarquia sedentária: os Bispos, os seus colaboradores e os diáconos, a *Didaqué* aborda a hierarquia itinerante: os doutores e os profetas, que, movidos pelo Espírito Santo, tinham por missão ir de comunidade em comunidade, ensinando e anunciando os mistérios do Senhor.

Seus membros, reconhecidos pela hierarquia sedentária, constituíam um autêntico sinal profético da liberdade evangélica. Com um teor de vida pobre e extremamente simples, renunciavam ao círculo familiar e social, para se dedicarem ao anúncio da mensagem evangélica.

Surgia assim na Igreja, conduzido pelo Espírito Santo, um ideal de vida em que seus membros, renunciando a qualquer posse de bens, no ardor do coração e na alegria do espírito, buscavam "imitar a vida dos apóstolos", em um novo estilo de santidade.

Era o ideal do serviço e da liberdade evangélica, ideal do "sem poder", que será vivido pelos anacoretas, eremitas e ascetas siro-palestinenses, os assim chamados "vagabundos" de Deus!

Mais tarde, por volta do IV século, não será outro o desejo dos monges do Egito: "Ser um perpétuo estrangeiro, a caminho do Pai".

2 Anacoretas e eremitas

Os primeiros monges cristãos foram chamados "solitários" ou "anacoretas", literalmente "os que estão no deserto" ou, mais simplesmente, aqueles que "se distanciaram (*anaxorein*)" do mundo. Em seu significado espiritual, são aqueles que se desnudaram de si mesmos, e buscaram alcançar a união com Cristo, na serenidade e na liberdade interior.

Desde o início, ainda que a inspiração fosse a mesma, a vida anacorética assumiu diferentes expressões. No Egito, os monges viviam no deserto, em meio à natureza, abrigando-se em cavernas ou ermidas por anos a fio, enquanto os siro-palestinenses viviam à mercê do tempo, com práticas ascéticas estranhas e excêntricas, como os estilitas, que permaneciam no alto de uma coluna, sob um pequeno refúgio, por tempo indeterminado, como Simeão, o mais famoso deles.

Todos se consideravam imitadores da vida dos apóstolos. Mesmo no alto de uma coluna construída, em geral, nas encruzilhadas das estradas, eles não deixavam de exortar e pregar o evangelho aos que por lá passavam. Sem grandes e sofisticadas interpretações, anunciavam a mensagem evangélica aos peregrinos e aos caminhantes.

Esses monges "solitários" (*monachos*, "aquele que vive só") abraçavam o celibato e renunciavam a toda posse de bens materiais. O objetivo perseguido era a quietude, a serenidade, *hesychia ou a apátheia*, primícias da felicidade (*makariotés*) de uma vida unida a Deus.

A força espiritual que os unia e lhes permitia, melhor e mais profundamente, reencontrar o mundo dos homens, era Cristo, que os conduzia, qual novo Moisés, à pátria da paz, a uma vida em comunhão com todas as criaturas.

Eis substancialmente o mundo espiritual dos monges, melhor, dos anacoretas, cujo primeiro relato a respeito deles foi escrito por Santo Atanásio: *A vida de Santo Antão*, que teve uma difusão prodigiosa.

Nascido no Alto Egito por volta do ano 251 e de família cristã, ainda jovem, Antão perdeu seus pais nobres e ricos, que lhe deixaram um belo patrimônio e a guarda de sua irmã.

Renunciando a tudo, ele opta por viver em uma pequena gruta, no Deserto da Tebaida, ao longo do Rio Nilo. Ali, só com Deus, dedica-se à perfeição da vida espiritual, através da meditação e da oração.

A ele juntaram-se muitos outros cristãos: Paulo da Tebaida e inúmeros jovens que permaneceram no deserto sob as suas orientações. Por volta do ano 300, algo espantoso se deu: uma verdadeira cidade surgiu no Deserto da Tebaida, habitada por ascetas e eremitas. Mais tarde, denominados Padres do Deserto, eles optaram por viver na solidão, desejosos de ouvirem, no "silêncio", a voz de Deus em seus corações.

Os anacoretas e eremitas ou terapeutas de Deus, assim como eram conhecidos no Egito, inauguravam um tempo novo. Não eram mais os pagãos que os atacavam, mas eram eles próprios que agora os perturbavam com seu estilo de vida e com suas intermináveis orações.

Peregrinos, "atletas do exílio", convocavam todos a participar da "cidade celeste". "Despojados do velho homem" (Cl 3,9) e elevados a nova criatura, adestravam-se na arte da humildade e do amor, inspirando-se nas palavras de Santo Agostinho: "Ama e faze o que quiseres, porque aquele que tem o verdadeiro amor nada pode querer fazer que desagrade ao amado".

Em breve espaço de tempo, a vida eremítica ganha espaço no Egito, cria raízes na Espanha, na Gália, em Roma e no norte da África. Santo Amônio estabelece uma colônia monástica no Vale de Nítria; Macário do Egito, no Deserto de Sceta e Macário de Alexandria († 394) no Deserto de Célia, onde irá viver Evágrio Pôntico, que aí permanecerá até a morte em 399.

Possivelmente, sob a influência deles, nasceram na Síria os "solitários", com uma disciplina bem mais rígida, e na Palestina os anacoretas, que se ligaram aos lugares santos para protegê-los e para se dedicarem à adoração divina.

A sabedoria desses monges foi transmitida, de uma maneira simples, direta e cativante, através de contos e ditos conservados sob o título de *Apophtegmata Patrum*, ditos dos Padres do Deserto.

3 A vida cenobítica

Pelo que já constatamos, a vida monacal não se desenvolveu de modo homogêneo ao longo do Império. Conservando sua identidade e seus valores, o monaquismo assume configurações diferentes, segundo o ardor, o temperamento dos monges ou os lugares em que floresceu.

Mesmo no Egito onde os anacoretas entraram na história com Santo Antão, considerado "pai dos monges", uma outra forma de vida monástica foi iniciada por São Pacômio. Nascido no Egito em Esna, perto de Tebas, por volta dos anos 296 ele dá um passo decisivo na evolução dos anacoretas, criando um estilo de vida em comum, *koinos bios*, o cenobitismo.

De pais pagãos, o jovem Pacômio, recruta forçado do exército romano, ao ver a dedicação e o carinho de algumas pessoas pelos soldados feridos, consolando-os e cuidando de suas feridas, sentiu-se profundamente tocado. Ao saber que essas pessoas eram cristãs, converteu-se ao cristianismo; e, desejoso de se consagrar a Deus, logo após o batismo colocou-se a serviço de seus semelhantes.

Sob a orientação de um monge já idoso, Palamón abraçou por alguns anos a vida eremítica, estabelecendo-se na zona oriental do Rio Nilo. Por volta dos anos

320-325, com a chegada de outros ascetas de aspirações idênticas, ele ergueu um mosteiro nas vizinhanças de Tabennisi, no Alto Egito, onde fundou sua primeira comunidade de monges. Era o início de uma experiência exitosa.

À comunidade recém-fundada, ele concedeu uma regra de vida com 194 artigos, que estabelecia, com clareza, o ritmo da vida cotidiana dos monges. Porém, o cenobitismo propriamente dito só irá adquirir seu caráter essencialmente comunitário com São Basílio Magno.

Embora tenham surgido outras experiências de vida em comum, em diferentes ambientes, foi Pacômio quem melhor a organizou. O mosteiro compunha-se de uma capela e das instalações dos monges, uma série de casas que reuniam em cada uma 20 a 30 monges, sob a autoridade de um irmão professo. O superior-geral, com autoridade sobre todas as casas, devia zelar pela ordem e distribuição dos serviços comunitários como cozinha, padaria, hospedaria, enfermaria, carpintaria, alfaiataria e demais serviços.

À sua morte no ano 346 já eram nove os mosteiros masculinos e femininos, instalados no Egito. Em breve espaço de tempo eles se multiplicaram por todo o território egipciano, de modo que no final do século a própria cidade de Alexandria ostentava um mosteiro, erigido não longe de uma de suas portas.

Na vida cenobítica, continuou vigorando o mesmo ideal da vida ascética vivido pelos anacoretas e eremitas. Com notável prudência e moderação, Pacômio introduziu um novo estilo de vida ascética, prescrevendo igualdade entre os membros, que deviam primar pela pobreza e pela obediência ao superior e dedicar-se à prece, ao trabalho, ao estudo bíblico, e, particularmente, à vida fraterna.

A vida religiosa e cultural desse período da história do Império Romano foi marcada, sensivelmente, pela instituição pacomiana, pois os mosteiros formados, sobretudo por leigos, irão oferecer uma espécie de vida societária, distinta da organização social reinante na época.

Um verdadeiro desafio. As orientações dadas aos monges soavam qual forte apelo profético diante das desigualdades sociais, das tentativas de dominação e de obtenção de glórias humanas. Mais tarde, São João Crisóstomo chegará a dizer: "Aqueles que vivem no mundo e esposaram, excluindo este fato, em tudo o mais, devem se assemelhar aos monges" (*Hom. in ep. ad haebr.*, 7,41).

A espiritualidade dos primeiros monges, realçando a simplicidade e a humildade, urgia uma autêntica mudança de mentalidade, seja no serviço a Deus, seja no relacionamento social entre os irmãos. Através da oração e da contemplação, criou-se um espaço de silêncio, "lugar de paz" e de comunhão fraterna.

Assim, o ideal anacorético que visava a purificação interior e a elevação gradual do espírito atingia, no amor fraterno, vivido em comunidade, *koinonia*, o seu ápice. O mosteiro tornou-se um lugar privilegiado para cultivar a vida espiritual e crescer em santidade. Um dos discípulos de Pacômio chega a declarar: "Foi por um favor de Deus que apareceu sobre a terra a *koinonia*, a comunidade santa, pela qual Ele deu a conhecer, aos que desejam ser imitadores de Cristo, a vida apostólica".

A regra de vida elaborada por Pacômio atesta quão simples era o cotidiano dos monges: eles se reuniam para a oração, por duas vezes, uma pela manhã, outra à tarde, em suas respectivas casas; participavam da missa na igreja mais próxima, esforçavam-se para aprender a ler, pois a Bíblia era essencial para a preservação do ideal monacal; jejuava-se duas vezes por semana, às quartas e às sextas-feiras; a veste consistia em uma simples túnica de linho ou pele de cabra ou de ovelha, sem mangas. Para viajar, levavam consigo um bastão.

Ainda durante a vida de Pacômio foram erigidos nove mosteiros e, pouco antes do seu falecimento, mais de 2 mil monges reuniram-se para a celebração da Páscoa.

Nesse mesmo período, na região da Armênia, grande era o número dos discípulos de Eustácio, personagem complexo, envolvido em questões doutrinárias sobre a Trindade. Surgiram ainda no Oriente outras "diversas classes de monges", mas será na Ásia Menor, graças a São Basílio Magno, que a vida cenobítica irá adquirir uma real maturidade. Ele lhe conferirá sólida consistência teológica, profunda fundamentação bíblica e uma sistemática análise crítica da tradição filosófica do helenismo.

4 São Basílio, pai dos monges do Oriente

Por volta do ano 357, depois de ter viajado por diversas regiões orientais – Egito, Síria e Mesopotâmia –, retornando à Capadócia, Basílio se estabelece na região ao norte do Íris, em uma das propriedades de sua família, com um grupo de amigos, dentre os quais Gregório de

Nazianzo. Pouco a pouco formou-se ao seu redor uma verdadeira comunidade, inspirada não em Santo Antão ou em São Pacômio, mas num movimento de tendência síria, cuja figura principal era Eustácio de Sebaste.

Embora se tenha desligado de Eustácio, Basílio conservou sua concepção de austeridade mesmo após a ordenação episcopal. Mas será nas *Regras morais* que ele, assim como São Bento no Ocidente, irá imprimir um caráter de moderação na vida ascética do Oriente, evitando os exageros e radicalismos, com seus sinais de fanatismo e sectarismo. Ele a restringe ao âmbito da Sagrada Escritura.

Homem de Igreja, ele não concebia a comunidade monástica como uma instituição independente. Ele a vê como uma realidade eclesial, situada no interior da Igreja e não ao seu lado. Denominava seus membros, simplesmente, de cristãos, tratamento também conferido por ele aos anacoretas e eremitas, pois o que os definia provinha do Batismo e da Eucaristia, sacramentos de fé, "fonte espiritual da autêntica vida apostólica".

Aliás, logo após o batismo, relatado como momento decisivo e pessoal de sua santificação no Espírito Santo, Basílio distribuiu aos pobres tudo o que lhe pertencia. A partir daquele instante, a necessidade do ter tornou-se necessidade de não ter. Aos membros da comunidade, ele dirá: "Mostremos com fatos o que é peregrinar nesta vida e ter a cidadania dos céus" (Ep, 223,3. *In*: PG, 32).

Como Bispo de Cesareia, com grande zelo e ardor dedicou-se ao atendimento dos pobres e peregrinos, para os quais edificou uma pequena cidade nos arredores de Cesareia, na qual ele foi viver.

O objetivo principal de sua ação episcopal era fortalecer os cristãos, levando-os não só a "imitar", mas a "interiorizar" Cristo em suas vidas. Convicção alicerçada na experiência pessoal do seu encontro com Cristo, resultante da ação santificadora do Espírito Santo.

O próprio ascetismo, abraçado pelos monges, mais do que práticas ascéticas, era visto como caminho interior a ser percorrido em sua identificação a Cristo. Ideal que se realizava eficazmente numa vida comunitária, organizada hierarquicamente, sob a orientação de um superior e com o apoio de um conselho.

Por conseguinte, o que prevalecia na vida comunitária não era a organização externa, mas o dinamismo espiritual interior, verdadeira purificação pessoal. Daí a insistência em criar comunidades relativamente pequenas que propiciassem, com mais facilidade, a unidade interior, vivida e fortalecida através de relações concretas entre superior e membros da comunidade, e os membros entre si.

Essencial para viver esse ideal de vida comum era acolher o apelo evangélico de "conversão", pois, dizia Basílio que para conhecer a Deus é preciso primeiramente conhecer a si mesmo. Só então os monges poderiam se colocar em total dependência de Deus, o transcendente absoluto e pessoal.

A insistência em afirmar que a vida ascética tem sua fonte no evangelho é reforçada por Basílio, em vista das posições extremistas e laxistas de alguns membros de outros mosteiros da região. Tais posições foram condenadas pelo Concílio de Gangra, sobretudo pelo fato de alguns terem optado pela vida ascética, não como resposta pessoal a um chamado de Deus, mas para se livrarem do engajamento militar ou para se afastarem de suas esposas ou, ainda, para deixarem de ser perturbados por seus devedores.

Contrário a essa situação abusiva rejeitada pelo concílio, Basílio ressalta nas *Regras morais* que o ascetismo é um corolário do Amor a Deus. Daí a célebre frase: "O homem não é um animal monástico".

No que tange à vida ascética, ele claramente a define como fruto do discernimento de espírito; do encontro consigo mesmo, livre ainda das dobras da vida; sobretudo, ele a vê como resposta de louvor à ação vitoriosa do Ressuscitado em nossa vida.

Ainda que acolhesse e valorizasse a existência dos anacoretas e eremitas, Basílio não considerava a solidão indispensável à vida monacal. Mesmo a ida ao deserto era interpretada em termos espirituais. Jamais a busca do encontro com Deus dispensa o monge de penetrar em seu próprio interior e ouvir, no silêncio do seu coração, a voz do Senhor.

Em seus diálogos pastorais, ao falar do embate espiritual, reconhece como valioso o enfrentamento dos problemas e das questões cotidianas. A ascese não é vista, em primeiro lugar, como renúncia, mas como abertura do coração para o amor a Deus. As dificuldades e os reveses da vida tornam-se portas de acesso para conhecer Deus e unir-se a Ele, fim transcendente, sempre buscado, jamais totalmente encontrado.

O grande mérito de São Basílio foi imprimir no movimento ascético, que, por vezes, beirava a anarquia, uma orientação moderada e equilibrada. Esforço sintetizado nas *Regras morais*, obra que se difundiu, rapidamente, por todo o Oriente, permitindo, graças ao seu extraordinário trabalho de síntese e ao sentido eclesial de suas orientações, ser ele denominado "O pai da vida monacal no Oriente".

5 O monaquismo ocidental

No IV século, a vida monacal se estende por todo o Oriente e torna-se presente no Ocidente, onde irá florescer, de modo particular, nos V e VI séculos. Na França, a partir das Ilhas de Lérins, irradiou-se rapidamente para Viena-Lyon e para a região do Jura e do Valais, fortes centros difusores da vida ascética ou eremítica.

Na Itália, na segunda metade do IV século, as comunidades monacais eram numerosas, embora o número de ascetas fosse reduzido. A difusa presença de monges em diversas regiões da Europa explica o fato da escolha de Bispos dentre eles, que, permanecendo monges de coração, viviam em comunidades formadas por clérigos de sua diocese. Zelosos e ardorosos evangelizadores, eles se dedicavam à oração comum e ao estudo das Escrituras, sem descurar dos compromissos pastorais, como Eusébio (344-371), Bispo de Vercelli, na Itália.

Ainda no IV século, notabilizaram-se São Martinho de Tours, que fundou com Santo Hilário uma comunidade semieremítica; Rufino, que se refere a um grupo masculino existente em Aquileia, no ano 370; Paolino de Nola, no ano 396, e tantos outros. Na África, o primeiro mosteiro conhecido foi o de Hipona, que tinha como superiora a irmã de Santo Agostinho, Perpétua.

O próprio Santo Agostinho, já como Bispo, apesar de suas atividades pastorais, fundou um mosteiro para clérigos, no qual estabeleceu a sua moradia. Através de uma regra elaborada por ele, a sua influência sobre a vida monástica se estendeu até nossos dias.

Possídio, biógrafo de Santo Agostinho, ao se referir à espiritualidade que animava a comunidade monacal, destaca: "A primeira condição era não possuir nada como próprio; que tudo fosse comum e que se distribuísse a cada um segundo as suas necessidades" (*Vita*, c. 3. *In*: PL, 32,36).

O ideal, buscado e vivido por eles, era o amor a Deus: fonte e força inspiradora da vida comum e fundamento da plena comunhão de bens. Ademais, visando alimentar a convivência fraterna, prescreviam-se a prece comunitária, o estudo da Sagrada Escritura e a amizade sincera e desprendida entre seus membros.

As primeiras palavras da Regra revelam que a intenção de Agostinho não era transmitir ensinamentos teológicos, mas indicações práticas para a vida dos monges: "Eis que vos prescrevemos o que observar no mosteiro em que viveis" (PL 32,1377).

Após insistir sobre a partilha e não sobre o desprendimento, ele destaca a comunhão fraterna e a harmonia, virtudes a serem cultivadas pelos monges que professavam a castidade e a obediência. Aliás, assim como São

Basílio, ele insiste mais sobre a vida comunitária do que sobre os atos de penitência, destacando a importância do espírito de amizade, fermento necessário para solidificar a vida comum.

No entanto, será no correr do V século que o movimento monástico, presente em grande parte do Oriente, criará raízes mais profundas na Itália, na França e na Inglaterra.

Porém, seu desenvolvimento inicial deu-se, em grande parte, de um modo um tanto anárquico. Em sua organização interna, cada mosteiro possuía regimes particulares, segundo o espírito do seu fundador. As regras monásticas se multiplicaram, diversas com relações interdependentes entre si, embora nem todas primassem pela originalidade; também numerosas foram as traduções das Regras orientais.

Nesse contexto relativamente confuso, situam-se dois grandes expoentes da vida monástica: João Cassiano e São Bento.

5.1 João Cassiano

Acompanhado por outro monge, Germano, antes de ir visitar os mosteiros do Egito, Cassiano ainda jovem tornou-se membro de um mosteiro em Belém, na Palestina.

Terminada a sua peregrinação, ao tomar conhecimento do exílio de São João Crisóstomo, que o ordenara diácono em Constantinopla, dirigiu-se para a França, fixando-se na região de Provence. Em Marselha, que se tornara um traço de união entre o Oriente e o Ocidente, ele funda, já como sacerdote, dois mosteiros: um de homens e outro de mulheres, atualmente conhecidos como as abadias de Saint-Victor e de Saint-Sauveur.

O ideal espiritual proposto aos monges é exposto em suas duas principais obras: as *Instituições cenobíticas* e as *Conferências*. Nelas ele descreve a vida cenobita como caminho espiritual a ser trilhado pelos que desejam alcançar a perfeição interior ou, no seu dizer, a perfeição do evangelho.

Em uma de suas *Conferências*, lemos:

> É, portanto, pela pureza do coração que tudo devemos fazer e apetecer. Por ela, temos de ir atrás da solidão. Por ela, saibamos que nos cumpre assumir jejuns, vigílias, trabalhos, nudez, leitura e outras virtudes, para, graças a isto, tornar e conservar livre das más paixões o nosso coração, galgando por estes degraus a perfeição da caridade (*Primeira Conferência do Abade Moisés*, 1984).

Mais do que exposições magistrais, essas *Conferências* eram, no sentido atual, simples diálogos nascidos de encontros espirituais: os monges, reunidos ao redor de um ancião, apresentavam suas dificuldades e solicitavam conselhos para a vida de piedade.

Cassiano leva adiante a aventura dos terapeutas de Deus, presentes na tradição ascética do Egito, ao exortar os fiéis fervorosos que tinham sido impulsionados pelo Espírito de Cristo, a viver na solidão e a buscarem a perfeição evangélica, definida como "cristianismo integral". Uma espécie de lembrança, de nostalgia da Igreja apostólica.

Sem descurar dos doentes e do estudo, em especial, da Bíblia, o objetivo era incentivar a vida comunitária e a prece contemplativa apresentadas como proposta a todo cristão. Assim, ao se referir à comunidade, ao *coenobium*, ele declara:

> Um templo de Deus, verdadeiro e espiritual, construído não com pedras inanimadas, mas com homens santos, vivendo em comunidade, edifício que não é temporal e perecível, mas eterno e inexpugnável" (*Inst.* Pref., 2. *In*: *Théologie de la vie monastique*, 1961, p. 234).

5.2 São Bento, pai dos monges do Ocidente

No início do V século, mais exatamente no ano 410, a notícia da queda de Roma, através de Alarico, abalou todo o mundo civil e religioso. Os godos, que invadiram a Itália, só foram vencidos em 563, justamente quando os longobardos iniciavam uma sanguinolenta guerra na Itália Setentrional.

Se no Ocidente, por força do pelagianismo reinava a controvérsia sobre a graça divina, suscitando sérias questões à vida ascética, no Oriente, a Igreja se via às voltas com o debate sobre a doutrina da divindade de Cristo, que culminou com os concílios ecumênicos de Éfeso (431) e de Calcedônia (451).

Nesse período, a vida monástica no Egito, Síria e Palestina compunha-se de homens simples, sem muita cultura, embora fossem modelos, segundo São João Crisóstomo, "de verdadeira sabedoria". Porém, no Oriente e também no Ocidente, relata Teodoreto de Ciro, predominava um espírito competitivo, que primava por uma ascese exagerada, sem considerar seus próprios limites, com severas mortificações e jejuns. Alguns monges chegavam a prender em seus braços ou pés, cadeias de ferro dormindo por vezes diretamente sobre a terra.

O regime de vida monacal assumia uma aparência bastante confusa e, por vezes, subjetiva: alguns monges levavam uma vida solitária, sem qualquer contato com seus coirmãos; outros congregavam, ao seu redor, um grupo de discípulos; iniciativas diferentes proliferavam. Faltava uma diretriz comum.

Os monges dedicavam-se muito mais a práticas e métodos de crescimento na "virtude", segundo decisões arbitrárias e individuais deles próprios ou de seus superiores. Urgia-se uma organização da vida monacal ascética, visando harmonizar as diversas práticas e exercícios espirituais, sem desconhecer os problemas e as questões da realidade cotidiana.

Se no Oriente o grande organizador da vida monástica foi São Basílio Magno, homem de Igreja, dedicado aos estudos e amante da vida eremítica, no Ocidente, o pai e legislador do monaquismo será São Bento, membro de ilustre e abastada família de Núrsia, cidade perto de Perúgia.

Enviado a Roma para cursar belas-artes, letras e retórica, ele se retirou, logo após ter terminado os estudos e ainda bem jovem, para a solidão do Subiaco. Aí passou a viver como eremita em uma gruta, mais tarde denominada Sacro Speco, que se tornou foco irradiador da vida monástica no Ocidente. Em breve espaço de tempo, sob sua orientação, surgiram vinte conventos, com vinte monges cada um, segundo o modelo cenobítico de São Pacômio.

Três anos mais tarde, por volta de 529, foi erigido o mosteiro do Monte Cassino, a cerca de 100 km de Roma, onde São Bento teria escrito a regra para os seus monges. No ano 817, proposta pelo Concílio Aix-la-Chapelle, ela se tornará regra básica da vida monástica para todo o Ocidente.

Com São Bento, efetiva-se na vida monacal o que se deu com o Imperador Justiniano, legislador notável, em relação ao mundo romano. Sua influência será decisiva no desenvolvimento e na organização da vida religiosa, em particular da vida monacal no Ocidente.

Fiel à prática monástica precedente, em uma alternância harmoniosa entre o trabalho manual e intelectual, e, particularmente, entre o estudo e a oração, a meditação e a contemplação, ele criará os pressupostos indispensáveis para a formação da civilização e da evangelização da Europa. Basta lembrar as preciosas bibliotecas conservadas pelos monges e as inúmeras escolas de amanuenses, que cuidaram da preservação e propagação da cultura literária.

Evitando os extremismos e os exageros nas práticas ascéticas, a Regra beneditina se caracteriza pela sobriedade e precisão, sintetizada na máxima: *Ora et labora.* Quais artesãos ativos da evangelização, os monges se dedicavam à observância dos mandamentos e às obras de misericórdia, em um modo de vida moderado, obediente e silencioso, de acordo com as orientações emanadas da

Regra, em que o termo *mesurate*, com medida, é utilizado, por diversas vezes.

A Regra, qual suave e constante apelo, conduzia os monges a uma vida moderada, seja na prática ascética, seja na observância dos preceitos próprios da vida comunitária.

O preceito da estabilidade, não menos vigoroso, não tinha por objetivo excluí-los da vida social, mas incentivá-los a permanecer na cela, lugar de recolhimento e de interiorização, expresso pelo próprio significado da palavra estabilidade, (*stabilitas*), encontro consigo mesmo, como condição imprescindível para progredir na perfeição.

Nesse mesmo sentido, a Regra destaca a oração interior como alimento fundamental para o monge trilhar o caminho de uma existência devotada ao Bem supremo, fonte e ápice da verdade de sua vida em Deus.

É significativo o fato de não se nomear, diretamente, a prática de penitências ou a mortificação, embora assinale que o progresso na oração resulta do sério esforço de despojamento e de renúncia à vontade própria, aliados à necessidade da autodisciplina para viver com pureza uma vida consagrada a Deus. Porém, em tudo, prevalece o equilíbrio, o bom-senso e a moderação.

Ao se referir ao alimento e às vestes, não se visa, como usualmente lemos nas outras regras de vida, penalizar o corpo ou lutar contra ele, mas recomenda-se, prioritariamente, viver a simplicidade e a modéstia. Se o jejum e a renúncia são armas contra o pecado e as paixões, a finalidade última, no entanto, é manter-se íntegro na fé e firme na esperança, lembrando sempre que "todo excesso tem origem nos demônios".

O sentido de proporção e de moderação que caracteriza o beneditismo cultivado ao longo da história marcou profundamente a educação e a cultura ocidental. Aliás, seria difícil e mesmo impossível imaginar o Ocidente cristão sem a presença formativa e inspiradora de São Bento.

No entanto, embora a Regra beneditina seja uma expressão feliz e providencial da sabedoria tradicional da vida monacal cenobítica, a história da família religiosa beneditina não se resume ao mero estudo e difusão de um único documento.

A presença da Ordem Beneditina, desde a fundação em 529, foi extraordinária em todo o Ocidente. Floresceram por toda parte numerosas comunidades religiosas, que, quais verdadeiros núcleos de espiritualidade, concitavam os cristãos a cultivarem a caridade evangélica e a serem profundamente humanos pelo cultivo e defesa da liberdade de pensamento e de expressão.

Mais do que a simples observância de normas prescritas, a vida beneditina despertou na religiosidade cristã um estado, uma atitude interior essencial evitando o advento de uma ascese ilusória, sem frutos. Firmou-se no coração de todos, a convicção de que Cristo age em nossa vida, jamais criando insensibilidade e indiferentismo, mas concedendo-nos paz e serenidade como caminho para a liberdade e para a prática do bem.

Em síntese, o beneditismo alimentou uma autêntica espiritualidade, revigorada pela oração e por uma atitude contemplativa de amor ao Senhor. Itinerário espiritual a ser percorrido, segundo prescrição da Regra capítulo VII, sem dissociar-se jamais da virtude da humildade. Pois é unindo-se a Deus e nele confiando que o monge, consciente de sua realidade humana, se coloca no seu devido lugar e cultiva a humildade diante de Deus e da comunidade. Daí o lema, atribuído a São Bento: *Ora et labora!*

Prevendo sua morte, São Bento pede aos irmãos que preparem o seu túmulo. Seis dias após, com febre, ele vai ao oratório, recebe a comunhão como viático, e apoiado nos braços dos irmãos, pois queria morrer de pé; com as mãos elevadas para o céu, em uma atitude orante, entregou sua alma nas mãos de Deus.

IV

A era dos concílios

No final do II século, os Bispos vizinhos ou de uma determinada região reuniam-se em sínodos em vista de algumas questões doutrinárias ou disciplinares. O critério predominante era a ortodoxia da fé e a prática da vida da Igreja desde sua origem apostólica.

Nesses sínodos ou concílios regionais, o espírito que animava os Bispos e determinava as definições exaradas era o desejo de consolidar a comunhão ou, no dizer de Santo Inácio de Antioquia, "a caridade harmoniosa" entre as diversas Igrejas.

O primeiro sínodo realizou-se no final do II século. Ao se encontrar com Polícrates, Bispo de Esmirna, o Papa Vitor manifestou o desejo de que as Igrejas da Ásia Menor se conformassem com os costumes da Igreja de Roma, especificamente, no tocante à data da celebração da Páscoa. Em vez de celebrá-la no dia 14 Nisan, Sexta-feira Santa, segundo costume asiático, ela fosse celebrada no domingo seguinte, prática comum na Igreja latina até os dias de hoje.

Muitos outros sínodos ou concílios regionais foram realizados em Roma, em Cartago, na Gália, na Palestina, com temas bem específicos como a validade do Sacramento do Batismo administrado por membros de grupos heréticos.

Em Cartago, tais concílios assumiram uma cadência anual, chegando a contar com a participação de 87 Bispos. Em 268, realizou-se o célebre Concílio de Antioquia, no qual foi condenado como herético Paulo de Samósata, Bispo de Antioquia, e nomeado outro Bispo para sucedê--lo. Ainda na África, no tempo de Santo Agostinho, foram consideradas heréticas duas orientações doutrinárias: o donatismo, que rejeitava a validade de um sacramento administrado por um ministro indigno, e o pelagianismo, que minimizava o papel da graça e exaltava o primado e a eficácia do esforço voluntário na prática da virtude: para os pelagianos bastavam o livre-arbítrio e a lei moral.

Nessa dinâmica eclesial, são significativos os sínodos romanos convocados a partir do IV século, com a presença e a influência direta do Bispo de Roma. Alguns deles, abrangendo toda a província eclesiástica de Roma, contaram com a participação de mais de 100 Bispos. Mais tarde, presbíteros e diáconos das Igrejas romanas também fizeram parte dos sínodos, que se tornaram, ao longo do primeiro milênio, um instrumento eficaz para auxiliar o Papa no governo da Igreja.

No IV século, com o advento da paz entre o Império e a Igreja, e o surgimento de questões de maior abrangência eclesial, a realidade conciliar encontrou sua expressão natural nos concílios "ecumênicos" com a participação de Bispos de todas as regiões do Império. Desde o início, convocados pelo imperador, os Bispos contaram com a proteção do manto imperial.

Os quatro primeiros concílios ecumênicos, realizados nos séculos IV e V, caracterizaram-se por temas de cunho mais doutrinário: o Mistério trinitário e, particularmente, o Mistério da Encarnação – ou seja, a Pessoa de Cristo em sua humanidade e divindade – e a divindade do Espírito Santo.

1 Concílio Ecumênico de Niceia (325)

Alguns anos antes de sua realização, por volta de 320, iniciou-se, no Egito, uma forte querela entre o Bispo de Alexandria, Alexandre, e um de seus sacerdotes, chamado Ario. Movido pela convicção de que Deus, sendo absoluta unidade, e, consequentemente, uno de modo absoluto, Ario, por meio de cânticos, negava a divindade de Cristo, considerando-o uma criatura subordinada ou secundária.

Armou-se uma verdadeira polêmica. O Bispo de Alexandria, Alexandre, referindo-se à Santíssima Trindade, dizia: "O Pai e o Filho são coexistentes; Deus (o Pai) em nada precede ao Filho. Entre os dois não existe nenhuma anterioridade, mesmo conceptual: o Filho foi gerado, mas não engendrado". Mais tarde se dirá: "Foi gerado, mas não criado", ao que Ario respondia: "Estas palavras são heréticas! Se o Filho existe eternamente; se Ele não tem princípio, Ele só pode ser o Filho do Deus não gerado. Caso se afirme que existem dois não gerados, teremos dois deuses".

Ao seu redor, formou-se todo um partido, mesmo para além das fronteiras do Egito. Alguns Bispos chegaram a apoiá-lo e de forma explícita, como Eusébio de

Nicomédia, Bispo da capital, pessoa bastante influente junto à família imperial. A resposta de Alexandre foi rápida. Ele e os demais Bispos do Egito, reunidos em sínodo, convocam Ario, que se mostrou irredutível. Após tentarem demovê-lo, sem obter resultado algum ele e os seus seguidores são declarados heréticos.

Em setembro de 323, após a vitória sobre Licinius, Constantino passou a residir em Nicomédia e, ao tomar conhecimento do que ocorria em Alexandria, julgou a questão sob o prisma de uma divisão interna dos cristãos, fato que contrastava com o seu senso de ordem e tranquilidade pública.

Em um primeiro momento, procurou reconciliá-los, enviando, através do seu conselheiro eclesiástico, Ósio, Bispo de Córdova, uma carta a Alexandre e outra a Ario, para que buscassem um entendimento comum. Ao retornar, Ósio inteirou o imperador do insucesso de sua missão e recomendou-lhe uma medida mais consistente e definitiva, pois via como impossível a reconciliação entre ambos.

Então, no ano 325, o Imperador Constantino convoca o I Concílio Ecumênico que se realizou na cidade de Niceia, a 80 km de Constantinopla. O objetivo era assegurar a unidade na fé e preservar a paz em todo o Império Romano.

Desde o início, os Bispos conciliares rejeitaram, peremptoriamente, a afirmação ariana de que o Filho seria uma criatura, uma obra do Pai, "feita" por Ele. Assim, ao definirem que Cristo não é criado, mas gerado do Pai, afirmavam que Ele é, por natureza, verdadeiramente Filho de Deus.

Para exprimir teologicamente a filiação divina de Cristo, empregaram o termo bíblico unigênito (*monogenes*), tranquilamente aceito por todos. A dificuldade surgiu ao utilizarem o termo técnico *homoousios* (de igual natureza), para designar a relação do Filho com o Pai.

De fato, para definir que o Filho é da mesma natureza que o Pai, tornou-se decisivo o termo *homoousios*, consubstancial, que se compõe de "*homo*", "igual", e "*ousia*", que equivale à "essência" ou "substância". Assim, na relação entre o Pai e o Filho, o adjetivo composto, *homoousios*, significa, primordialmente, que "ambos têm a mesma essência, a mesma substância": unidade perfeita do Pai e do Filho.

No Credo professamos: "Creio em um só Senhor, Jesus Cristo, Filho Unigênito de Deus, nascido do Pai antes de todos os séculos: Deus de Deus, Luz da Luz, Deus verdadeiro de Deus verdadeiro, gerado não criado, consubstancial ao Pai".

É a proclamação solene da divindade de Cristo. Caso contrário, segundo os Padres conciliares, Ele jamais poderia ser designado Salvador da humanidade, pois só Deus salva. Em síntese: de modo formal, solene, a Igreja professa que Cristo é verdadeiramente Deus.

Desde então, Santo Atanásio, o grande paladino do Concílio de Niceia, e todos os demais Padres da Igreja serão unânimes em afirmar que o Filho está em Deus, desde toda a eternidade e, sem deixar de ser Deus, assumiu a nossa humanidade.

A ideia de uma derivação do Filho em relação ao Pai ou a afirmação de ser Ele uma "criação" por um ato livre da vontade do Pai foi, categoricamente, negada. Cristo é verdadeiramente Deus; sua natureza é divina, assim como a do Pai, a quem Ele é igual em tudo.

Ao longo da vida, Santo Atanásio repetirá, à saciedade: "Se Ele não é Deus, então não somos salvos por Ele". A salvação que vem de Cristo exige que o proclamemos eterno e verdadeiro Deus.

Mas a língua grega tem uma grande riqueza de nuanças. Os que não estavam a favor da definição de Niceia, chamados semiarianos, acrescentaram um simples iota no termo *homoousios*, transformando-o: em lugar de igual natureza, eles afirmam que o Filho teria uma natureza semelhante, *homoiousios*. Os que sustentavam tal proposição foram denominados "homeanos" ou semiarianos.

No ano 370, diante das numerosas discussões teológicas, o Imperador Valente, partidário pessoal da fórmula homeana, alimentava o desejo de torná-la norma de fé para todo o Império. No entanto, isso só poderia ser atingido caso todos os Bispos aprovassem tal fórmula, especialmente os metropolitas, dentre os quais Basílio, Bispo metropolita da Capadócia.

Ora, o próprio Basílio, desde muito, vinha insistindo junto ao episcopado, que, em matéria de fé e moral, os Bispos permanecessem unidos e independentes, jamais se dobrando às invectivas do imperador.

Foi exatamente o que aconteceu, quando da visita do Prefeito Modesto, que veio solicitar sua anuência à proposta do imperador. Após ouvi-lo, Basílio negou-lhe, com firmeza, o seu apoio, dizendo-lhe:

"Meu imperador me perdoe; eu não posso adorar uma criatura, sendo eu mesmo criatura de Deus e chamado por Ele a participar da sua vida".

"Por quem me tomas?" – pergunta Modesto.

"Por menos que nada, ao menos quando ages como neste momento."

Como o prefeito o ameaçou, ele concluiu:

"Tu podes agora fazer saber ao imperador que nem a chantagem, nem as promessas, nem as torturas mudarão em nada minha linha de conduta" (Diálogo narrado por São Gregório Nazianzo. *Orat.*, 43,49s. *In*: PG, 36, 558s.).

Embora a atitude de Basílio tenha impedido o imperador de levar adiante o plano de impor a fórmula homeana como norma de fé, a controvérsia ariana só terá sua conclusão definitiva no Concílio de Constantinopla.

2 Concílio Ecumênico de Constantinopla (381)

O IV século foi repleto de discussões a respeito do Mistério trinitário. Os imperadores, em seus diversos atos e decisões, manifestavam a ideia de que a unidade do Império tinha por base a fé cristã professada no Concílio de Niceia. Nesse sentido, em 380, o Imperador Teodósio proclamava que a fé professada em todo o Império era a que foi anunciada pelo Apóstolo Pedro aos romanos e ensinada pelos Bispos Dâmaso de Roma e Pedro de Alexandria.

Também em ambiente eclesiástico, grande era o esforço para se ter uma interpretação unitária da fé proclamada em Niceia, inclusive com uma melhor clarificação sobre a divindade do Espírito Santo.

Por volta do ano 360, uma seita semiariana, os pneu-matômacos, também chamados macedonianos, ainda que admitissem a natureza divina do Filho, não aceitavam atribuí-la ao Espírito Santo. Tal posição, sustentada por alguns Bispos de personalidade marcante, provocou algumas cisões no interior da Igreja, sobretudo durante o governo do Imperador Valente.

Na tentativa de dirimir tais controvérsias, o Imperador Teodósio convocou um novo concílio, realizado em Constantinopla e do qual participaram 150 Bispos. A presença do imperador se resumiu à solene abertura, pois, ao contrário de Constantino, ele procurou isentar-se de toda influência sobre os Padres conciliares.

O concílio se estendeu por dois meses, de maio a julho de 381, pronunciando-se, inicialmente e de modo claro e definitivo, contra o arianismo ou o semiarianismo, que tinham prosperado sob o governo de Constâncio e, sobretudo, sob o Imperador Valente. Após confirmarem o Concílio de Niceia, os Padres conciliares concluem pela definição do dogma sobre a divindade do Espírito Santo.

O concílio foi presidido primeiramente por Melécio, Bispo de Antioquia, e, após a sua morte, por Gregório de Nazianzo, portador da tradição teológica dos Padres Capadócios. Desde o início Gregório deixou transparecer sua insatisfação a respeito do terceiro artigo da definição do concílio sobre o Espírito Santo, considerando-o pouco incisivo, razão pela qual, já nos inícios de seus trabalhos, após reafirmarem o Credo de Niceia, os Padres conciliares fizeram sua profissão de fé no Espírito Santo, atribuindo-lhe, de acordo com os Padres Capadócios, o título de Senhor (*to kyrion*), título este estritamente divino, o mesmo que fora dado ao Filho de Deus (*kyrios*).

Ressaltam que o Espírito Santo, por sua função santificadora, pertence à esfera divina e não à categoria das criaturas (*douleia*). De modo enfático, proclama-se que o Espírito Santo, ao longo da obra criadora de Deus, é quem vivifica (*zoopoion*), é quem realiza a santificação e a divinização da criatura humana. Asserção baseada nas palavras do apóstolo São Paulo: "Aquele que ressuscitou Cristo dentre os mortos vivificará também vossos corpos mortais graças ao Espírito Santo que habitará em vós" (Rm 8,11).

Se para definir a filiação divina de Cristo o Concílio de Niceia utilizara o termo *homoousios*, agora os Padres conciliares se perguntam com que termo o concílio iria definir a divindade do Espírito Santo. Uma empreitada desafiadora!

À luz do Concílio de Niceia, que professara a divindade de Cristo por ser Ele reconhecido como nosso Salvador, agora, após atribuírem ao Espírito Santo, em sua mais elevada significação, o título de "Senhor", os Padres conciliares professam sua função divinizadora e santificadora.

Se Jesus nos salvou, o Espírito Santo continua a sua obra, tornando-nos participantes da vida de Deus. Porém, era necessário definir mais especificamente a relação do Espírito Santo com o Pai, sem concebê-lo como uma criatura do Filho.

Após muita reflexão e discussões, o concílio opta pelo emprego do termo *processio*. Vivificador e santificador, em perfeita e absoluta comunhão de natureza com o Pai e o Filho (*koinonia tes physeos*), o Espírito Santo *procede* de ambos e recebe, com o Pai e o Filho, a mesma adoração e a mesma glória.

Eis a fé professada pelos Padres conciliares, que se tornou conhecida como símbolo niceno-constantinopolitano: "Creio no Espírito Santo, Senhor que dá a vida, e procede do Pai e do Filho. E com o Pai e o Filho é adorado e glorificado. Ele que falou pelos profetas".

Com o inegável reconhecimento da ecumenicidade do Concílio de Calcedônia, posteriormente o símbolo niceno-constantinopolitano professado pelos Padres conciliares será acolhido, de modo permanente e oficialmente, por toda a Igreja. Para os Padres orientais e ocidentais, o reconhecimento da divindade do Espírito Santo proclama a verdade do Deus Trino, mas também a verdade do homem, sobre quem o Espírito Santo derrama a graça deificante e santificadora que o conduz ao seu destino eterno no Deus Trindade.

Por conseguinte, o Concílio de Constantinopla declara a Trindade santa, "incriada, consubstancial e eterna", na qual o Espírito Santo não tem por função revelar a si mesmo, mas em ser "aquele que unifica, santifica, cataliza e torna sempre mais apostólica a Igreja", corpo de Cristo, "por quem todas as coisas foram feitas e nele subsistem".

Bem antes do concílio, no final do século II, Santo Irineu ensinava: "Onde está a Igreja, com efeito, lá também se encontra o Espírito de Deus; onde está o Espírito de Deus, lá também se encontra a Igreja e toda graça" (*Adv. Haer.*, III,24, 1).

Com efeito, na prece da celebração eucarística, é o Espírito Santo que estabelece, em Cristo, nossa comunhão com o Pai e nos une uns aos outros. Aliás, nas orações e hinos é recorrente a presença do Espírito Santo, que, sem excluir as diferenças, vence a divisão e a corrupção, para que, na diversidade, reine a unidade e a santidade.

3 Concílio Ecumênico de Éfeso (431)

Após o Concílio de Constantinopla considerado ecumênico desde a sua acolhida pelo Concílio de Calcedônia (451), que o cita juntamente com o Concílio de Niceia, sucederam-se diversos sínodos regionais.

Em setembro de 381, temos o Sínodo de Aquileia; em 382, o de Constantinopla, no qual os orientais reafirmam sua fé no dogma trinitário; no mesmo ano de 382, o Sínodo de Roma, do qual se origina, provavelmente, o *Decretum Damasi*, que discorre sobre a fé em três capítulos: um sobre o Espírito Santo, outro sobre o cânon da Sagrada Escritura e o terceiro sobre o primado do Romano Pontífice.

No V século, além dos sínodos regionais, ocorreram dois outros concílios ecumênicos: o III Concílio Ecumênico, realizado em Éfeso (431) e o IV Concílio Ecumênico, em Calcedônia (451), com a presença de 500 a 600 Bispos.

No final do ano 428, o Patriarca de Constantinopla, Nestório, em um dos seus sermões, lançou a intrigante pergunta: "Deus, tem Ele uma mãe?" Nestório não atribuía à Pessoa do Verbo feito carne as duas naturezas, a divina e a humana. Para ele não havia união entre a natureza humana e a pessoa divina, só uma ligação entre a pessoa humana e a divindade. Por isso, ao falar da Mãe de Jesus, ele declara: "Eu aceitaria que ela fosse chamada Maria *Theodókos*, 'aquela que recebeu Deus', mas não Maria *Theotókos,* 'aquela que gerou Deus'".

Essas palavras deram início a uma enorme controvérsia. A questão não se resumia à simples mudança de uma letra, mas atingia o título de Maria, Mãe de Jesus, cuja invocação, sobretudo entre os monges, estava desde muito tempo presente na vida da Igreja.

Ademais, a designação *Theotókos* não se resume ao título dado a Maria; refere-se principalmente ao mistério da Encarnação, proclamado, solenemente, no Concílio de Niceia, como unidade inseparável do divino e do humano na Pessoa de Jesus, o Filho de Deus. Jesus não é um homem que se tornou Deus, mas é um Deus, eternamente Deus, que, sem jamais deixar de sê-lo, assumiu de Maria a nossa humanidade. Caso contrário, jamais seria o nosso Salvador, pois só Deus salva.

Nesse sentido, é bastante elucidativa a reação do Patriarca Cirilo de Alexandria contra Nestório. Por meio de diversas cartas, ele procurou demovê-lo, argumentando: "Se a carne de Cristo não é a carne de Deus, então Ele não deu sua vida por nós; se a sua morte na cruz não é a morte de um Deus, Ele não nos salvou da morte". Tudo em vão. Nestório permaneceu irredutível.

Como a discussão se difundiu, atingindo outros ambientes, o Imperador Teodósio II resolveu convocar um concílio que se reuniu na cidade de Éfeso. Como membros participantes, foram convidados os metropolitas orientais, com a faculdade de levar um acompanhante ou um Bispo sufragâneo, e, do Ocidente, só os Bispos das sedes de Roma e de Cartago. Dentre os Padres conciliares, encontravam-se Cirilo de Alexandria, Menão de Éfeso e João de Antioquia, que exercerão no concílio um papel bastante relevante.

Importante é salientar que o Concílio de Éfeso jamais teve a pretensão de se colocar no mesmo nível do Concílio de Niceia. Na verdade, ele sugere ser, por seu conteúdo e suas declarações, uma continuidade de Niceia.

Por iniciativa própria, os monges egípcios, em número bastante grande, formaram uma verdadeira caravana rumo a Éfeso. Ardorosos defensores da piedade mariana, eles açulavam, por onde passavam, o sentimento popular, gritando *theotókos*. Diante dessas e outras manifestações, Nestório pediu ao imperador uma escolta armada para protegê-lo.

Logo no início, a tranquilidade dos participantes do concílio foi rompida por um novo impasse: com a rejeição de Candidiano, indicado pelo imperador para presidi-lo, Cirilo, com o devido apoio de Roma, se põe à frente do concílio. E, a seguir, após colocar a Bíblia na sede que fora reservada a Candidiano, declara abertos os trabalhos conciliares, mesmo sem a presença dos Bispos antioquenos.

Nestório reage e nega-se a estar presente até que cheguem todos os Bispos convocados. Alguns Bispos que procuraram demovê-lo foram barrados pela polícia imperial. Finalmente, após tais contratempos, inicia-se o concílio presidido por Cirilo de Alexandria.

Em seu primeiro ato, o concílio reconhece que a segunda carta, dirigida por Cirilo, ao contrário da resposta de Nestório, estava em perfeita sintonia com a fé proclamada no Concílio de Niceia. Por isso, após ser acusado de "ímpias afirmações doutrinais", Nestório é deposto e destituído de sua dignidade eclesiástica.

No entanto, quatro dias após, no dia 26 de junho, com o Patriarca João chegam os Bispos antioquenos, que, reunidos à parte, não reconhecem Cirilo como presidente do concílio. O ambiente se torna tenso e polêmico. No início de julho chegam, por último, os legados romanos, que confirmam a deposição de Nestório, excomungam João e os demais Bispos antioquenos. Se o objetivo do concílio era alcançar a comunhão mediante um acordo entre Nestório e Cirilo, a divisão tornou-se ainda maior. Decepcionado, o imperador declara nulo o concílio.

As conclusões resultaram na deposição tanto de Nestório como de Cirilo, que em ato subsequente foram colocados em prisão domiciliar. Nestório retirou-se para um convento em Antioquia e Cirilo, conseguindo fugir para Alexandria, foi recebido pelo povo da cidade, triunfalmente.

Em meio a essas múltiplas querelas, um fato deve ser ressaltado: o reconhecimento, por parte de todos os Padres conciliares, da autoridade singular do I Concílio Ecumênico realizado em Niceia. Também o fato de, em Éfeso, jamais se ter negado a divindade de Cristo, embora o tema principal fosse o sentido da união das duas naturezas em Cristo, com sua incidência na compreensão da maternidade de Maria.

329

4 Tratado de União (433)

Retornando à sua diocese, João, Bispo de Antioquia, fiel à Igreja e à sua doutrina, percebeu que toda a questão levantada no Concílio de Éfeso e as dificuldades de diálogo entre as Igrejas da região de Alexandria e Antioquia não eram causadas, propriamente, pelo conteúdo da fé, mas pela diferença de terminologia teológica.

Convencido de que todos os Bispos presentes em Éfeso reconheciam a verdade da revelação, mais exatamente a verdade de Cristo, Filho de Deus, nosso Salvador, João de Antioquia propõe uma declaração, na qual expõe a fé proposta e defendida pela unanimidade dos Bispos orientais. Anteriormente, em agosto de 431, ele já a tinha enviado ao Imperador Teodósio.

A declaração vai além de uma profissão de fé. Não só aprovava, em nome dos Bispos antioquenos, a condenação de Nestório, fato inédito, mas sustentava, como verdade de fé, uma única Pessoa em Cristo, no qual subsistem as duas naturezas: a divina e a humana. Era uma explícita proclamação do mistério da Encarnação de Cristo, com o consequente reconhecimento da maternidade de Maria, como mãe de Deus (*theotókos*).

A resposta de Cirilo foi imediata: "Que os céus se regozijem e que a terra exulte..." E, sem se referir a algumas expressões contestadas, assumiu integralmente a fórmula de fé dos orientais, apenas acrescentando alguns textos bíblicos.

Aliás, o texto bíblico mais refletido e citado foi o prólogo do Evangelho de São João: "E o Verbo se fez carne e habitou entre nós" (1,14). Base comum para a compreensão do mistério da Encarnação:

> Inefável encontro da divindade e da humanidade; união, sem confusão, das duas naturezas, que nos permite confessar que Maria Santíssima é *Theotókos*, porque o Filho de Deus, sem deixar de ser Deus, se fez carne e se fez homem (ACO, I,1.7.70).

Independentemente das diferenças teológicas das escolas de Alexandria e de Antioquia, a profissão de fé em Cristo foi acolhida por unanimidade.

Assim, graças ao esforço e à capacidade de Cirilo e João, concluía-se o Concílio de Éfeso, que passou à história como um dos grandes concílios ecumênicos da Antiguidade. Mais tarde, ele será aprofundado e desenvolvido, com grande equilíbrio e serenidade, pelo Concílio de Calcedônia.

5 Concílio Ecumênico de Calcedônia (451)

O Concílio de Calcedônia convocado pelo Imperador Marciano, contou com a presença de um número significativo de Bispos, entre 500 e 600, o de maior participação na Antiguidade.

Logo após a convocação, e diante das dificuldades encontradas em Éfeso e demais concílios regionais, o Papa Leão procurou fixar um roteiro geral, através de uma carta enviada a Flaviano, Bispo de Constantinopla. Manifestou também o desejo de que a presidência do concílio fosse ocupada por representantes da Igreja de Roma.

No dia 1º de setembro de 451, os Bispos, em sua maioria de língua grega, começaram a chegar em Niceia. Porém, após alguns contratempos, o Imperador Marciano decidiu transferir o concílio para a cidade de Calcedônia, que teve sua sessão inicial no dia 8 de outubro de 451. Embora não gozasse da mesma importância que o de Niceia, seu valor foi reconhecido graças à definição doutrinária sobre Cristo, que constituirá marco referencial para a posterior reflexão cristológica.

O zelo dos imperadores que almejavam consolidar as conclusões dos últimos concílios e evitar os erros ocorridos anteriormente fez com que o concílio fosse precedido por uma longa preparação.

Nesse sentido, elaborou-se uma "memória" dos concílios de Niceia e de Éfeso, e, em contraposição à tese de Nestório, reafirmava-se a unidade das duas naturezas na Pessoa de Cristo. Igualmente, diante do perigo do monofisismo, defendido por Êutiques e que negava a existência, em Cristo, das duas naturezas, a divina e a humana, sustentando só a natureza divina, que teria se apropriado de todos os aspectos da natureza humana, mesmo o sofrimento, destacou-se o título *Theotókos*, Mãe de Deus, dado a Maria.

Logo no início dos trabalhos, foram entregues aos conciliares, como subsídios, as cartas de São Cirilo, citadas no Concílio de Éfeso: uma, sobre a unidade das duas naturezas em Cristo; outra, sobre *Theotókos*, que realçava a realidade humana do Filho de Deus; e a carta do Papa Leão a Flaviano, que contestava a proposição apresentada por Êutiques.

Com precisão e firmeza, sem entrar em discussão com as duas escolas – de Antioquia e de Alexandria –, o Papa Leão proferiu uma resposta direta e contundente ao erro defendido por Êutiques.

A partir da Sagrada Escritura e do símbolo batismal ele expõe a fé comum da Igreja, referindo-se à tradição da teologia latina, desde Tertuliano até Santo Agostinho. No tocante à afirmação de Êutiques, segundo a qual o corpo de Cristo não seria da mesma natureza que o nosso corpo, o Papa sustenta a "verdade da carne" de Cristo: "Jesus, sem deixar de ser Deus, é verdadeiramente um de nós, consubstancial a nós". Caso contrário, não seríamos salvos por Ele.

Não menos fundamental à nossa fé foi o reconhecimento da verdade das duas naturezas em Cristo, a humana e a divina. Completas, íntegras, com todas as suas propriedades e os seus atos próprios, elas nos permitem confessar que Cristo é verdadeiramente o Filho de Deus e o Filho do Homem.

A carta do Papa Leão e as cartas de Cirilo acolhidas pelo concílio, atestavam explicitamente a comunhão com os concílios anteriores, o de Éfeso (431) e o de Niceia, rejeitando, categoricamente, qualquer outra fórmula de fé, diferente da que foi professada em Niceia, no ano 325.

No dia 17 de outubro, os membros conciliares professaram de forma solene o símbolo niceno, e no dia 22 iniciaram-se as atividades próprias do concílio, com a retomada da questão doutrinária sobre a Pessoa de Cristo.

Após laboriosas e enriquecedoras discussões, sempre mantendo como base o símbolo niceno e a nova fórmula de fé, redigida sob a influência da declaração de "União" (433) e da carta do Papa Leão a Flaviano, encerrou-se o concílio com a enfática declaração:

> Nós confessamos: um só e mesmo Filho, Nosso Senhor Jesus Cristo, igualmente perfeito em divindade, perfeito em humanidade. O mesmo, verdadeiramente Deus e verdadeiramente homem, dotado de alma racional, numa só Pessoa, *hypostasis*, consubstancial ao Pai, em sua divindade, e consubstancial a nós, em sua humanidade. Semelhante a nós em tudo, menos no pecado, gerado do Pai, em sua divindade, antes dos séculos; gerado de Maria, a *Theotókos*, em sua humanidade, para nós e para nossa salvação. Numa só Pessoa, *hypostasis*, coexistem a natureza humana e a natureza divina, íntegras e completas, sem confusão nem separação ou divisão. A diferença das naturezas não é supressa pela união, mas, ao contrário, as propriedades de cada natureza permanecem salvas e se reencontram numa única pessoa ou *hypostasis*, não partilhadas ou divididas em duas pessoas, mas só no Filho único.

Chegou-se, assim, a uma fórmula dogmática bastante equilibrada, que evitava os riscos do nestorianismo como também do monofisismo. Afirma-se que a união das duas naturezas não suprimia as suas diferenças, mas, muito pelo contrário, preservava as propriedades de cada uma delas.

Foi admirável a presença no concílio de diversas correntes teológicas, plenamente, concordes entre si, como as escolas de Alexandria e de Antioquia, portadoras de uma tradição venerável e autenticamente cristã. Não menos surpreendente foi a presença da tradição latina, representada pela carta do Papa Leão a Flaviano, inspirada em Tertuliano e, de modo particular, em Santo Agostinho.

Apesar de ter sido colocada em questão pelas Igrejas monofisitas e nestorianas, consideradas heréticas pelo concílio, a fé professada no Concílio de Calcedônia constituiu a base da ortodoxia teológica, tanto no Oriente como no Ocidente.

Afastou-se, mais do que nunca, a ideia de uma "única natureza" em Cristo. Declarou-se, formalmente, que na única Pessoa de Cristo subsistem as duas naturezas – a humana e a divina –, mantendo integralmente, cada uma delas, as suas propriedades. Sustenta-se, igualmente, que cada natureza preserva seu princípio imediato de atividade, agindo de acordo com o que lhes é próprio.

Observações finais

Pelo final do III século, assiste-se a duplicação do número de cristãos convertidos. No início do IV século, seu número vai além de 6 milhões; algumas sedes episcopais, como Roma, Alexandria e Antioquia, contavam com inúmeras comunidades menores, distribuídas em seus arredores, com os problemas próprios das grandes cidades, sobretudo das cidades cosmopolitas, habitadas por povos de origens as mais diversas.

Unidas em uma mesma fé, as igrejas e as comunidades se reconheciam pertencentes à Igreja Católica, que se via já não mais "diante do mundo", mas "no mundo". Presentes na sociedade civil, os cristãos assumiam os problemas emergentes, conscientes de que o amor de Deus comunicado pelo Mestre à Igreja constituía, apesar da diversidade existente, força de comunhão e de unidade.

Sem dúvida, não se pode concluir esse período da história sem salientar que os séculos IV e V se distinguiram, particularmente, por sua grande efervescência teológica e ardor apostólico, o que lhe mereceu a denominação de "Idade de Ouro da Patrística". Pode-se falar de um conhecimento social e religioso elaborado e vivido em comum, com iniciativas e experiências que testemunham uma Igreja pujante em suas atividades doutrinárias e em sua vida litúrgica e monástica.

O ponto culminante de sua vida eclesial foi o Concílio de Calcedônia, através do qual é possível se avizinhar de uma autêntica tradição teológica cristã, por sua densidade teológica e suas decisões doutrinárias.

Por outro lado, com os trabalhos de tradução dos filósofos gregos, em particular Aristóteles e Platão, realizados por Boécio (470-525), denominado o último romano e o primeiro escolástico, e com Santo Agostinho, em seu precioso complexo de valores humanos e religiosos, já antevemos a subsequente época designada "Escolástica".

Nesse sentido, diversos textos pós-calcedônia refletem aspectos fundamentais do pensamento medieval, como o conhecimento mais profundo da Palavra de Deus, a relação entre fé e razão ou, melhor, entre razão e autoridade, o que não acontece com outros escritos que carecem de uma certa coerência metodológica. Por outro lado, diante da interpenetração do pensamento patrístico e escolástico, fato inegável, reconhece-se a não possibilidade de se falar de inícios absolutos na história.

Importante é constatar que a história é marcada ora por períodos mais densos e fecundos, ora por acontecimentos referenciais que caracterizam uma determinada época. O mesmo acontece em relação a elementos institucionais, políticos, e até a uma determinada cultura subordinada ou não às exigências da fé religiosa. No campo filosófico, destaca-se que os grandes mestres do século XIII estão ligados não a Aristóteles do IV século a.C., mas muito mais ao Aristóteles de Boécio, ou, como a escola franciscana, a Santo Agostinho e não propriamente ao platonismo.

Por conseguinte, a Antiguidade não é colocada sob o signo da morte, mas é acolhida como berço de uma nova geração, da qual brotam tal qual sementes de uma flor, sempre novas expressões e novos frutos. Desligar-se dos períodos anteriores é negar a sua própria identidade, que permanece, no presente, com seu escopo perfectível.

A reflexão sobre a herança cultural do passado será sempre um verdadeiro desafio, pois nos coloca diante da questão: Como retomá-la, ou melhor, como reativá-la? Ora, se ela é capaz de gerar no momento presente novas e originais expressões, ela também nos permite tocar a realidade futura, antevendo-a. Essa dinamicidade atesta estar ela sempre sujeita a novos níveis de leitura e de interpretação.

Abreviações e siglas

ACO – *Acta Conciliorum Oecumenicorum*. Berlim: Schwartz, 1914.

ADE – *Agostino – Dizionario Enciclopedico*. Roma: Città Nuova, 2007.

BAC – Biblioteca de Autores Cristianos. Madri: La Editorial Catolica, 1954.

CSEL – *Corpus Scriptorum Ecclesiasticorum Latinorum*. Viena.

Ep – Epístola.

HE – *Historia Ecclesiastica*.

Or – *Oratio Catechetica Magna*.

PG – MIGNE, J.P. *Patrologiae cursus completus – Series Graeca*. Paris.

PL – MIGNE, J.P. *Patrologiae cursus completus – Series Latina*. Paris.

SCh – *Sources Chrétiennes*. Paris.

TP – *Testi Patristici*. Roma.

Referências

ALTANER, B.; STUIBER, A. *Patrologia*. São Paulo: Paulinas, 1972.

BOSIO, G.; COVOLO, E.; Maritano, M. *Introduzione ai Padri della Chiesa*. Turim: Società Editrice Internazionale, 1991.

Didaché – Ensinamento dos apóstolos. Trad. e notas de Urbano Zilles. Petrópolis: Vozes, 1970.

DROBNER, H.R. *Patrologia*. Roma: Institutum Patristicum Augustinianum/Piemm, 2002.

EUSÉBIO DE CESAREIA. *Storia eclesiástica*. Trad. e notas de Giovanni Lo Castro. Roma: Città Nuova, 2001 [Coleção de Textos Patrísticos, 159].

LIÉBAERT, J.; SPANNEUT, M.; ZANI, A. *Introduzione generale allo studio dei Padri della Chiesa*, Bréscia: Queriniana, 2009.

Os Padres da Igreja e a questão social. Trad. de Irmã Cristina Penna de Andrade. Intr. e coord. de Dom Fernando Antônio Figueiredo, OFM. Petrópolis: Vozes, 1986.

Padres Apostólicos. São Paulo: Paulus, 1995.

PASINI, C. *I Padri della Chiesa.* Busto Arsizio: Nomos, 2010.

POLINO DI MILANO. *Vita di Sant'Ambrogio.* Coord. de Marco Navoni. Cinisello Balsamo: San Paolo, 1996.

QUASTEN, J. *Patrologia.* 3 v. Turim: Marietti, 1973.

SANTO AGOSTINHO. *Instrução dos catecúmenos.* Trad. de Maria da Glória Novak. Coord. de Frei Alberto Beckhäuser, OFM. Petrópolis: Vozes, 1984.

SANTO AMBRÓSIO. *A virgindade.* Trad. da Abadia de Santa Maria. Coord. de Frei Fernando Antônio Figueiredo, OFM. Petrópolis: Vozes, 1980.

SANTO ATANÁSIO. *Vida e conduta de Santo Antão.* São Paulo: Paulinas, 1991.

SANTO IRENEO DI LEONE. *La dottrina apostólica.* Coord. de P. Vittorino Dellagiacoma. Siena: Cantaghalli, 1982.

SÃO BASÍLIO MAGNO. *As regras monásticas.* Trad. de Irmã Hildegardis Pasch e Ir. Helena Nagem Assad. Coord. de Frei Fernando Antônio Figueiredo, OFM. Petrópolis: Vozes, 1983.

SÃO GREGÓRIO DE NAZIANZOI. *Discursos teológicos.* Trad. da Abadia de N. Senhora das Graças. Coord. de Frei Fernando Antônio Figueiredo, OFM. Petrópolis: Vozes, 1984.

TERTULIANO. *O Sacramento do Batismo.* Trad. de Urbano Zilles. Coord. de Frei Fernando Antônio Figueiredo, OFM. Petrópolis: Vozes, 1981.

Concílios ecumênicos

ALBERIGO, G. *História dos concílios ecumênicos*. São Paulo: Paulus, 1995.

BOULARAND, É. *L'Hérésie d'Arius et la "Foi" de Nicée*. Paris, 1972.

CAMELOT, P.T. *Éphèse et Chalcédoine*. Paris: De l'Orante, 1962.

FRANGIOTTI, R. *História das heresias (séc. I-VII)*. São Paulo: Paulus, 1995.

GUITTON, J. *Great Heresies and Church Councils*. Londres: Harvill, 1965.

LEBRETON, J.; ZEILLER, J. *Heresy and orthodoxy*. Nova York: Collier Books, 1962.

ORTIZ DE URBINA, I. *Nicée et Constantinople*. Paris: De l'Orante, 1963.

PLINVAL, G. *Pélage, sa vie, ses écrits et sa reforme*. Genebra: Payot, 1943.

SALLES-DABADIE, J.M.A. Les conciles oecuméniques dans l'histoire. *Revue de h'Histoire des Religions*, Genebra, 163/1, 1963.

SCHATZ, K. *Storia dei Concili*. Bolonha: Dehoniane, 1999.

SIMONETTI, M. *Studi sull'arianesimo*. Roma: Studium, 1965.

Monaquismo

Cassien et Césaire. Paris: Duculot, 1964.

CHADWICK, O. *Monaquismo*. Cambridge: Cambridge University Press, 1968.

Études sur la tradition patristique. Lyon: Aubier, 1961.

GUILLAUMONT, A. *Aux origines du monachisme chrétien*. Maine & Loire, 1979.

GUY, J.-C. *Jean Cassien, vie e doctrine spirituelle*. Paris: Lethielleux, 1961.

LEROY, A. 15 *siècles de vie monastique*. Paris: Spes, 1965.

Les moines d'orient. Paris: Cerf, 1961.

Santo Agostinho

A Cidade de Deus. São Paulo: Edameris, 1964.

A graça, I e II. Trad. de Agustinho Belmonte. São Paulo: Paulus, 1998.

A Trindade. São Paulo: Paulus, 1994.

A verdadeira religião. São Paulo: Paulinas, 1987.

A Virgem Maria – Textos e comentários. São Paulo: Paulus, 1996.

A virgindade consagrada. São Paulo: Paulinas, 1991.

BRABANT, O. *Le Christ – Source de la vie morale chez Augustin*. Gembloux: J. Duculot, 1971.

BROWN, P. *La vie de saint Augustin*. Paris: Seuil, 1971,

CAPANAGA, V. *Agustín de Hipona*. Madri: BAC, 1974.

Cartas a Proba e a Juliana – Direção espiritual. São Paulo: Paulinas, 1987.

Comentário dos Salmos. Trad. das monjas beneditinas, Caxambu. São Paulo: Paulus, 1997.

Confissões. Trad. de Maria Luiza Jardim Amarante. São Paulo: Paulus, 1997.

CREMONA, C. *A razão e a fé*. Petrópolis: Vozes, 1990.

DI NOLA, G. *La dottrina Eucaristica di Sant'Agostino*. Roma: Vaticana, 1997.

EVANS, G.R. *Agostinho – Sobre o mal*. São Paulo: Paulus, 1995.

GARGANO, G.I. *Sant'Agostino e la Bibbia*. Turim: San Paolo, 2011.

GIACOBBI, A. *La Chiesa in S. Agostino*. Roma: Città Nuova, 1978.

GUITTON, J. *Le Temps et l'éternité chez Plotin et Saint Augustin*. Paris: J. Vrin, 1971.

Il Tempo. Coord. de Giovanni Catapano. Roma: Città Nuova, 1990.

L'aventure de la raison et de la grâce. Paris, 1968.

La vita monástica in Sant'Agostino. Roma: Città Nuova, 2008.

L'Église Céleste selon Saint Augustin. Paris, 1963.

L'Intelligence de la foi en la Trinité. Paris, 1966.

MARROU, H. *Saint Augustin et la fin de la culture antique*. Paris: De Boccard, 1964.

MARROU, H. *Saint Augustin et l'augustinisme*. Paris: Seuil, 1965.

O livre-arbítrio. Trad. de Nair de Assis Oliveira. São Paulo: Paulus, 1995.

PICCOLOMINI, R. *Percorsi cristiani, il símbolo e la fede*. Roma: Città Nuova, 2013.

RAIKAS, K.K. Audientia episcopalis: Problematik zwischen Staat und Kirche bei Augustin. *Augustinianum*, Roma, dez./1997.

Saint Augustine on slavery. Roma: Institutum Patristicum Augustinianum, 1985.

Síntese da espiritualidade agostiniana. São Paulo: Paulus, 1995.

Solilóquios e Vida feliz. Trad. de Adaury Fiorotti. São Paulo: Paulus, 1998.

TISSOT, A. *Saint Augustin, maitre de vie spirituelle.* Le Puy: Xavier Mappus, 1960.

UTHEMANN, K.-H. Bemerkungen zu Augustins Auffassung der Predigt. Signal einer kulturellen wende. *Augustinianum*, Roma, p. 147s., jun./1996.

WENNING, G.K. Erkenntnislehre und Trinittätsspekulation bei Augustinus. *Augustinianum*, Roma, jun./2010.

Santo Ambrósio

Il buono uso del denaro. Turim: San Paolo, 2013.

La Luce nel cuore, catechesis sulla fede. Milão: Ancora.

NAVONI, M. *Il ministero sacerdotale in Sant'Ambrogio.* Pádua: Centro Ambrosiano, 1997.

NEUMANN, C.W. *The Virgin Mary in the work of Saint Ambrose.* Friburgo, 1962.

PAREDI, A. *Sant 'Ambrogio: l'uomo, il politico, il vescovo.* Milão: Rizzoli, 1985.

PELLEGRINO, M. *Paolino di Milano – Vita di sant'Ambrogio.* Roma, 1961.

Teologia della Chiesa in sant'Ambrogio. Milão: Università Cattolica del Sacro Cuore, 1974.

VASEY, V.R. *The social ideas in the works of St. Ambrose*. Roma: Institutum Patristicum Augustinianum, 1982.

Santo Atanásio

KANNENGIESSER, C. (Coord.). *Politique et théologie chez Athanase d'Alexandrie – Actes du colloque de Chantilly 23-25 septembre 1973*. Paris: Beauchesne, 1973.

ROLDANUS, J. *Le Christ et l'Homme dans la théologie d'Athanase d'Alexandrie*. Leiden: Brill, 1977.

São Basílio Magno

Introducione alla eclesiologia di San Basilio. Milão: Vita e Pensiero, 1975.

MEULENBERG, L. *Basilio Magno, fé e cultura*. Petrópolis: Vozes, 1998.

MORESCHINI, C. *I Padri Cappadoci*. Roma: Città Nuova, 2008.

São Gregório de Nissa

BALAS, D.L. *Metousia Theou: Man's participation in God's perfections according to Saint Gregory of Nyssa*. Roma: Herder, 1966.

DANIÉLOU, P. *Grégoire de Nysse et son milieu*. Paris: L'institut Catholique de Paris, 1979.

Gregorio di Nissa – Dizionario. Roma: Città Nuova, 2007.

L'amico della parola, la spiritualità bíblica di Gregorio di Nissa. Milão: San Paolo, 2014.

L'aumône chez Grégoire de Nysse et Grégoire de Nazianze. Berlim: Akademie-Verlag, 1966 [Studia Patristica, v. VIII].

São Gregório Nazianzeno

Gregorio di Nazianzo, teologo e poeta nell'etá d'oro della patrística. Roma: Città Nuova, 1997.

Introduzione a Gregorio Nazianzeno. Bréscia: Morcelliana, 2006.

Les discours théologiques. Lyon: Emmanuel Vitte, 1942.

MOSSAY, J. *La prédication "liturgique" de Grégoire de Nazianze*. Berlim: Akademie-Verlag, 1970 [Studia Patristica, vol. X].

Poèmes et lettres. Lyon: Emmanuel Vitte, 1941.

Saint Grégoire de Nazianze, théologien. Paris: Franciscaines, 1948.

São Jerônimo

A espiritualidade do deserto. São Paulo: Loyola, 1992.

ANTIN, P. *Essai sur Saint Jérôme*. Paris: Letouzey & Ané, 1951.

ARNS, P.E. *A técnica do livro segundo São Jerônimo*. São Paulo: Unesp, 2018.

CUMMINGS, J.T. *St. Jerome as Translator and as Exegeta.* Berlim: Akademie-Verlag, 1971. [Studia Patristica, v. XII].

GOTTARDI, G. *S. Girolamo – Uomini illustri.* Siena, 1969.

STEINMANN, J. *Saint Jérôme.* Paris: Du Cerf, 1985.

São João Crisóstomo

Antioche Païenne et Chrétienne. Paris: E. de Boccard, 1959.

ARRARÁS, F. *João Crisóstomo: vida e martírio.* São Paulo: Quadrante, 1993.

COCO, L. (Coord.). *Le omelie sulla Passione del Signore.* Pádua: Messaggero Padova, 2006.

NOLA, G. *La dottrina Eucaristia di Giovanni Crisostomo.* Roma: Vaticana, 1997.

Obras completas de San Juan Crisostomo. Cidade do México: Jus, 1966.

O sacerdócio. Petrópolis: Vozes, 1979.

PASQUATO, O. *I Laici in Giovanni Crisostomo.* Roma: Ateneo Salesiano, 2006.

RENTICK, P. *La cura pastorale in Antiochia nel IV secolo.* Roma: Università Gregoriana, 1970.

VANDENBERGUE, B.H. *Saint Jean Chrysostome et la parole de Dieu.* Paris: Du Cerf, 1961.

ZAPPELLA, L. (Coord.). *Le Catechesi Battesimali.* Milão: Pauline, 1998.

ZINCONE, S. *Ricchezza e Povertà nelle omelie di Giovanni Crisostomo*, Sergio Zincone, Áquila: L.U. Lapadre, 1973.

Conecte-se conosco:

 facebook.com/editoravozes

 @editoravozes

 @editora_vozes

 youtube.com/editoravozes

 +55 24 2233-9033

www.vozes.com.br

Conheça nossas lojas:

www.livrariavozes.com.br

Belo Horizonte – Brasília – Campinas – Cuiabá – Curitiba
Fortaleza – Juiz de Fora – Petrópolis – Recife – São Paulo

    Vozes de Bolso

EDITORA VOZES LTDA.
Rua Frei Luís, 100 – Centro – Cep 25689-900 – Petrópolis, RJ
Tel.: (24) 2233-9000 – E-mail: vendas@vozes.com.br